像 树 懒

101 LETTERS TO A PRIME MINISTER

挂 在 书 上

The Complete Letters to Stephen Harper

〔加〕扬·马特尔 著

郭国良 殷牧云 译

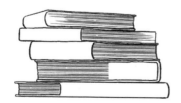

文匯出版社

新经典文化股份有限公司
www.readinglife.com
出　品

献给
我最心爱的读者艾丽丝

目 录
CONTENTS

引言   1

第 1 本书《伊凡·伊里奇之死》   17

第 2 本书《动物农场》   22

第 3 本书《罗杰疑案》   26

第 4 本书《我坐在中央车站旁哭泣》   30

第 5 本书《薄伽梵歌》   35

第 6 本书《你好，忧愁》   38

第 7 本书《老实人》   41

第 8 本书《简短而甜蜜的 101 首小诗》   46

第 9 本书《一桩事先张扬的凶杀案》   51

第 10 本书《朱丽小姐》   55

第 11 本书《沃森一家》   60

第 12 本书《鼠族》   64

第 13 本书《杀死一只知更鸟》   67

第 14 本书《小王子》   71

第 15 本书《橘子不是唯一的水果》   73

第 16 本书《给一个青年诗人的十封信》   76

第 17 本书《这座岛叫米纳戈》   79

第 18 本书《变形记》   83

第 19 本书《狮心兄弟》《想象有一天》《哈里斯·伯迪克的秘密事件》   86

第 20 本书《培养想象》   90

第 21 本书《萨拉热窝的大提琴手》   94

第 22 本书《沉思录》   99

第 23 本书《艺术家和模特》   103

第 24 本书《等待戈多》   106

第 25 本书《希库提米的蜻蜓》 110

第 26 本书《生日信札》 115

第 27 本书《到灯塔去》 120

第 28 本书《大声为孩子读书吧！》 124

第 29 本书《沉溺》 128

第 30 本书《克莱采奏鸣曲》 132

第 31 本书《他们眼望上苍》 137

第 32 本书《雷兹姐妹》 141

第 33 本书《我在伊朗长大》 144

第 34 本书《最蓝的眼睛》 148

第 35 本书《牛奶树下》 151

第 36 本书《上升的一切必将汇合》 156

第 37 本书《一个小小的建议》 160

第 38 本书《颂歌》 163

第 39 本书《皮普先生》 172

第 40 本书《发条橙》 176

第 41 本书《吉尔伽美什》（斯蒂芬·米切尔译本） 182

第 42 本书《吉尔伽美什》（德瑞克·海因斯译本） 186

第 43 本书《非普通读者》 191

第 44 本书《大地》 195

第 45 本书《虚构集》 198

第 46 本书《黑鸟吟：1965 年—1999 年间的诗歌与歌词》 203

第 47 本书《两害取其轻：恐怖主义时代的政治伦理》 206

第 48 本书《基列家书》 210

第 49 本书《老人与海》 214

第 50 本书《简·奥斯汀的一生》　　　　　　　　　　217

第 51 本书《凯撒大帝》　　　　　　　　　　　　　　221

第 52 本书《燃冰：艺术与气候变化》　　　　　　　226

第 53、54 本书《路易斯·瑞尔》《午后曳航》　　　230

第 55 本书《礼物》　　　　　　　　　　　　　　　235

第 56 本书《化身博士》　　　　　　　　　　　　　240

第 57 本书《广岛之恋》　　　　　　　　　　　　　247

第 58、59 本书《逃离》《门》《路》　　　　　　　　250

第 60 本书《锡笛》　　　　　　　　　　　　　　　257

第 61 本书《野兽国》和《厨房之夜狂想曲》　　　262

第 62 本书《凡人》　　　　　　　　　　　　　　　265

第 63 本书《福楼拜的鹦鹉》　　　　　　　　　　　270

第 64 本书《新秘书和难处的上司》　　　　　　　274

第 65 本书《鞑靼人沙漠》　　　　　　　　　　　　278

第 66 本书《斯蒂芬·哈珀在读什么？》　　　　　　282

第 67 本书《等待野蛮人》　　　　　　　　　　　　285

第 68 本书《A 世代》　　　　　　　　　　　　　　290

第 69 本书《财产》　　　　　　　　　　　　　　　293

第 70 本书《曲棍球回归线》　　　　　　　　　　　297

第 71 本书《金融专家》　　　　　　　　　　　　　301

第 72 本书《书：回忆录》　　　　　　　　　　　　304

第 73 本书《这个世界土崩瓦解了》　　　　　　　308

第 74 本书《奇思妙想》　　　　　　　　　　　　　316

第 75 本书《低地》　　　　　　　　　　　　　　　321

第 76 本书《伊凡·杰尼索维奇的一天》　　　　　　324

第 77 本书《李尔里王》   328

第 78 本书《世纪》   332

第 79 本书《夏洛的网》   335

第 80 本书《谁猎杀了伤者》   340

第 81 本书《狂人日记》   343

第 82 本书《格雷岛》   347

第 83 本书《卡里古拉》   351

第 84 本书《尼克尔斯基》   355

第 85 本书《我的生存之道》   359

第 86 本书《被爱刺伤：诗篇与断章》   363

第 87 本书《甜蜜的家乡芝加哥》   370

第 88 本书《红的自传》   374

第 89 本书《帕洛马尔》（外加《三个女人》）   378

第 90 本书《诗选》   386

第 91 本书《尼伯龙根之歌》   392

第 92 本书《象棋的故事》   397

第 93 本书《诗选》   401

第 94 本书《印第安"白人"男孩绝对真实的日记》   406

第 95 本书《寻欢作乐》   409

第 96 本书《六个寻找剧作家的角色》   412

第 97 本书《蠢巨人》《蓝莲花》《当尘埃落尽》   416

第 98 本书《高文爵士和绿衣骑士》   420

第 99 本书《一部阅读史》   426

第 100 本书《焦土之城》   429

附：第 101 本书《追忆似水年华》   435

引言

这是一部书话（论书之书）。它以一系列书信的形式呈现。这些书信由加拿大作家——即我本人——所写，寄给加拿大政治家：斯蒂芬·哈珀总理。每封信都会讨论一部文学作品，这些作品体裁各异，有小说、戏剧、诗集、宗教文本、图像小说、儿童读物，几乎无所不包。每次，我都会把要寄的书标明日期、编好序号、题上赠言，并将一封折叠整齐的信夹在扉页里，随书一同寄往渥太华的总理办公室。

怀着一颗诚挚的恭敬之心，我每隔一周就如法炮制，从未间断。从二〇〇七年四月十六日至二〇一一年二月二十八日，一共寄出 101 封信，随信赠出略多于 101 本书。在我选择这些书、寄出这些信的同时，有一个重大问题一直萦绕在我脑海：我们希望自己国家的领导人拥有怎样的头脑和思想？这些思想之精华应该从何处汲取？我的观点是：在错综复杂的二十一世纪，文学——相对于纪实的非虚构作品——是任何一个深谋远虑、情感丰沛的人不可或缺的基本素养。一个没有接受过小说、戏剧、诗歌等思想产物熏陶的人，或许尚能掌理一国事务并维持基本现状，但绝不可能真正引领这个国家。为了有效引领国家，领导者不仅需要了解现状，还要对未来有所设想，没有什么比文学更能展示这种理解力与想象力了。这是本人的一孔之见，最终要由加拿大人民——不管是不是真正的文学爱好者——做出抉择。

文学究竟是能够塑造人格之物，还是纯粹的消遣？这是根本的问题。

我总共收到过七封回信。第一封回信十分迅速：

2007 年 5 月 8 日

尊敬的马特尔先生：

我谨代表哈珀总理，感谢您最近的来函以及赠送的托尔斯泰的《伊凡·伊里奇之死》一书。我们十分赞赏您对这部小说的评论及建议。

再次感谢您的来信。

您真诚的

苏珊·I. 罗斯

总理助理

此后长达两年时间里，总理办公室再无任何回应，直到我又意外地收到四封顺序混乱的回复。复函如下：

对第 53、54 本书的回信：

2009 年 4 月 29 日

尊敬的马特尔先生：

我谨代表斯蒂芬·哈珀总理阁下感谢您的来信，以及随信寄来的三岛由纪夫的《午后曳航》和切斯特·布朗的《路易斯·瑞尔》。对于您寄来的这些书，总理希望我能帮他转达对您的谢忱。请您相信，我们非常重视和感激您的善举。

您真诚的

S.罗素

执行通信官

对第 51 本书的回信：

2009 年 5 月 1 日

尊敬的马特尔先生：

我谨代表斯蒂芬·哈珀阁下告知您，您有关社会科学和人文研究委员会以及加拿大期刊基金会的来函已收悉。感谢您随信附寄的威廉·莎士比亚作品《凯撒大帝》。

请您相信，我们已慎重地考虑了您的意见。我已冒昧地将您的来信转发给尊敬的工业部部长托尼·克莱门特先生以及加拿大文化遗产及官方语言部部长詹姆斯·摩尔先生，以便他们了解您关注的问题。

再次感谢您致函总理。

您真诚的

S.罗素

执行通信官

对第 55 本书的回信：

2009 年 5 月 22 日

尊敬的马特尔先生：

我谨代表斯蒂芬·哈珀阁下告知您，您的近函已收悉。

十分感谢您与总理先生分享您的读书心得。请相信，我们已慎重考虑您的意见。如您想了解更多的政府倡议，请光顾总理的官方网站：www.pm.gc.ca。

您真诚的

L. A. 拉韦尔

执行通信官

对第 52 本书的回信：

2009 年 6 月 24 日

尊敬的马特尔先生：

我谨代表斯蒂芬·哈珀阁下告知您，您 3 月 30 日的来函以及随寄的《燃冰：艺术与气候变化》一书已收悉。

感谢您为总理提供此资料。我们十分感激您向总理提供这一信息。

您真诚的

P. 蒙蒂思

执行通信官

此外，有两封回信是给查尔斯·福伦和艾丽丝·凯珀斯两位作家的，在一段时间里，他们自告奋勇替我为总理选书并写信推荐。

对第 81 本书的回信：

2010 年 5 月 20 日

尊敬的福伦先生：

我谨代表斯蒂芬·哈珀阁下告知您，您的两封近函以及随信附寄的小说——雷·史密斯的《世纪》和鲁迅的《狂人日记》均已收悉。

总理希望通过我转达他对您的谢忱。请相信，我们十分感激您周到的善举。

您真诚的

S. 罗素

执行通信官

对第 85 本书的回信：

2010 年 9 月 3 日

亲爱的凯珀斯女士：

我谨代表斯蒂芬·哈珀阁下告知您，您的来信以及随信附寄的小说《我的生存之道》已收悉。

感谢您向总理寄送此书。我们十分感激您的善举。

您真诚的

T. 路科威茨

执行通信官

我注意到，除了第一位回复我的总理助理苏珊·I.罗斯之外，其他通信官员在落款处统一用首字母代替名字，比如用 S 代替莎拉（Sarah），L. A. 代替劳伦斯·安德鲁（Lawrence Andrew）。我的推断是，由于加拿大人对写信人的性别比较敏感，用首字母代替名字可以模糊这种区别。同时也说明，这些回信人只想与我保持陌生人的关系。当然，每封回信都相当程式化，与其说是回信，不如说是回执。

这是一个寂寞的读书会：101 封去信换来的是 7 封代理人程式化的回信以及 94 场蓄意的缄默——而我心目中的书友连嘀咕都没嘀咕一声。我是在失意中创建这一读书会的。二〇〇七年三月下旬，我应邀前往渥太华协助筹备加拿大文化艺术委员会的五十周年庆典。那是一个杰出的机构，为培育加拿大人的文化认同做出了不少贡献。那次庆典最终大获成功，这主要归功于到场的五十位艺术家，包括作家、画家、作曲家、音乐家和编舞家等，他们来自各个领域，每人代表该委员会过往五十年中的一年。我代表的是一九九一年，那年我在加拿大文化艺术委员会的资助下创作了第一部小说《自我》。当时我二十七岁，那笔钱，18 000 加元，对我来说如同上天的恩赐。它维持了我一年半的生活（考虑到第二部小说《少年 Pi 的奇幻漂流》大获成功后我所缴纳的个人所得税，加拿大纳税人的这笔初始投资绝对值得）。我们之中最年长的艺术家，让·路易斯·鲁，代表的是一九五七年，他是一位功成名就的戏剧演员；最年轻的是特雷斯·史密斯，一名土著嘻哈舞者兼编舞家，当时刚刚获得第一笔资助。置身于这样一批艺术创造者之中，着实令人激动万分。

庆典的高潮出现在三月二十八日下午三时。我们坐在众议院的访客席中等候。我必须指出，对于没有去过那里的加拿大人，我们的众议院，乃至整个国会山，都可谓是个令人难忘的地方。它庄严宏伟、富丽堂皇，象征意义深刻。四面墙壁展示着我们国家的重大历史事件，承载着世世代代加拿大人不懈追求的愿景和梦想。多功能的桌椅、音质卓越的麦克风以及隐秘的电视摄像机突显出建筑的实用性。置身于众议院这个让我不住惊叹的地方，我想到了宁静。"宁静"这个词突然出现在我的脑海，或许是因为当时令人不安的问答环节即将结束。读书时，人必须宁静；听音乐会、看戏、看电影或欣赏画作时，人也得宁静。宗教，也需要宁静，尤其是在祷告和冥想之时。在秋天或寂静的冬日凝望湖面，也会带给我们宁静的思绪。生活似乎喜欢让宁静的时刻出现在我们思维的边沿，对我们轻声耳语："我在这儿。你觉得呢？"当我们忙碌起来，平静顿然消失，但我们几乎浑然不知，因为我们总是很轻易地陷入忙碌的错觉：我们所忙碌的一定很重要，越令人忙碌的事肯定就越重要。于是，我们忙、忙、忙，冲、冲、冲。有时我们气喘吁吁地对自己说："唉，生活就是赛跑。"其实，事实恰恰相反：生活是宁静的。一直在盲目奔跑的是我们。

庆典的高潮部分终于到来了。时任加拿大文化遗产部部长的贝弗利·小田女士起身向在座的各位表示感谢后，开始发表讲话。我们这些艺术家也纷纷起身，不是为了自己，而是为了加拿大委员会及其象征。部长讲了没多久，事实上，我们以为她才开始，她却迅速收尾并坐了下来。这时传来一阵稀稀拉拉的掌声，议员们随即开始讨论其他事务。我们依然站立着，目瞪口呆。就这么结束了？花了五十年建立起来的异彩纷呈的加拿大文化，竟然用五分钟不到的时间就打发了？我记得，诗人妮可尔·布罗萨德笑着摇了摇头，坐了下来。

我可笑不出来。要是在法国，相应的主流文化机构举办这样的庆典，又会是怎样的一幅情景呢？那必定是一场气派非凡、历时一年、展览连连的豪华演出，法国总统会登场亮相，博足眼球，就是那样。

不过，没必要再深究细节。我们都明白欧洲人是怎样对待文化的。对他们而言，文化既性感又重要。世人都爱去欧洲旅游，只为欣赏它那灿烂的文化。相反，我们加拿大艺术家只能呆呆地站在访客席，碍手碍脚地让人家干不了更重要的事情。而可笑的是，我们甚至不是主动到此参加的，而是受邀而来。

从我们所在的幽暗处望去，我的目光定格在一个人身上。在简短的庆贺环节中，我们的总理一言未发，连头都没有抬起过。一切迹象表明，他甚至不知道我们在这里。我问自己，此人是谁？他从何处获得动力？毫无疑问，他日理万机。每天，一觉醒来后，他必须每时每刻牢记自己是加拿大总理。然而，斯蒂芬·哈珀又必须有些许独处与闲暇时光来凝思人生。必定有这样的时候，他的思绪从工具性问题——"我怎么做这个？""我如何得到那个？"——转向根本性问题，"为何这样？""为何那样？"。换句话说，他一定也拥有过宁静的时刻。而既然我跟书打交道，既读书又写书，既然书和宁静如影随形，那么我决定通过好书给斯蒂芬·哈珀提供一些有助于他获得宁静的建议。

就这样，我开始了月复一月、年复一年的阅读、思考、写信和邮递的历程。我猜想，那些书放在渥太华某个办公室的书架上，而这些信则掌握在您手中。

我想从中得到什么回报吗？希望总理能以我阅读和给他写信的速度读完这些书并回信？不，我没有期望他有如此勤奋。每个人想要读的书总比实际读的书多得多。为此，我们应该感谢上帝。如果哪天有人声称他读完了所有已经出版的书，那才悲凉呢，那将是大地萎缩的预兆。但我的确怀抱期待，期待有一天能收到一封实实在在的回信，而不是我最终收到的那些机械死板的复函。让我们的领导人承担起责任，不正是民主的实质吗？作为一名从事艺术工作的公民，我有权知晓我的总理怎样看待阅读，我有权了解哪些书曾塑造了他。

以下是我设想的几种能够直击要点的回复：

自大型：

尊敬的马特尔先生：

拿破仑驰骋战场时，手里可没有一本书。政治就是行动。或许等我打赢所有政治战役时，才会考虑阅读您所推荐的书。

您真挚的

斯蒂芬·哈珀

原则型：

尊敬的马特尔先生：

我在闲暇时做的事与您无关。此外，我不能接收您的礼物，因为它们很可能使我在面对其他加拿大作家时陷入利益冲突中。因此，我已吩咐工作人员将您的赠书捐给世界扫盲组织。

您真挚的

斯蒂芬·哈珀

狡诈型：

尊敬的马特尔先生：

您寄给我的书真是棒极了，我无比感激。我度过了许许多多阅读时光，其乐融融。爱不释手。读罢托尔斯泰，我深感生命的脆弱无常，奥威尔让我为邪恶与腐朽震颤不已，阿加莎·克里斯蒂悬念迭出，揪人心肺，伊丽莎白·斯马特令人伤心欲绝，每读一本书就好像坐一次过山车，情感激荡飞扬，跌宕起伏。请给我寄更多的书吧！我每三天就看完一本书啦。

您的信也是我快乐的源泉——可惜篇幅太短！要是它们能再长一些，更详细一点，那我就真会是一位心满意足的加拿大读者了。

您真挚的

斯蒂芬·哈珀

另：我爱读《少年 Pi 的奇幻漂流》，但那座奇异的岛屿象征什么呢？您目前在忙什么？

诚实型：

尊敬的马特尔先生：

我没有闲暇时间读书。我通过幕僚为我准备的简报文件获取所需信息。我会偶尔挤出时间翻阅与政治或经济学相关的书籍。不过卸任后——我希望距此还有些年头——我会读一下自己喜欢的书。

您真挚的

斯蒂芬·哈珀

直率型：

尊敬的马特尔先生：

　　我不爱读小说，也不爱读诗或剧本。读书简直就是浪费时间。如果这让您很不舒服，我可管不了。

　　　　　　　　　　　　　　　　　您真挚的
　　　　　　　　　　　　　　　　斯蒂芬·哈珀

坦诚型：

尊敬的马特尔先生：

　　我从来就不大喜欢读小说，而且照样干得不错。不过，就在上周，我碰巧在您寄来的那堆书旁边多停留了一分钟。我瞅了瞅它们，真是琳琅满目啊！突然，我脑中闪过一个念头：书籍多像工具啊！有犁头、锤子还有水平仪。我从中挑了两本，《薄伽梵歌》和《鼠族》，留作闲暇时一读。

　　　　　　　　　　　　　　　　　您真挚的
　　　　　　　　　　　　　　　　斯蒂芬·哈珀

　　要是我能收到以上任何一封回信，我就可以对总理的阅读习惯有更深入的了解。

　　是什么让我认定斯蒂芬·哈珀不喜欢阅读文学呢？难道是我胡说八道、自以为是？难道他真的告诉过我他在高中之后就没读过一本小说？不，他从没说过。斯蒂芬·哈珀从未向我或任何采访他的记者透露过他的阅读习惯（除了二〇〇四年大选时，他曾提到他最爱的书是《吉尼斯世界纪录大全》）。至于他目前在读什么书，或者他到底读不读书，抑或他过去读过什么书，这一切仍然成谜。但是，倘若我看见有人凶残地抽打一匹马，我能十分有把握地推断他没有读过《黑骏马》。如果斯蒂芬·哈珀能熟读文学并深受其影响；如果他读小说、戏剧和诗歌，他就一定会喜爱它们，为它们辩护，为它们喝彩。他就不会破坏维系我国文化艺术的公共途径，除非是迫于政治上的权宜之计。如果斯蒂芬·哈珀具备一定的文学素养，确切地说，是具备一定的文化素养，那么很遗憾，这些素养并没有通过他的言行体现出来。取消外交部海外文化推广预算，解散 CBC（加拿大广播公司）广播交响乐团，缩编整个加拿大广播公司，停止资助众多加拿大小型文学艺术期刊，强推旨在放宽版权保护的 C-32 法案……如此种种，不一而足，实在令人遗憾。而这一切都发生在斯蒂芬·哈珀掌舵少数党政府之时，现在他在选举中获得了绝对多数，又将做出什么呢？

或许，打马的人也曾读过《黑骏马》，但他照样还想打马。他可能觉得，即使马被打了也过得好得很。他甚至认为，马理应该打，他是为了马好才打它的呢。那就更该给他寄些好书，希望这能改变他的想法。

但问题依旧存在，有待我们回答：斯蒂芬·哈珀正在读什么、读过什么或者是否读书与我们有关吗？读书是不是就像集邮或者看曲棍球一样，只是个人爱好？在我刚开始搞这个读书会不久，有人就是这样问我的。事实上，他是冲我大声吼叫出口的，很生气。他是一位绅士，是我在现居地萨斯卡通的一位熟人。他不停地说我在做的这件事是令人厌恶的"人身攻击"。这完全不是什么保守派对我的斥责，这位先生碰巧还是一个热爱读书的人，是我期待的盟友。回到家，颇受震动的我在字典中查阅"人身攻击"的意思：拉丁语，对个人性格的攻击，而非对其所持立场或信念的攻击。请斯蒂芬·哈珀解释他的阅读习惯不合时宜吗？更糟糕的是：攻击个人而非他的公共政策，是不恰当、不光彩的吗？

答案很简单。如果某个人无权凌驾于我之上，我才不管他读什么书或是否读书呢。我也没资格评判他人该怎么生活。但是，如果某人有权凌驾于我，那么，没错，他读不读书或读什么书对我就太重要了，因为从他所选读的书中即可看出他的思想和可能的行为。假如斯蒂芬·哈珀未曾读过《伊凡·伊里奇之死》或任何其他俄国小说，假如他未曾读过《朱丽小姐》或任何其他斯堪的纳维亚戏剧，假如他未曾读过《变形记》或任何其他德语小说，假如他未曾读过《等待戈多》《到灯塔去》或任何其他实验性小说、戏剧，假如他未曾读过马可·奥勒留的《沉思录》、《培养想象》或任何其他哲学论著，假如他未曾读过《牛奶树下》或任何其他诗性散文，假如他未曾读过《他们眼望上苍》《沉溺》或任何其他美国小说，假如他未曾读过《萨拉热窝的大提琴手》《这座岛叫米纳戈》《希库提米的蜻蜓》或任何其他加拿大小说、诗歌、戏剧——假如斯蒂芬·哈珀未曾读过这些或任何此类作品，那么他的头脑是由什么构成的？他是如何洞察人类境况的？是什么材料构筑了他的感性？他想象的颜色、模式、韵律和诱因是什么？这些是我们一般无权过问的问题。总的说来，我们同胞们的想象性生活，正如他们的财务状况，与我们毫无关系。可是，一旦他们被推选担任公职，其财务状况就与我们息息相关，而政治人物必须定期通告他们的金融资产，这样我们才可确信他们没有在以权谋私。他们的想象性资产亦莫不如此。一旦某人——比如斯蒂芬·哈珀——有权凌驾于我，那么，能了解此人想象力的本性和品质对我十分有利，因为他的梦想可能成为我的噩梦。小说、戏剧、诗歌，这些都是用来探索人类、世界、生命的强大工具。而领袖人物必须对人类、世界和生命有所了解。所以，对那些立志成为卓越领袖的公民们，我想奉劝一句：要想领导有方，你必须博览群书。

在这场书籍推广的游击战中，我并不是孤军奋战。多年来，一份公开的英法双语版战事记录大全一直展列在互联网上。史蒂夫·祖达尼彻为我创建博客，并长期承担网站的维护工作，丹尼斯·杜罗教会我如何自己管理网站事务。我很感激他们给我的无偿帮助。同时，我必须感谢我的父母埃米尔和妮可，他们自告奋勇把我的每一封信译成法语，且常常在迫在眉睫的最后期限的压力下完成。他们是当之无愧的文艺公民，我亏欠他们的不仅是爱，还有感激。我之所以喜爱阅读与写作，是因为他们为我树立了榜样。此外，我还要感谢萨斯喀彻温大学英语系为我提供了理想的工作场所。最后，请允许我向以下作家表示谢忱：斯蒂文·高勒威、查尔斯·福伦、艾丽丝·凯珀斯、唐·麦凯、勒内－丹尼尔·迪布瓦和埃米尔·马特尔，他们在我外出宣传新书不能与总理保持通信之际鼎力相助。

下面写给总理的这些信，只是反映了某一位读者的品味、喜好以及局限。其中某些书在寄出之前很久便已在我的脑海里徘徊，还有一些是来自加拿大甚至海外读者的推荐。有些书我早已读过，有些书是偶然的新发现。我对书籍的选择超越了国界和语言的界限。我不认为自己是一个明智敏锐的判官。我只是希冀向总理展示，文学作品是多么丰赡、多彩、滋养心性而能改变人生。

虽然与斯蒂芬·哈珀的读书会已接近尾声，但如果有读者渴望加入荐书的行列，本人持鼓励态度。书籍，就像鱼儿，喜欢四处游动。通过分享书籍，一个个交流社区拔地而起，发展壮大，任何书友会成员都可亲证与他人交流读书心得的浓浓乐趣。因此，假如您有一本您觉得是斯蒂芬·哈珀的应读之书，那么无论如何请寄给他吧。

他的地址是：
加拿大总理斯蒂芬·哈珀阁下
渥太华
惠灵顿街 80 号
KIA 0A2（邮编）

书籍让我们攀爬得更高，我手里总爱握着一本书，就像扶着楼梯护栏。我认识的某些读者一次就可轻轻松松地蹦四级台阶，他们不知疲倦地一层一层往上爬，从不给自己喘息的机会；不过，我不像他们，我喜欢慢慢地向上爬。如果我的小说《少年 Pi 的奇幻漂流》里有些许自传色彩的话，那能反映这一特性的不是 Pi，而是那只树懒。对我这只树懒而言，一本好书好像一挂取之不尽的树叶，我读不了几页就会肚子饱饱，然后昏昏欲睡。我的"扶手"此时更像一根树枝，我倒挂在上面，任书籍浇灌、滋润着我的梦想。我虽读得很慢，但持之以恒，否则我准会饥肠辘辘。

艺术是水，人类离不开水，因为水不仅维系着生活（喝水、洗漱、灌溉），还维系着快乐（戏水、休闲、航行）；同时，人类也离不开一切形式的艺术，琐屑繁芜的也好，至关重要的也罢。否则我们准会枯萎。

最后，我想以这样一幅图景来结束这篇序言，它是宁静的化身，是我寄给斯蒂芬·哈珀总理上百信件和好书想要传达的景象：在热带雨林的倾盆大雨之中，一只树懒挂在茂密丛林的一根树枝上。雷雨交加，震耳欲聋，树懒却毫不在意——他正在雨水的浇灌下复苏，其他动植物也十分享受。此时，树懒的胸前放着一本书，滴雨未沾。他刚读了一段，一段很不错的文字，于是他又读了一遍。这些文字在他的脑海里描绘出一幅图景。树懒慢慢欣赏着。太美了。树懒环顾四周，他所在的树枝高高在上，森林的景色一览无遗。真是美极了。透过雨帘，他看到其他树枝上散落着色彩斑斓的圆点，那是鸟雀；沿着树向下看，怒气冲冲的美洲豹沿着小径奔跑，却一无所获。树懒的目光回到书中。他心满意足地呼了一口气，仿佛整片丛林随他一起呼吸。雨继续下着。树懒进入了梦乡。

第 1 本书

《伊凡·伊里奇之死》
列夫·托尔斯泰 著
埃尔默·莫德 译自俄语
2007 年 4 月 16 日

谨向
加拿大总理斯蒂芬·哈珀
致以美好祝愿
加拿大作家 扬·马特尔

尊敬的哈珀先生：

　　列夫·托尔斯泰的《伊凡·伊里奇之死》是我给您寄的第一本书。起初，我觉得应该给您寄一部加拿大作品——鉴于您与我都是加拿大人，此乃合宜之举——但我不想被任何政治考量所左右，更重要的是，我想不出其他任何篇幅如此简短的作品——总共还不到六十页——却何等确凿地彰显了伟大文学的力量与深邃。《伊凡·伊里奇之死》无疑是部杰作。在这部作品中，没有夸夸其辞，没有粗言秽语，没有装腔作势，也没有虚伪造作，一切都那么恰如其分，没有瞬间的淡乎寡味，也没有俗不可耐、过于匆忙的情节推动。这是一个简简单单而又引人入胜的故事，娓娓讲述一个人的一生，还有他普普通通的归宿。

托尔斯泰有一双敏锐的眼睛，他对人物和细节的把握，无论是心理活动还是肢体动作，都描写得十分到位。就拿舒瓦兹这个人物来说吧：他在伊凡·伊里奇家里与他的遗孀攀谈，心里却一直惦记着那晚的牌局；或者，比如说彼得·伊万诺维奇，他一边小心、拘谨地与伊凡·伊里奇的遗孀交谈，一边要与矮矮的脚凳和裸露在外的破弹簧较量；或者呢，再拿这位遗孀普拉斯科维亚·费奥多罗芙娜本人来说，她在我们眼前痛哭流涕，哀叹连连，但她始终未忘自身的利益，由于丈夫是当地法官，她希冀借机向政府索要丈夫的养老金和一大笔抚恤金；又比如伊凡·伊里奇，我们不妨看看他与第一个医生打交道的情景：他发现这位医生在给他做检查时趾高气昂，内心却冷漠无情，而法庭上的伊凡·伊里奇在被告面前同样也是这副德行；或者看一看对他与妻子之间关系的细腻描写——那纯粹是地狱般的婚姻——而他身边的朋友和同事，则伫立在结结实实的河岸边，眼睁睁地看着他傻乎乎地将自己举身投入急湍中。最后，再看一眼伊凡·伊里奇吧，还有他那孤独、痛苦的挣扎。

托尔斯泰洒脱自如地审察着生活的肤浅表象及其内在肌理，清晰而精炼地展现了我们的虚妄和冷酷。然而，展现这些招摇过市的愚昧和姗姗来迟的智慧的过程并非一堂索然无味的道德说教课，而是承载了真实生活的重负，呈艳斗丽，清新盎然。我们亲眼看着伊凡·伊里奇犯下一个又一个错误——啊，我们看得如此真切，自认绝不会犯下同样的错误——直到有一天，当别人也这样看我们时，我们才恍然大悟，自己何时竟也变成《伊凡·伊里奇之死》中的人物。

这就是文学的伟大之处，亦是悖论所在：我们在阅读虚构小说中的人物时，归根结底是在阅读我们自身。有时，这种无意的自省会让人会心一笑，而大多数时候，比如在阅读这本书时，它会让我们担忧，矢口否认，发出阵阵战栗。无论哪一种情形，我们都会更加睿智，我们的人生会更加厚实。

还有一点，相信您一定也感觉到了，尽管故事发生的一八八二年与今天有很大的时间悬隔，尽管迂腐的沙皇俄国与现代加拿大有巨大的文化差距，但这故事直抵我们内心，没有丝毫磕绊。事实上，除此之外，我想不出还有哪个故事能以那一时代为背景，在展现俄国本土特色的同时，冲破地域的藩篱，获得全世界的共鸣。中国的农民、科威特的移民劳工、非洲的牧羊人、佛罗里达的工程师、渥太华的总理——我可以想象所有这些人在读《伊凡·伊里奇之死》这本书时频频点头。

此外，我还要向您推荐小说中吉拉希姆这个人物。我觉得，在这个人物身上，我们很少能够读到自己，但我们却最喜欢、最想成为那样的人。我们盼望，有朝一日，自己身边也会出现一位吉拉希姆。

哈珀先生，我知道您日理万机。我们每个人都在忙碌。就连蜗居一隅、冥思默想的僧侣也在忙碌。这就是成年人的生活，事情总是排得满满当当，堆积如山。（似乎只有孩童与垂垂老者才不会为缺少时间所困扰——请注意，他们多么享受阅读，他们的人生多么色彩斑斓。）然而，每个人在他睡觉的枕边都会留下一方天地，不论是人行道上的一块石板，还是一张考究的床边小几。夜深人静，某本书会在那片天地中熠熠生辉。在那些温良的清醒时刻，我们开始放下白天的忙碌，在临睡前，顺手拿起一本书，翻上几页，读上片刻，去到另外一个世界，成为另外一个人，是再合适不过的时刻了。当然还有其他的选择。比如，以小说集《小镇畸人》而闻名遐迩的美国作家舍伍德·安德森就是在乘火车上班的路上写下了他最初的几部短篇小说。而斯蒂芬·金每次去参加最喜欢的棒球运动时书不离手，显然是为了在闲暇休息时读上几页。关键就在于你如何选择。

我的建议是，您不妨选择每天挤出几分钟，读一读《伊凡·伊里奇之死》。

您诚挚的
扬·马特尔

[复函]

2007 年 5 月 8 日

亲爱的马特尔先生：

我谨代表哈珀总理，感谢您最近的来函以及赠送的托尔斯泰的《伊凡·伊里奇之死》一书。我们十分赞赏您对这部小说的评论及建议。

再次感谢您的来信。

您真诚的
苏珊·I. 罗斯
总理助理

列夫·托尔斯泰（1828—1910）是一名多产的作家、评论家、剧作家、哲学家与教育改革家。他出身于俄罗斯贵族家庭，尤以书写反映俄罗斯生活的现实主义小说闻名于世，被推举为十九世纪俄罗斯文学最杰出的贡献者之一。他与索菲亚·托尔斯泰结婚，婚后育有十三个孩子，其中五个不幸夭折。托尔斯泰一生写下了十四部中长篇小说（最著名的是《安娜·卡列尼娜》和《战争与和平》）、数篇散文与非虚构作品、三部戏剧和三十余篇短篇小说。[①]

[①] 文末作者介绍为本书英文版原有内容，编者仅做少量修改。——如无特殊说明，本书脚注均为编译者所加

第 2 本书

《动物农场》

乔治·奥威尔 著

2007 年 4 月 30 日

谨向

加拿大总理斯蒂芬·哈珀

致以美好祝愿

加拿大作家 扬·马特尔

另：祝您生日快乐

尊敬的哈珀先生：

很遗憾，您所支持的火焰队无缘季后赛，不过正因如此，我想您应该有更多的空闲时间了吧。

我担心寄给您的第二本书——乔治·奥威尔的《动物农场》——可能会遭到某些人的非议。因为这本书实在太有名，而且作者也是一位已故的白人男性。由于时间有限，对于所有曾经试图驾驭文字来表达自我的人，我们不得不选择有代表性的来阅读——相信我，这样的作家人数众多，各具特色——要是您在下一次竞选中失利，会有更多时间阅读他们，当然，但愿不要如此。

很多人年轻时都读过《动物农场》这本书——也许您也读过——当时我们喜欢此书，无外乎偏爱其中风趣的动物形象和幽默机智的语言。只有当我们愈见老成，才能更加明白作者的用心良苦。

《动物农场》与《伊凡·伊里奇之死》有些相似：这两本书篇幅都不长，却都展现出伟大的文学作品所拥有的改变现实的力量，并且都旨在揭示人类的愚蠢和痴妄。不同之处在于，《伊凡·伊里奇之死》关注的是个体的愚蠢，写一个人无法在世间过本真的生活，而《动物农场》关注的是集体性的愚蠢。这本书是对政治的讽喻，像您这样的从业者应该早已对之心领神会。它探讨了人们为数寥寥的共识之一：暴政的罪恶。当然，一本书是无法被简单地归纳为某个主题的。一部作品的伟大之处并不局限于它所探讨的内容，而是体现在躬身阅读之中。

不过，我之所以选择《动物农场》这本书，还有一个私人原因：我也想写一本这样的书。

还是先谈谈《动物农场》吧。您一定很快就会感受到这部小说简洁流畅、自然真挚的风格，此乃奥威尔的招牌特征。您也一定会发现，一个个词语就像自己落在纸上的似的，那些句子和段落信手拈来，仿佛全世界没有比这更容易、更自然的事情了。其实不然，清晰的思维和清楚的表达均非易事。我相信您在写演讲稿或论文时早已深谙其理。

故事情节非常简单。庄园农场的动物们受够了农场主琼斯对它们的剥削，于是奋起反抗。动物们将琼斯驱逐，并且根据至高无上的平等主义原则建立了公社。谁知，动物农场（农场的新名字）中动物们当家做主的美梦被两头猪彻底粉碎了，其中一头贪婪、愚蠢的名叫"拿破仑"，另一头则叫"尖嗓"，因为他伶牙俐齿、能言善辩。尽管勇敢的"雪球"（也是一头猪）与农场中大多数善良温顺的动物竭尽全力，也依然难逃命运。

我一直觉得第二章的结尾很感人。当农场主琼斯离开之后，面对奶牛所产出的五桶牛奶，不能把它们卖掉，又该如何处理呢？一只鸡提议道，不如把牛奶同所有动物吃的饲料混在一起。"同志们，别管那牛奶了！""拿破仑"喊道，"收成才是最重要的！雪球同志，快做个表率。我立马跟上。"于是乎，动物们纷纷转移阵地，去地里忙活起粮食的收割。最后，牛奶怎么处理了呢？果然，"……到了晚上，动物们发现，牛奶不翼而飞"。

由于"拿破仑"的思想早已腐蚀，随着五桶牛奶的消失，尚且稚嫩的理想化的"动物农场"也逐渐走向破灭。正如您将看到的那样，事态只会变得愈发糟糕。

《动物农场》向我们完美展示出文学的一个重要作用：将历史"轻便"地现于眼前。你对二十世纪的历史一无所知？这不是问题：《动物农场》会告诉你，理想的扭曲、权力的腐化、语言的滥用以及国家的崩毁如何发生——这一切悉数浓缩在区区一百二十页中。任何人，读完此书，一定会对邪恶的政治阴谋更加警醒。这也是文学的又一功能：警世的预防针。

再说回我推荐此书的个人原因吧：我认为，欧洲犹太人曾经惨遭纳粹屠杀的历史也需要一种"轻便"的记忆方式，这正是我为自己下一本书筹划的主题。然而，要想重新拾起历史碎片——泪水涟涟，血迹斑斑——将它浓缩为几页优雅的文字，将恐惧变得轻盈——这殊非易事。

因此，我在这里呈现给您的，不仅仅是一部伟大的文学作品，也是我个人苦苦追求的文学理想。

您诚挚的

扬·马特尔

另：祝您生日快乐。

乔治·奥威尔（1903—1950），原名艾里克·阿瑟·布莱尔，英国小说家、记者、散文家、诗人、文学批评家。他出生在印度的一个被他称为"上层中产阶级偏下"的家庭。他曾参加过西班牙内战并在战争中负伤。他最著名的两部作品为《动物农场》和《一九八四》，这两本书既展现了他招牌式的写作风格，又反映了他的两大关切：对社会不公的体认和对极权主义的反对。他对语言对于政治及人们世界观的塑造所起的作用颇感兴趣，也因此闻名于世。他于四十六岁因患肺结核辞世。

第 3 本书

《罗杰疑案》
阿加莎·克里斯蒂 著
2007 年 5 月 14 日

谨向
加拿大总理斯蒂芬·哈珀
致以美好祝愿
加拿大作家 扬·马特尔

尊敬的哈珀先生：

有什么理由不喜欢阿加莎·克里斯蒂呢？她的书给人带来了"罪恶的欢愉"：谁曾想，谋杀竟也可以如此有趣？因此，我为您选定了《罗杰疑案》。赫尔克里·波洛，一位著名的比利时侦探突发奇想，要到一个名叫金艾博特的村子里种西葫芦。最终，他归隐田园的计划被一桩突如其来的骇人谋杀案打破。凶手究竟是谁？谜团重重，有待破解……

阿加莎·克里斯蒂的一大过人之处（有趣的是，人们从不直呼她的姓氏"克里斯蒂"）在于她的雄心壮志与天赋异禀完美结合。她一生创作了八十多部中长篇小说，却始终没有背离创作初衷。窃以为，要想在文学领域守住自己的一席之地，不仅需要过人的天赋和熟练的技巧，还需兼备相当的自知之明。她这般的坚守不仅留下了一路"尸骸"，更成就了一种艺术的完整性，为一代代读者所推崇。

在第38页，我用笔划下了作者关于乔治·艾略特的一句评论："乔治·艾略特用来写下《弗洛斯河上的磨坊》——或者什么其他作品——的那支钢笔，再怎么说也只是一支笔而已。如果你是真心喜欢她的作品，廉价版的《弗洛斯河上的磨坊》不是也一样能读吗？"

您也许已经留意到，我给您寄过去的都是些二手书。当然了，这样的做法并不是为了省钱，而是为了说明，二手书与二手车完全不同，前者永远不会失去它最初的价值。好的故事会像写下当天一样顺滑地传递到任一个新读者的手中。

选择这些二手的平装书（即使是新书也不会太贵）的另一个原因是，我喜欢拿着别人读过的书，去想象眼前这些字句曾如何映照在别人眼睛之中。在这幅图景中同一本书在不同读者之间架起了沟通的桥梁，一个文学的同盟随之诞生。

最近，我去了一趟渥太华。其间，我凑巧参观了"劳雷尔之家"，在您之前，我们国家最杰出的两位总理，威尔弗里德·劳雷尔和威廉·莱昂·麦肯齐·金，都曾在那里生活和工作过。那幢官邸的室内装潢给我留下了深刻的印象，深色的木质镶板、富丽的地毯、华贵的家具，以及一台隐藏的电梯。这样的场景不禁使人想起阿加莎·克里斯蒂笔下的谋杀案现场，正如您手中这本书所提到的那样，两者能够多么完美地贴合啊。

您可知道，劳雷尔和金都是如饥似渴的书虫噢！我用相机拍下了金的书库，随信附上照片。书库也是他工作的地方，这里见证了加拿大是如何一步步走出经济萧条、摆脱二战阴影，并为如今我们那令人艳羡的福利系统打下了坚实的基础。金读书的数量之多、涉猎之广令人称奇，其中包括我的挚爱、经典传世著作之一：但丁的《神曲》。此外，还有吉卜林的全部作品，莎士比亚全集，两卷本的路易·巴斯德传记。还有不少关于艺术的著作。一个接一个的书架上，摆满了各种各样的历史书籍与名人传记，还有一些像是关于人体和保健的自助书籍。金的书库真是令人过目难忘。当然，还有那架钢琴。

劳雷尔，不仅是一位带领我们国家从自治殖民地走向真正独立的总理，更是一位全情投入的读者。他的藏书规模如此之宏大，以至于金搬进来时，为了给自己的书籍腾出空间，不得不将劳雷尔的藏书大规模托运出去。劳雷尔的这些书籍现今保存在国家档案馆中。

他们何以能读这么多的书呢？或许，劳雷尔和金都是管理时间的高手。当然，他们当时一定没有电视机提供碎片化的信息，否则时间就要被大把吞噬了。又或者，要成为一位受人尊敬、博学多才的绅士，博览群书是自然而然、必不可少的环节？难道说，正是特权人物某种根深蒂固的习性，才使这两位总理可以花费如此多的时间阅读吗？

也许，在当时，阅读的确是属于精英阶层的活动。而如今，情况可大为不同了。在我们这样一个富有、平等的国家，公民受教育的比例已相当高（尽管有些人仍在为此挣扎并亟待我们去帮助），公共图书馆对所有人开放，读书不再是只供精英消遣的活动。在今天，好书可以被任何人阅读、被任何人享有，再也没有等级之分。我居住在美丽的萨斯喀彻温省，它的奇妙魅力之一就是，这里所有的城镇，包括最不起眼的小镇——比如说，只有一百二十六人居住的黑兹利特——都建有一座公共图书馆。就算您想拥有一本书，也不需要很大的开销。书中自有黄金屋，只要花几十分钱，就能拥有一本二手书所蕴含的所有智慧。之后，您所要做的，就是挤出些闲暇时间来品鉴您的投资。

我敢跟您打赌，金在上床睡觉之前，一定曾经喃喃自语道："是男管家帕克干的，准没错！"

您诚挚的

扬·马特尔

阿加莎·克里斯蒂女爵士（1890—1976），英国作家，获奖无数，被一些人奉为"侦探小说皇后"。她的侦探小说名闻遐迩，持续畅销海内外。她塑造了犯罪小说史上两位偶像般的侦探：赫尔克里·波洛和简·马普尔小姐。她在一战期间担任护士的经历使她掌握了大量关于毒药与疾病的知识，并为日后的侦探小说创作奠定了基础。她不仅写了八十多部中长篇小说，还创作了几个剧本、若干篇短篇小说和爱情故事，其中许多故事都被搬上银幕。

第 4 本书

《我坐在中央车站旁哭泣》
伊丽莎白·斯马特 著
2007 年 5 月 28 日

谨向
加拿大总理斯蒂芬·哈珀
致以美好祝愿
加拿大作家 扬·马特尔

尊敬的哈珀先生：

伊丽莎白·斯马特的小说《我坐在中央车站旁哭泣》，是一本很适合大声朗读的书。我相信，这也是阅读此书的最佳方式。语言是此书的精华，情节、人物和背景都与之共生。当然，也有些超出语言之外的东西，比如主题，而本书探讨的是一个古老而隽永的主题：爱情。

所以，本书非常适合在一天结束后，躺在床上，大声朗读。它是一本值得分享的书。

艺术与生活之间的联系可能被简化了，不过或许能帮助您在语言的洗礼中从容应对：一天，伊丽莎白·斯马特在书店里读到了几首诗歌,于是她坠入了爱河——我几乎要说"决定坠入爱河"——爱的对象是诗歌的作者,乔治·巴克。我要恭喜巴克先生,估计他的名字若能被后人所铭记,更多是因为他是"伊丽莎白·斯马特爱上的那位诗人"而非他的诗作。后来,斯马特与乔治·巴克在加州相遇,继而相恋,这是爱神对她的眷顾,也是不幸的开始。乔治·巴克不仅已婚,并且他的情人远不止斯马特一人。他生了一大堆孩子——一共十五个,包括与斯马特所生的四个——这或许说明他不仅非常注重情感前提,而且十分在意爱的结晶,不过对于他作为父亲的本领是否高超,我深表怀疑。不好意思,我扯远了。因此,伊丽莎白·斯马特同乔治·巴克的相恋,使她在精神上无比痛苦,蚌病生珠,反而写就了这本传世佳作。从某种意义上来说,斯马特堪比但丁,而《我坐在中央车站旁哭泣》可与《神曲》相提并论,只不过她的创作轨迹与但丁截然相反:这段旅程始于天堂,无奈却走向了地狱。

简而言之,这本书包裹着一层层寓言式的暗指和奇思妙想的隐喻,但其核心是一颗坚不可摧的钻石,诉说着一个缠绵悱恻的爱情故事。

儿女私情,说来话长,姑且留给您细细揣摩。我们不妨换个轻松的话题,谈谈此书的语言之美。语言是一种最原始、最简单的隐喻,是人们所发出的各种声音被改进修订之后,得到公认的一个音义结合的符号系统,比如,我们在吃饭时说到"菠菜",大家就会一致看向桌上那盘很好吃的绿叶蔬菜。语言使交流变得更加简单、有效,免得人们老是得瞪大双眼、指指点点。不难想象,当一群穴居人有了用语言来交流的想法时,他们一定会为之手舞足蹈、上蹿下跳,当时该有多么兴奋、多么激动啊,这个好主意也会很快传到各处。想必人们最初用言语命名事物时,一定有不少摩擦和争执,但那种以言语度量世界的气魄，仍令人无限神往。不同的族群有不同的命名方式，没关系，我们应该说声：差异万岁。

所以，我们的"菠菜（spinach）"，可能是其他人口中的"epinards""espinacas""spinaci""espinafre""spinat""spenat""pinaatti""szpinak"等，而且多多益善。不知何时开始，这些实用的"叽叽咕咕"竟也成了一个自足的世界，为自身变化孕育着种种可能。我们曾认为，语言不过是个简单的工具，用于将世界直接转达给我们。现如今，看啊，这工具竟也自成了一方世界，它虽仍在转达外部世界，却是在"我们"与"世界"间建立了中间地带。真可谓一词一世界。词与物的关系正如一对恋人，相互纠缠，难舍难分。

小说中的这对恋人因为企图越过国境而被捕——偷情之举叠上了受海关管辖的非法出境罪——而第四部分的前几页巧妙地捕捉了这个世界迎候爱情的方式有时是多么粗鄙。

我本打算引用原文的某些段落，让您看看您手中的这本书是多么令人心醉神迷，然而，精彩段落太多了——恐怕我得援引整本书才行——而将它们脱离语境，又不免有些唐突。

您还记得，我是如何向您推荐《伊凡·伊里奇之死》中吉拉希姆这个人物的吗？此书中亦有沃尔托先生可与之媲美，两人一正一反，正好互为补充。

哈珀先生，要小心现实中的沃尔托先生。

我情不自禁地要引用一下原文。第 30 页：

> 我对你的爱，从未犹疑、顾虑、动摇过，等到老去那一天，
> 我们坐在桌旁，握着彼此的手，静静聆听那沃利策管风琴的演奏；
> 唯有爱，萦绕你我身旁，恬淡而深长。此时，相顾，无言。

第 44 页：

> 急驰而来的福特车突然停在门口，迟了五分钟（或是五年），他穿过漆椒树下的草坪，而我始终站在薄纱窗帘的后面，两条腿像灌了铅似的，竟迈不出一步，也说不出一句话。当他推开大门的刹那，我恨不能像浪潮一般朝他涌去。

是不是太浪漫了？是的。非常不切实际？没错。不妨看一下第55页，她向那位逮捕她的警察发问道：

> 那你为什么活着？
>
> 我不会做那种事，警官说，我是有家室的人，我是扶轮社^①的一员。

她也许扮演了一回耶稣的角色，警官后来肯定希望自己当时效仿了那位谦卑的迦百农罗马百夫长^②。

在第65页，还有这样一个段落，描写她因犯下重婚罪而被流放回故乡渥太华：

> 我感觉，在一幢幢破旧的小木屋屋顶，萦绕着先驱者们的满腔热血，以及早期政客们的雄心壮志，他们谦恭淳良、独善其身，他们可以在榆树下一边谈论政治，一边引经据典、畅谈莎士比亚。

---

① 由商人和专业人士组成的社交与慈善组织分支。
② 《圣经》中提到，曾有一位迦百农的罗马百夫长虔诚信仰基督，尊重以色列的宗教和人民，甚至帮助他们建立了一座犹太会堂。

我不知道她是否也去过劳雷尔之家。

《我坐在中央车站旁哭泣》唤起了人们心中那份真挚的、不顾一切的爱。一个人，如果没有像伊丽莎白·斯马特那样为爱冲动一次，人生就不算完整。关于这一点，我们完全可以相信她。

谁曾想过，语言竟有如此的魅力？谁又曾想过，只言片语之间，世间多少奇迹便得以重现？

您诚挚的
扬·马特尔

另：请向您的助理苏珊·罗斯表达感谢，她以您的名义在收到我寄的第一本书时给予了回复。您一旦读完了《伊凡·伊里奇之死》，可否借罗斯小姐一读？

伊丽莎白·斯马特（1913—1986），加拿大小说家、诗人。斯马特出生在渥太华一个颇有名望的家族，游历四方，曾在美国和英国工作。在伦敦时，她偶然读到乔治·巴克的一本诗集，先爱上了诗歌，然后爱上了这位诗人。他们之间的恋情成了她最著名的作品《我坐在中央车站旁哭泣》（写于不列颠哥伦比亚省）的原型。她定居英国，并继续与已婚的巴克保持长期恋爱关系，并为他育有四个孩子。她做了十三年的广告文字撰稿人，后成为《女王》杂志的一名编辑，退休后隐居于萨福克郡的一座乡间别墅。

第 5 本书

《薄伽梵歌》

胡安·麦斯卡洛 译自梵语

2007 年 6 月 11 日

谨向

加拿大总理斯蒂芬·哈珀

赠予印度教奥义之书

并致以美好祝愿

加拿大作家 扬·马特尔

尊敬的哈珀先生：

　　借助这第五书，我想将您带向一个也许让您觉得出乎意料的方向：印度教经文。印度教经典包罗万象，在卷帙浩繁的经文中，您也许听说过《吠陀经》(*Vedas*)，尤其是《梨俱吠陀》(*Rigveda*)，或者《奥义书》(*Upanishads*)，抑或两部恢弘的梵文史诗《摩诃婆罗多》(*Mahabharata*) 和《罗摩衍那》(*Ramayana*)。洋洋洒洒、不悉其数的经文令人眼花缭乱，凝聚了一个古老而依然焕发着勃勃生机的文明对生命的思考，这一文明发祥于印度河谷，即今天我们称为印度的地方。倘若您为自己的无知感到惶恐或害怕，请别担心：我们大家都这么觉得。我相信，即便是虔诚的印度教徒，有时也会有此感受。

其实，感到恐惧和无知是阅读这本书的一个很好的起点，因为在《薄伽梵歌》——即您手上的这本书——的开头，阿朱那（Arjuna）也恰恰有这样的感觉。《薄伽梵歌》是恢宏的《摩诃婆罗多》的一小部分，也是最著名、最广为传颂的一个篇章，它在印度教经文中的重要性由此可见一斑。阿朱那所需的，我所需的，您所需的，我们大家都需要的，是学习印度教法，学习得体举止——这也是克里希纳（Krishna）① 对阿朱那的劝导。克里希纳是阿朱那的战车御者，也是他的好友，但同时也是至高无上的世界之主。

大战爆发的前夜，阿朱那让克里希纳将战车开到对垒的两军中央，环顾四周，黑压压的一片，双方剑拔弩张。阿朱那明白，两大阵营中都既有自己的敌人也有自己的好友，一旦开战，注定死伤惨重。顿时，他感到失魂落魄。

阿朱那经历的这场战役也许有其真实的历史渊源，但我们在阅读《薄伽梵歌》时，应将它目为隐喻。这里描写的战斗其实是人生之战，我们每一个人其实都是阿朱那，面对着人生中一切可怖的挑战。

我建议您既不要读专家导读，也不要看译者前言，尽管胡安·麦斯卡洛翻译得非常棒，流畅又富有诗意，没有佶屈聱牙的术语也没有晦涩难懂的句式，因此我才为您选择了他的译本。大声诵读吧，宇宙的奥义会自字里行间，如微风般阵阵拂来。即便如此，序言部分最好先搁置一旁，因为印度教同其他所有宗教一样，背后有很多历史问题和信仰纠纷。基督教历史是一回事，基督教信仰又是另一回事。假如太过执着于基督教的历史，你就会迷失在人类学之中而不得要领。而对《薄伽梵歌》的信仰，如同对基督教的信仰一样，

① 佛教旧译为"黑天"，是印度教诸神中最广受崇拜的一位神祇，被视为毗湿奴的第八个化身。

倘若您能保持清醒的头脑并敞开胸怀，在浩瀚的经文和神秘的奥义中坚持以自己的道路进行探索，您将受益匪浅。《薄伽梵歌》记录了一场人与神的对话，因此，阅读它的最佳方式，至少第一次读的时候，就是把它当作一场读者同文本之间的对话。有了初次接触之后，若想深入了解本书，再参考专家学者的意见也不迟。

也许，书中的某些观点会让您生厌。依照西方人的标准，印度教充满了宿命论的气息，这一点会让某些人大为不快。我们生活在高度崇尚个人主义的文化氛围中，因而十分重视张扬自我。也许，倘若我们铭记《薄伽梵歌》中的一大基本教诲——超然行事——那么，我们可能会更镇定平和地发挥自己施展本事，明白在大千世界的运行中，自我其实是转瞬即逝的一粒微尘。

让内心宁静下来，敞开您的胸怀，去读一读《薄伽梵歌》吧。它一定会改变您的。它是一个瑰丽宏伟的文本，既高贵又催人崇高昂扬。同阿朱那一样，试着同克里希纳对话吧，他会让您更加睿智，内心更加宁静，怀着一颗仁爱之心，时刻准备好行动。

最后，我想引用印度当地的一句祷告词，愿宁静祥和与您同在（Om shanti）。

您诚挚的
扬·马特尔

第 6 本书

《你好，忧愁》
弗朗索瓦丝·萨冈 著
艾琳·阿什 译自法语
2007 年 6 月 25 日

谨向
加拿大总理斯蒂芬·哈珀
致以美好祝愿
加拿大作家 扬·马特尔

尊敬的哈珀先生：

　　我从英国伦敦向您寄去一本法文小说的英译版。在这部小说中，有人吸烟，有人被甩了耳光，有人喝得烂醉还要开车回家，有人早餐只喝一杯最苦的清咖啡，这些人都与爱情有关。这是一本典型的某个时代的 ① 法式小说。

　　《你好，忧愁》于一九五四年在法国出版。作者是弗朗索瓦丝·萨冈，她当时只有十九岁。小说一问世便广受好评，她也声名鹊起。

---

① 原文为法语。

更重要的是，弗朗索瓦丝·萨冈和她的这本小说都被赋予了某种象征意义。

《你好，忧愁》是由一个名叫塞茜尔的十七岁姑娘以第一人称叙述的。她将她的父亲雷蒙描述为"一个轻浮的男人，精明、有商业头脑，对什么事都好奇，但又很快厌倦，对女人也很有一套"。虽然他那精明的商业头脑没有再被提起，但它显然给了他发展其他"特长"的资本——不安分、喜新厌旧、富于魅力，这一切都使他沉迷于爱欲的世界。他的宝贝女儿继承了他的这些特性。小说中，正值盛夏，父女两人——还有雷蒙刚结识的年轻情妇艾尔莎——在法国南部海边度假。这一三人局颇合塞茜尔的性情，她也孜孜地在海滨寻欢作乐，其中就包括一个名叫西里尔的帅气小伙子，他对她独有钟情。

在塞茜尔的父亲雷蒙的邀请下，他们一家的老朋友安妮也住了进来，塞茜尔原本快乐而平静的生活由于安妮的到来被完全打破。安妮和雷蒙年纪相当，长得十分标致，但性情比较严厉持重。她开始对塞茜尔的生活强加干预，更糟糕的是，几个星期之后，雷蒙抛弃了小可人儿艾尔莎，而和安妮发展出恋情。很快，安妮向塞茜尔宣布了和她爸爸雷蒙订婚的消息。塞茜尔吓得目瞪口呆。爸爸和安妮？丈夫和妻子？而她，塞茜尔，将会成为这个女人的继女，并接受她的调教，变成乖乖女？太可怕了！塞茜尔开始奋起反击，利用艾尔莎和西里尔作为对抗安妮的筹码，结果酿成了悲剧。

经历了二战以及战后重建时期文学作品低迷的状态，《你好，忧愁》的问世为法国文学带来了一场狂欢。它宣告了青年人——像是一个新物种——的诞生，并向世人宣告：来跟我们一起及时行乐，否则就滚蛋；到爵士俱乐部泡个通宵，否则再也别一起出来；别和我们谈论婚姻和其他无聊的传统，我们只想吸口烟、混个日子，忘掉未来吧——管他什么新欢旧爱！至于书名中的"忧愁"，不过是发泄愤懑的借口而已。

如此傲慢而冠冕堂皇的借口，为"懒惰"而故意狡辩的说辞，以及对传统价值的公然蔑视，无异于在资产阶级中投下了一颗炸弹。弗朗索瓦丝·萨冈也因此受到教皇的谴责，想必她本人一定很享受这份"殊荣"。

区区一本书，就可以把握一个时代，捕捉一种精神，表达整个社会的殷殷吁求。阅读一本书，不仅能了解书中的人物，更能对那个时代有所感悟。有时，一本书会得到某一群人的强烈认同——例如杰克·凯鲁亚克的《在路上》引起美国年轻人的共鸣，或者相反，被某一群人强烈反对——如萨尔曼·拉什迪的《撒旦诗篇》，便遭到某些穆斯林的猛烈抨击。

因此，一本书也可以成为一支体察人间冷暖的温度计。

您诚挚的
扬·马特尔

弗朗索瓦丝·萨冈（1935—2004），原名弗朗索瓦兹·夸雷，小说家、戏剧家和电影编剧。萨冈的小说往往以梦想幻灭的中产阶级者（通常是青少年）为中心，着力描写浪漫主题。其作品堪与 J. D. 塞林格之作相媲美。作家弗朗索瓦·莫里亚克称她为"可爱迷人的小怪物"。她一生创作并出版了数十部作品，有些已被搬上银幕与舞台。一九五七年，她不幸遭遇车祸，此后大部分时光都离不开止痛药和其他药品。

第7本书

《老实人》

伏尔泰 著

约翰·巴特 译自法语

2007 年 7 月 9 日

谨向

加拿大总理斯蒂芬·哈珀

赠予一本讲述邪恶的智慧之书

并致以美好祝愿

加拿大作家 扬·马特尔

尊敬的哈珀先生：

想必您一定听说过"六度分割理论"吧，在这个世界上，最多通过五个人，您就能够认识任何一个陌生人。而我寄给您的第七本书——伏尔泰的《老实人》——从某种意义上来说，恰好连接了您和我。且听我解释。在书中十三章，110 页到 111 页，简要交代了老实人刚抵达英国朴次茅斯时，目睹一位英国海军上将遭到枪决的场景。他当时十分不解："为什么要处决这位海军上将？"

"因为他杀的人不够多。"有人答道。

这并不是伏尔泰杜撰的故事，历史上的确有这样一位英国海军将领，因为在梅诺卡岛附近的海域与法军交战时杀敌数量不足而被处以枪决。他因此成为大英帝国第一位，也是唯一一位遭此劫难的上将，此人名叫约翰·拜恩。

您对他的姓氏应该不会感到陌生吧？是的，"金－拜恩"事件中的维尔米子爵朱利安·拜恩，在一九二一至一九二六年期间曾任加拿大总督，正是那位时运不济的拜恩上将的后代。而加拿大现任总督米歇尔·让阁下，即拜恩子爵的继任者，应该会和您经常碰面吧。还差最后一层关系，我的一位好朋友，英国出版商杰米·拜恩，是拜恩上将以及拜恩子爵的直系代。您看，六度分割理论同样适用于"你－我"：我－伏尔泰－拜恩－拜恩－拜恩－让－您。

实际上，就在这第十三章，在拜恩上将遭到处决这一情节的前一段落中，伏尔泰把加拿大贬为"区区几英亩雪地"而已。伏尔泰先提到加拿大，继而又讲了个故事将我们相互联系了起来，您不觉得很奇妙吗？哈珀先生，您我之间缘分真是不浅啊！

关于这本书，还有一件逸事。不止一次，而有两次我碰到有人在读这本书，我觉得自己看清了书名，不禁感慨这是一本多么伟大的小说，还满心期待可以好好聊一聊可怜的老实人必将遭受的可笑而悲惨的灾祸。结果呢，这两位读者（均是女性）告诉我，书名的最后一个字母是"a"，[1] 她们正在读的这本书根本不是伏尔泰的精妙讽刺之作，而是一本有关"念珠菌"的书，所谓"念珠菌"，指的就是令人烦恼、反复发作、骚痒难耐的阴道真菌感染。您可以想象，我们后来的交谈就变得有点不自然了。

让我们言归正传。《老实人》发表于一七五九年，是一部短小幽默、引人入胜的小说。它探讨的是一个严肃的问题：罪恶及其带来

①《老实人》原名 Candide，而作者看见的两位读者所读的书名为 Candida，意为"念珠菌"。

的苦难。伏尔泰生于一六九四年，卒于一七七八年，是那个时代最伟大的"牛虻"①之一。在《老实人》中，伏尔泰讽刺了当时社会盲目的乐观主义情绪。这种乐观主义通过哲学家戈特弗里德·莱布尼茨的学说，"一切可能世界中最好的世界"，得到了最佳阐释（您是否记得，克里斯·克里斯托佛森的那首嘲讽歌曲中也引用过这句话）。这一说法的论据是，因为上帝完美而无所不能，将给予各种因素最优的组合，所以这个世界只能是人类能想象出的最美好的世界。因此，恶是为扬善服务的，我们这些难免犯错的人在善与恶的选择中才能完善自我、积极向善。

如今，我们也许都认同逆境可以磨砺人，而且基督教教义依然认为"苦难成就完美"。然而，为恶做如此的辩解显然有其局限性。有些起到警醒世人作用的恶使人因祸得福或许还能如此解释，难道卑劣的罪行和不幸的灾难也能以此为由得到开脱吗？

伏尔泰创作这本书的一个重要原因是当时的一场灾难。一七五五年十一月一日清晨，里斯本发生了一场灾难性的地震。突如其来的强震摧毁了许多教堂，夺去了数以万计的生命。许多公共建筑沉陷，一万两千多幢房屋坍塌。余震刚刚结束，海啸又凶猛来袭，紧随而至的大火更加剧了民众的恐慌，死亡人数超过了六万人。在还没出现高科技毁灭性武器的年代，这样的物质损失可以说是前所未有。里斯本地震给当时人们留下的创伤不亚于纳粹屠杀犹太人对我们的冲击。不同的是，纳粹暴行让我们对人性产生了深深的质疑，里斯本地震则使人们怀疑起上帝的本性。上帝怎能如此残忍，让灾难降临在虔诚信奉天主教、接受上帝福音的里斯本城民身上？而且偏偏选在万圣节这一天？一下子夺去了这么多人的性命，难道

① 爱尔兰女作家艾捷尔·丽莲·伏尼契在其长篇小说《牛虻》中，塑造了意大利革命党人"牛虻"的英雄主义者形象。

这就是所谓的"最好的世界"?

对这一谜题的回答宛如《神义论》^①中的"圣杯"——至今仍困扰着所有人。或许,答案依然是我们缺乏远见,在某种程度上我们这些凡夫俗子永远无法明白大恶本身是如何成之为上帝神圣计划的一部分,而最终有其道理的。

在上帝亲自下凡完全解释那一计划之前,恶仍然困扰和伤害着人们。里斯本地震之后,伏尔泰对那些宗教谎言感到非常愤怒。他清楚地相信,所谓"上帝的旨意"是不存在的,因为根本没有上帝。因此,过于盲目、乐观地对待罪恶和苦难,就是对受害者的麻木不仁,于情于理都站不住脚。他竭力在《老实人》中证明这一点。小说开头,老实人是个来自威斯特伐利亚森特·登·脱龙克男爵府上的、天性纯朴的小伙子,这位乐天派的座右铭是"万事尽善尽美";在小说末尾,经历了一连串的打击和挫折之后,老实人终于听从内心的召唤,回归到平静的集体生活:"我们必须回到田园去劳作。"

或许,这也是我们面对恶时,唯一一个切实可行的办法:和大家一起,简单充实地过好每一天。

您诚挚的

扬·马特尔

伏尔泰(1694—1778),原名弗朗索瓦-马利·阿鲁埃,法国启蒙主义作家、哲学家。他一生笔耕不辍,作品涵盖小说、诗歌、戏剧、散文、科学论文和历史著作等体裁。伏尔泰热衷于政治活动,提倡社会改革、自由贸易、公民自由和宗教自由。他曾猛烈抨击天主教会,

---

① 莱布尼茨的著作,其中上编的中心内容即对"一切可能世界中最好的世界"这一命题的论证。

发表的讽刺言论多次使他身陷囹圄：一七一七年，因为对法国政府出言不逊，他被囚禁巴士底狱达十一个月；一七二六年，又因冒犯一名贵族而被逐出法国三年之久。他去世之后被安葬在巴黎先贤祠。

第 8 本书

《简短而甜蜜的 101 首小诗》
西蒙·阿米蒂奇 主编
2007 年 7 月 23 日

谨向
加拿大总理斯蒂文·哈珀
赠予一本简洁可爱的诗集
并致以美好祝愿
加拿大作家 扬·马特尔

尊敬的哈珀先生：

　　记得几年前，您说您最喜欢的书是《吉尼斯世界纪录大全》。那么，作为这种年度卷的忠实读者，您每年至少能读到一篇诗歌。这次我寄给您的书是西蒙·阿米蒂奇主编的诗集：《简短而甜蜜的 101 首小诗》。西蒙在序言中写到，他小时候在《吉尼斯》书中读到了一首被称为世界上最短的诗，之后才逐渐对小诗产生了兴趣。那首诗是这样写的：

　　跳蚤

亚当

亚，当 ①

多么伟大的小诗啊，是不是？简简单单的两行押韵诗，只有两句、四个音节，却表现出人与兽物之间恒古而亲密的关系。被忽视的小生命也有大历史，而不管我们人的起源多么神圣，我们的生存现实却十分窘迫，这世界的堕落甚至就根植在伊甸园之中。不仅如此，这首诗的韵律——"亚当，亚当"——听起来难道不像一声哀叹吗？抑或是控诉？不管怎样，诗中的跳蚤或许就是我们自己。

诗歌，言有尽而意无穷。这就是它的无与伦比之处。

忙碌？疲惫？茫然？您知道生命深邃无比，而您却因忙碌错失而过，是不是没有时间读一本大部头的小说？那么，不妨试着读一读乔治·麦基·布朗的这首小诗吧：

税收员

七把镰刀立在墙边。
金色的麦穗摆几摆
这批最后丰收的大麦
堆满了院子的角角落落。
姑娘们拔去酒瓶塞。
琴声和舞步交错。
满是残秸和石南的田地间
一个人策马而来。

---

① 原诗为：Adam / 'ad'em。另一种译法为：亚当 / 有跳蚤。

请注意，这是一首叙事诗，结构简洁无比，留给读者无尽的情感追问和遐想。诗歌的魅力就在于，它可以短如一个问句，却包含了最铿锵有力的回答。比如，斯蒂芬·克莱恩的这首诗：

在沙漠中

在沙漠中
我看见一个生物，赤着身、如野兽般
蹲在地上，
手里捧着自己的心
一口一口地啃。
我问："好吃吗，朋友？"
"很苦——很苦，"他回答，
"但我喜欢它，
因为它很苦，
因为它是我的心。"

我嫉妒诗人，他们能用短短的几句诗表达出无限丰富的情感，正所谓"将宇宙之大的意涵收入方寸之小的体量之中"。请再看一下雨果·威廉姆斯的这首小诗：

熄灯

我们还有十分钟
聊一聊白天发生的事，

然后就得入睡。

梦见什么不重要。

诗歌适合反复吟诵。不妨多读几遍，亲身去感悟，您一定会渐入佳境。真可谓"熟生敬重"。

最后是一首可爱的小诗，来自温迪·可普：

花

有的男人从没想过。

你想到了。你不期而至，

告诉我你本想送花给我，

可不凑巧，花店

关了门。或者，你怀疑——

我们两人都有点

想入非非。你以为，

我不会接受你的花。

它只会让我笑，让我冲入你怀里。

现在，我只能微笑。

可是，瞧啊，你差点买的花

仍氤氲残留。

这些诗虽然短小，但我不想匆匆略过，否则会打破它们宁静悠远的回声。阅读它们的最好办法是：配合每首诗的韵律，字正腔圆地大声朗读出来，将自己融入诗歌的意境中。

这是不可多得的练习，练习什么？窃以为，练习如何做人。

您诚挚的

扬·马特尔

西蒙·阿米蒂奇（1963— ），英国诗人、小说家、剧作家，以其不露痕迹的机智干练、亲和幽默的写作风格闻名。他创作了九本诗集，并为广播电台和电视节目撰稿。他的诗歌赢得众多奖项，包括《星期日泰晤士报》年度作家奖、前进诗歌奖、兰南奖、爱佛诺威音乐奖，并凭借诗歌《消磨时光》获得英国"千禧诗人"的称号。阿米蒂奇曾担任格理芬诗歌奖和曼布克奖[①]评委。

[①] 2019 年，因赞助商更换，该奖项的名称由"曼布克奖"（Man Booker Prize）改回为原来的"布克奖"（Booker Prize）。

第 9 本书

《一桩事先张扬的凶杀案》

加西亚·马尔克斯 著

格雷戈里·拉巴萨 译自西班牙语

2007 年 8 月 6 日

谨向

加拿大总理斯蒂芬·哈珀

致以美好祝愿

加拿大作家 扬·马特尔

尊敬的哈珀先生：

当我偶然发现这本二手书时，心情非常激动，因为它是精装本——寄给您八本平装书之后的第一本硬皮书——不过我对这本书的封面设计颇为失望①。伟大的加西亚·马尔克斯的这部简短精炼的小说《一桩事先张扬的凶杀案》理应配上更好的封面。是谁选的紫色作背景？惨不忍睹。但人们不能以貌取书，是不是？

通过"以貌取书"展开陈词滥调这一话题，倒不失为一个好办法。

---

① 封面上的人物是一个表情呆滞的新娘。她看上去更像陶瓷娃娃。——原注

顺便一提，陈词滥调指的是那些因频繁使用而变得陈腐空洞的词语或论调。很久以前，也许中世纪在修道院中慢吞吞地手抄书的修道士曾豁然开朗：本质的东西是无法用表面来判断的，是无法用一沓装订好的纸及其护壳来表达的。于是他们面面相觑，呼地冲了出去，放声赞美上帝："感谢上帝！不能以貌取书！哈利路亚！哈利路亚！"

现如今，就连一年难得读一次书的人，也认为这句话俗不可耐，将其看作一种懒惰、轻率的表达观点的方式。

有时陈词滥调则不可避免。"我爱你"——每个人通向幸福的敲门砖——也是陈词滥调，句中的"你"可以是另一个人，也可以指一群人，一套伟大的理论或壮丽的事业，一个神，或仅仅是镜中的自我。每一个要说这句台词的"演员"，都得想尽一切办法，用一种听上去很新鲜的方式去表达，就像亚当第一次对夏娃表白时那样。只是，事实上，除此之外没别的好的表达方式，也没人真正尝试过别的方式。我们之所以喜欢用"我爱你"，因为这句话简单明了：一个主语、一个动词和一个宾语，正好表达了说话者的"一心一意"。我们不仅乐意用，还要重复好几遍，甚至一遍又一遍地强调，例如每次和家人通电话，结束前都要说一句"我爱你"。阳台上的恋人、战场上的儿女，以及旋转起舞的苦行僧——他们不是随便说说，而是用生命践行着"我爱你"这句陈词滥调。

然而，大多数陈词滥调更像是西尼罗河病毒，我们要尽量避免和它们接触。为什么呢？因为陈词滥调沉闷而单调，并且不断蔓延扩散。它们是写作时信手拈来抄的近路，草率之中表达的是"你知道我的意思"。一开始，陈词滥调只是潜伏在你钢笔墨水中的白色小卵，在那慵懒手指的温暖下，慢慢等待孵化。陈词滥调对你的文章构不成什么伤害，人们对它们也很宽容厚道。然而，信手拈来、走捷径和草草率率是根本写不出真正的好文章的，而一旦你疏忽大意——谨慎认真可不是易事——白色小卵就会孵化、繁殖，进入你的血液。

后果不堪设想啊。感染会蔓延至你的眼睛、鼻子、舌头、耳朵，还有全身的肌肤，最糟糕的是：进入你的大脑和心脏。它们不仅使你的言说和文字变得循规蹈矩、单调乏味，也使你的思想和情感失去搏动。病入膏肓时，你将完全失去直接感知世界的能力，必须依赖"陈词滥调"这台简化一切的消声过滤器。

眼下，陈词滥调还蔓延到了政治维度，即教条主义。政治上的教条主义与写作中的陈词滥调异曲同工：它阻止心灵同世界进行开放而真诚的交流互动，阻止务实派用所有美好的琐碎事物来丰富生活。

假如我们想要全心全意地为各自的拥趸者服务，那么陈词滥调和教条主义是一切作家和政治家们必须竭力避免的两大表里相依的灾祸。

至于这本加西亚·马尔克斯的小说，我推荐给您是因为听说您最近去了一趟拉丁美洲，并对那里又萌生了兴趣。而且加西亚·马尔克斯是个天才。

您诚挚的

扬·马特尔

加西亚·马尔克斯（1927—2014），蜚声文坛的世界级小说家、剧作家、传记作家和记者。在漫长的文学创作生涯中，他开创的"魔幻现实主义"写作风格受到广泛关注。马尔克斯有绰号"加博"，他的故事多以拉丁美洲为背景，探讨"孤独""爱情""记忆"等主题。他最著名的作品为《百年孤独》和《霍乱时期的爱情》。此外，加博对政治活动也十分热衷。他于一九八二年获得诺贝尔文学奖。他生长于哥伦比亚。

第 10 本书

《朱丽小姐》
奥古斯特·斯特林堡 著
彼得·沃兹 译自瑞典语
2007 年 8 月 20 日

谨向
加拿大总理斯蒂芬·哈珀
致以美好祝愿
加拿大作家扬·马特尔

尊敬的哈珀先生：

　　许多年前的某一天，奥古斯特·斯特林堡还是乌普萨拉大学的一名学生，却受到了不可思议的传召：国王卡尔十五世想召见他。斯特林堡穿上自己最好的西装，经过短暂的旅途，来到了斯德哥尔摩皇宫。这个二十一岁的学生来自一个普通的家庭，他并不富裕，学业成绩也不突出，但是卡尔十五世自有召见他的理由：国王酷爱艺术，曾经看过一出历史剧《被放逐者》并非常喜欢，而此剧的作者正是斯特林堡。国王对这出戏喜爱有加，便提出要资助斯特林堡读完大学，答应每季度发给他一笔奖学金。斯特林堡喜出望外。不幸的是，只资助了两次，这笔皇家奖学金便枯竭了。就这样，斯特林堡辍学了。

根据记述，斯特林堡是个"可怜虫"。他总是郁郁寡欢，和女人相处之时更甚。但他在创作时精力充沛、才华横溢，写下了众多精彩绝伦的剧本。

出色的剧本一定独具匠心。戏剧是最口语化的文学形式，相较于短篇故事、长篇小说或诗歌，戏剧无须作家过多的雕琢，也不需要依赖出版才能焕发生机。对戏剧而言，最重要的不是被阅读，而是有人亲身到场观看。从许多方面来说，生活都具备了一出戏剧的所有要素：例如，当您，尊敬的哈珀先生，走进众议院时，其实是登上了一个舞台。您要在那个舞台上扮演一个角色，而且是担任主角。轮到您演出，您便站起来发表演讲，之后，第二天的国会议事录上，就会出现一个完整的剧本。生活中，我们所有人都是如此：穿梭于不同的舞台，扮演各种各样的角色，并为之排练台词。当然，戏剧同生活有一个本质的区别，这也正是艺术的精髓所在：在戏剧中，情节和主题都是剧作家提前设计好的，而在真实的生活里，即使这出戏剧上演许多次，你依然难以总结出它的结构和意义。有些人宣称，必然有一个伟大的剧作家设计了我们每个人的存在，但即便对这些人而言，寻求结构和意义依然是一个持续的挑战。

所以，虽然在很大程度上"戏如人生"，但在特定方面却不尽然：在现实生活中，谁也不会像"剧中人"那样，说话既简洁又周全，那么迅速而精妙地展露自己的性格，情节更不会在高潮之前有如此多的跌宕起伏，活动范围自然也不会局限于同舞台一样大小的空间。一言以蔽之：人生是一出意义不明的戏剧，而戏剧则是意义非凡的生活。

（不可否认，有些人的生活多姿多彩、意义非凡，在他们的字典里，从来没有"疑惑"二字；时间之熵之于他们，不过是一阵清风拂面。他们不会质疑戏剧一般的生活，而相信生活其实就是伟大的艺术。但那些人要另当别论。）

写剧本是有诀窍的，但我无此特长。我曾试图完全通过对话来推进情节，试图在言语的束缚中表达我对生活的思索，用敏锐的耳朵捕捉人们说话的方式——但结果十分可笑，无法付梓。请注意"剧作家"这个词，也许它听上去有几分像"写作"，但起初，写剧本这件事对英国人来说更接近木匠的技艺，而非作家的创作。其实，文学界很容易区分"作家"和"工匠"。当然有一些例外——比如，塞缪尔·贝克特——但能将这两者都干成功的人毕竟不多。

我寄给您的这卷斯特林堡作品集包含三个剧本，我向您推荐的是中间那部，名为《朱丽亚小姐》或《朱丽小姐》。其中的人物对话精彩纷呈、充满张力，表面上直截了当，但细细揣摩却可发现它繁复错综、内有乾坤，您会觉得一切竟超乎意料地自然。按照自然主义的传统，它的流畅自然恰是伟大戏剧的标志，让人感觉好像剧作家只需往那儿一坐，轻松想出一个好主意，一个下午就写了出来。我敢说，这就如同感觉米开朗基罗在创作《大卫》时，大卫已存在于大理石之中，他要做的只是把多余的、不属于大卫的部分凿去。

《朱丽小姐》一八八九年首次上演，它探讨的主要是性别角色以及阶级地位的束缚问题。朱丽小姐与她的男仆让相遇、相爱、发生冲突，最终以悲剧收场。我很想看到这出剧在舞台上上演。能将优秀剧本、天才导演和出色演员融为一体实属罕见，但是，当这种情形出现的时候——至今我还记得很久之前在斯特拉特福德上演的一出舞台剧，改编自尤金·奥尼尔的剧作《长夜漫漫路迢迢》，由休姆·克罗多和杰西卡·坦迪担任主演——那震撼自然是十分强烈，窃以为，它在文艺领域无与伦比。

您是否注意到，这本二手书的前主人在页边空白处留下不少批语。起初，我对此深感厌恶，觉得这是在贬损《朱丽小姐》呀。可是看到后来，我竟为这位"入侵者"的思想观点心醉。我猜这应该是年轻人的字迹，很有可能是位年轻女子，因为字体很大、清晰而不拘规矩。在让的"回来的路上，我向马棚里瞅了瞅，便加入了跳舞的人群"这句话的上面，我们这位假想中的年轻女子写下了"生活之乐趣"这几个字。当让鲁莽地告诉朱丽小姐，厨师克里斯汀睡觉时爱说梦话，因为"我亲耳听到她说"，我们这位年轻的小姐在一旁评论道："克里斯汀是他的情妇。"她认为让是"很实际的""很现实"，而朱丽小姐则"完全不切实际"。此外，她还做了其他简短批注："戏剧性时刻""调情""资产阶级""给她警告""引诱"以及"悲剧，一切崩溃了"。

最后，讲一下容易忽略的一点：第 90 页，让所提到的那间"土耳其馆"，他自称小时候曾偷偷溜进去过，说那里是他"所见过的最好的建筑"，墙上"挂满了国王和皇帝的画像"，他感觉就像第一次"进入城堡之内"；其实，那只是一间装修精美的屋外厕所——并且，当他听到有人靠近时，他逃离那里的唯一办法，就是选择那个任何厕所使用者都不会想选择的出口。

您诚挚的

扬·马特尔

奥古斯特·斯特林堡（1849—1912）以戏剧闻名于世，不过他也写过短篇小说、中长篇小说、诗歌和几卷自传。此外，他也是画家、摄影师，而且从事过炼金术试验。无论在生活还是艺术中，他都是一个悲观主义者。他的作品以公然讽刺瑞典社会而闻名。斯特林堡的戏剧可归为两类：自然主义戏剧和表现主义戏剧。他被誉为表现主义的先驱之一。他创作了数十部戏剧，其中最有名的当推两部自然主义作品：《朱丽小姐》和《父亲》。

第 11 本书

《沃森一家》

简·奥斯汀 著

2007 年 9 月 3 日

谨向

加拿大总理斯蒂芬·哈珀，

致以美好祝愿

加拿大作家 扬·马特尔

尊敬的哈珀先生：

伟大的简·奥斯汀。她是一个熠熠生辉的榜样，充分展现了艺术——如同政治——可以点石成金。在奥斯汀的一生中，有三大不利条件局限了她的人生：首先，她住在英格兰乡村；其次，她属于当时尚未打破禁锢蓬勃发展的中产阶级；再者，她是女性。

简·奥斯汀那个时代的英格兰，在一七七五至一八一七年，正处于工业革命的旋涡之中。对艺术和政治而言，这场革命带来了巨大的变化和更新的契机，但简·奥斯汀却基本上脱离于这场潮流，因为她居住在城市之外的乡村——远离革命的中心。置身于恬静舒适的偏僻郊区，她是最为风雨飘摇的阶级（无地的中产阶级）的一员。

她不愿屈身投入工人阶级的汪洋之中，而想扶摇直上，加入贵族阶级的行列。同时，女性的身份加剧了她不稳定的境况，中产阶级男性可以体体面面地从事的任何工作都与她绝缘：牧师、医生、军人。因此，奥斯汀笔下的所有女性人物都要无穷无尽地担惊受怕，她们要想上高枕无忧的日子，唯一的救命稻草便是婚姻。她们渴望获得体面的社会地位和充裕的物质财富，但又不愿（因无力）靠劳动去争取，于是无时无刻不在寻猎腰缠万贯的丈夫，她们自己却沉闷、古板、爱慕虚荣——我相信，假如我们今天遇见简·奥斯汀笔下的这些女性人物，以现代的情感论之，我们一定会觉得她们十分讨人嫌。在我刚刚推荐给您的《沃森一家》这部小说中，两位女性人物之间有这样一段对话：

"对婚姻如此孤注一掷，追求男人只是为了改变处境，这样的做法让我极为震惊：我始终无法理解啊。贫穷固然是一大罪孽，但对于一名受过教育、讲求情感的女人来说，贫穷不应该，也不能够成为最大的罪孽。我宁愿去学校当一名老师（我觉得没有比这更糟的事情了），也不愿嫁给一个我不喜欢的男人。"

"我干什么都行，就是不愿去学校当老师。"她姐姐说，"爱玛，我曾经在学校里待过，知道老师过的是怎样的生活，而你从未体验过。当然，跟你一样，我也不想嫁给一个自己讨厌的人，但我认为世上非常让人讨厌的男人并不很多；我觉得只要一个男人脾气好、收入不错，我都可以考虑呀。"

世界上最重要的职业竟然沦落至此，甚至比不过玩笑中"世上最古老的职业"①，这是多么可悲啊！值得庆幸的是，这种情形已大为改观。如今，加拿大的中产阶级不断扩展，已广泛吸纳了其他所有阶层的成员，所以，从这个意义上来说，现在每个人都是工人阶

---

① 或指娼妓。

级——工作的阶级——的一员，妇女也拥有了决定自身阶层跨越的自主权，即阶层流动的能力，这乃是我们这个时代的一大功绩。（不过女性目前实现流动的难度仍然远超男性，我们需要为妇女的解放继续努力。）

让我们继续回到简·奥斯汀时代：女性被困在家中，只能玩玩扑克，满心期待下一场舞会，眼观四方搜寻合意的单身汉，周围是青翠碧绿的牧场和绵延起伏的小丘——此一场景哪里像是能孕育伟大艺术的希望之乡呢？

但就简·奥斯汀而言，却是如此。因为她有幸拥有一个相亲相爱、聪慧欢乐的家庭，而且她从小便具备敏锐的观察力、冷静而富有批判性的头脑，以及一颗天生乐观积极的心。

因此，虽然受制于阶级和性别，简·奥斯汀却能够超越这些局限。她的一部分小说是集智慧和洞察力于一体的精湛之作，在其中，她以生动、新颖的现实主义视角剖析她所置身的社会，对英国小说的发展产生了深远的影响。

《沃森一家》是简·奥斯汀最不为人知的作品。我把它推荐给您，原因有二：第一，它篇幅短小；第二，它是一部未竟之作。我希望您在读了这部精炼之作后，会想进一步读一读她较长的几部小说，比如《傲慢与偏见》或《爱玛》。

虽说它是一部尚未完成、半途而废的手稿，但它可圈可点，甚至胜过许多完整的小说。一八〇五年，由于个人原因，奥斯汀不得不放弃《沃森一家》的创作：首先是她的一位好友去世，紧接着她父亲患病而死，致使她、她母亲和姐姐生活无着。直到四年后，她的哥哥爱德华为她们母女几人提供了一间小屋容身，她才有机会重新执笔。

于是，奥斯汀放下一切，重新开始写小说，最终在英国小说史上留下了浓墨重彩的一笔。她的这段经历发人深省。人生中，许多事，我们尚未完成却必须放手。可是要放手谈何容易啊！

您诚挚的

扬·马特尔

简·奥斯汀（1775—1817），英国小说家，她创作的现实主义作品刻画了一系列性格鲜明的女性人物，也包含了对社会的尖锐批评。她终生未嫁，一直和家人住在一起，直到四十一岁去世。她的小说至今仍然很受欢迎，多部小说被改编成电影，尤其是《傲慢与偏见》，催生了不少现代流行仿作，包括海伦·菲尔丁的《BJ 单身日记》、顾伦德·查达哈执导的宝莱坞电影《新娘与偏见》，以及赛斯·格雷厄姆－史密斯改编自奥斯汀原著的小说《傲慢与偏见与僵尸》。

第 12 本书

《鼠族》

阿特·斯皮格曼 著

2007 年 9 月 17 日

谨向

加拿大总理斯蒂芬·哈珀

赠予这本极度令人不安但非常值得一读的漫画小说

并致以美好祝愿

加拿大作家 扬·马特尔

尊敬的哈珀先生：

很抱歉，这封信是我手写的，因此您不得不忍受我潦草的字迹。我现在人在波兰小城奥斯维辛，一时找不到打印机。

奥斯维辛有一个大家更为熟悉的德语名字：Auschwitz（奥斯维辛集中营）。您可曾来过这里？

我来这里是想完成我的下一本书。这也解释了我为何选择《鼠族》这本书寄给您。《鼠族》是由阿特·斯皮格曼创作的漫画小说。千万不要被作品的形式所蒙骗，这本漫画书是真正的文学呢。

有些故事需要以许多不同的方式来讲述，这样它们才能不断以新的形式留存于世，传至一代代的新人。近六百万欧洲犹太人惨遭纳粹及其同党屠杀的历史，正是需要持续以全新方式来讲述的故事，毕竟我们不想让自己在值得铭记的历史面前昏昏欲睡，不愿像听爷爷又重复起从前故事的孙辈一样直打盹。

我知道我说过，我给您寄的书能使您读完后内心更加宁静。不过，这种安静平和的心境，也就是佛教徒所谓的"超然忘我"，绝不应该陷入自我满足或飘飘然之中。因此，像奥斯维辛这样一个令人极度不安的地方，倒可以重新激发我们内心的宁静。

《鼠族》的确是一部伟大的作品。斯皮格曼用一种直白大胆的方式讲述他的故事，或者，更确切地说，他父母的故事。他使漫画这种常被人看作只适合孩子的艺术形式上升到了一个全新的艺术高度，不仅仅是因为他选择了种族灭绝这样沉重的主题，更为重要的，是他讲故事的方式。您会看到，他的叙事手法灵活自然，娓娓道来，以小见大。一格格的黑白画面，却有着人们往往以为只有自大幅油画和电影场景中才能感受到的震撼人心的效果。

对了，我还没有介绍本书最重要的表现手法：书中的所有人物都顶着一颗动物脑袋，例如：犹太人都是老鼠脑袋，德国人用猫代表，波兰人是猪，美国人是狗，等等。正因如此，本书才取名为"鼠族"。

这部作品实在太棒了。它令人如痴如醉，回肠百转，无法自拔。但你必须自己从中找到线索，思考人性的真谛。

您诚挚的

扬·马特尔

阿特·斯皮格曼（1948— ），瑞典裔美国漫画家，曾参与二十世纪六七十年代的地下漫画运动，并为多家出版物撰稿，《拱廊》和

《原生》杂志的创办人之一。他还是"垃圾桶"牌糖果和"垃圾桶儿童集换卡片"的创始人之一。二〇〇五年,他被《时代》杂志评为"最有影响力的100人"之一。他获奖无数,并于二〇〇二年凭《鼠族》以及续篇《鼠族Ⅱ》获普利策奖。此后他继续出版新作,拓宽漫画作为艺术形式的边界,于二〇〇四年推出硬页纸板书《在没有双塔的阴影下》,讲述二〇〇一年九月十一日发生在纽约的恐怖主义袭击事件。

第 13 本书

《杀死一只知更鸟》
哈珀·李 著
2007 年 10 月 1 日

谨向

加拿大总理斯蒂芬·哈珀

致以美好祝愿

加拿大作家 扬·马特尔

尊敬的哈珀先生:

在几年前的一次访问中,作家梅维斯·加兰特提到了她曾做过的一次手术。手术后,她从全身麻醉中苏醒,脑中一片混乱——有那么几分钟,她完全记不起自己的身份或人生经历,甚至连姓名、年龄都想不起来,她不知道自己在做些什么,不知道自己到底在哪里,也不知道为什么会在那儿。她完全丧失了记忆——除了一点:她知道自己是一个用英语思考的女人。可见,最微弱的意识亦与两大身份特征相联:性别和语言。

这说明,语言是多么根深蒂固,它已成了人类生物学的一部分。我们的肺需要空气,亦为呼吸空气而设;我们的嘴巴和肠胃需要营养,亦为摄取营养而造；耳朵可以听，鼻子可以嗅，于是，相应地，就有东西让我们来听，让我们来嗅。我们的大脑也是如此：它需要语言的浸润，也为语言而创，于是，就有了语言这种被言说、被理解之物。

我并不特别推举某一种语言。每一种语言，从南非荷兰语到祖鲁语，都需各司其责：用声音标注世界，适宜地界定对象和概念。假以时日，任何一种现存的语言，只要有足够多的人在讲，都可生出能够对应任何新对象或新概念的新词汇。您听说过这种说法吗：据说在因纽特语中，有二十六个不同的单词来描述"雪"，而在我们英语里只有一个单词"snow"（雪）？这简直是胡说八道。随便问一位讲英语的滑雪迷，他一定可以说出二十六个不同的单词或复合词来描述"雪"。

正如世界上有各式各样的食物、款式众多的服装、派别不同的宗教，每样食物都能果腹、每款服装都能遮体、每种宗教都能让心灵葆有永恒，同样地，也有许多不同的声音有助于让他人理解我们。每种语言都有特定音色、内在韵律以及专有词汇，但它们都是平等的。无论母语是什么，我们每个人都可以充满人情味。

不过，既然您的母语是英语，那我就不妨在这封信中支持一下英语，作为我给您进行"双周一书推荐"的小前言。英语是目前世界上词汇量最丰富的语言，有六十多万个单词。相比之下，法语据说大约有三十五万个，意大利语则是二十五万个。现在，趁讲法语的同胞和讲意大利语的朋友还没来得及痛叱我，我要赶紧说，这多如牛毛的词汇中大部分是无关紧要的。其实七千个单词便涵盖了一般英语使用者百分之九十的词汇。

不过不要忘了：健谈的意大利人畅所欲言，三言两语就发动了他们的文艺复兴——而且乐在其中——而保守的英国人则枯坐在阴暗潮湿的岛上碌碌无为，在倾盆大雨中虚度时光，思量着到底该采用"Renascimento"这个意大利语单词来表述那片洋洋的乐观和灼灼的阳光，还是要称它为"Rebirth"，抑或"Renaissance"。

那么，这一在小岛上讲的当地土语——实实在在是一种岛国语言——是怎么发展成全球性的语言的呢？可用两个词加以解释：侵略和反侵略，总而言之，即殖民主义。一系列的入侵极大地丰富了盎格鲁－撒克逊人使用的日耳曼语。用语意性措辞解释的话，大不列颠岛的基督教化是一块滩头阵地，公元一〇六六年的诺曼征服是一场滚滚洪水，及至文艺复兴则已白浪滔天。此后，语言赫赫的英国人走上了征服世界之路，沿途大肆掠夺，斩获的战利品不仅有金银珠宝，还有其他民族的丰富语言。

英语如同一锅五味俱全的大杂烩，吸收了包括阿拉伯语、布列塔尼语、捷克语、丹麦语、芬兰语、盖尔语、北印度语、因纽特语、日语、拉丁语、马来语、挪威语、波兰语、俄罗斯语、西班牙语、土耳其语、威尔士语等多种语言的词汇。这还仅仅是词汇方面。英语的用法——人们如何说英语——更是五花八门、数不胜数。

这也是我选择哈珀·李的这本《杀死一只知更鸟》作为礼物送给您的原因。这是一部当之无愧的现代经典，一个动人肺腑的故事，您读完后一定会对"律师"产生无限好感，但我看中的是本书中英语的用法。二十世纪五十年代阿拉巴马乡村地区孩子们所讲的英语和现在普遍使用的不太一样，但不管怎样它也是英语，所以您完全读得懂。这是以英语为母语的人难得的一大优势：不管阅读来自哪个大洲的原著，都会有既亲切又陌生的感觉。

祝您阅读愉快！

您诚挚的

扬·马特尔

哈珀·李（1926—2016），美国作家，因普利策奖获奖小说《杀死一只知更鸟》闻名于世。这部小说至今仍被许多学校当作教材；还曾被改编成电影，由格利高里·派克饰演男主角阿蒂克斯·芬奇，影片夺得奥斯卡奖和金球奖。小说包含不少自传成分，其中迪尔的原型是作者一生的挚友杜鲁门·卡波特。小说一经出版即大获好评，成为美国公认的文学经典，但哈珀却退出了公众视线。《杀死一只知更鸟》是她在杂志外发表的唯一一部作品。

第 14 本书

《小王子》

安东尼·德·圣 - 埃克苏佩里 著

2007 年 10 月 15 日

谨向

加拿大总理斯蒂芬·哈珀

赠送一本法文书

并致以美好祝愿

加拿大作家 扬·马特尔

尊敬的哈珀先生：

您的法语讲得真好。自从您当选总理以来，花了大气力学这门语言，成果丰硕。您希望通过这种方式来驯服魁北克人。

在写给您的上一封信中，我讨论了英语这门语言。所以这一次，我送给您一本法语书，一本很有名的书：法国作家安东尼·德·圣 - 埃克苏佩里的《小王子》。也许您在学法语时已经读过此书，但我相信它现在仍会对您有所用处，它不仅可以帮助您温习法语，而且有利于您对付魁北克人，因为《小王子》讲的也是有关"驯服"的故事，只不过驯服的对象是一只狐狸。

小狐狸教会了小王子一个非常重要的人生道理，但我不便在这里透露，希望留给您亲自去发现。

故事语言很简单，情节也浅显易懂，寓意明晰而可爱。一个典型的基督教故事。

也许您会感叹："要是魁北克人有这么容易驯服就好了！"

但是，我们魁北克人更像小王子遇到的那朵玫瑰花，带着骄傲，还带着四根扎人的刺。

您诚挚的

扬·马特尔

安东尼·德·圣－埃克苏佩里（1900—1944），法国小说家、艺术家，以亲绘插图的哲理短篇小说《小王子》名闻遐迩。这部小说深受人们喜爱，以至于圣－埃克苏佩里画的小王子被镌印在五十法郎的票面上，直至法郎被欧元取代。圣－埃克苏佩里也是一名飞行员，他的大多数作品，如《夜航》和《风沙星辰》，都以他的飞行经历为素材。他为邮政业务飞行了数年。第二次世界大战期间，他为同盟国执行空中侦察任务，在某次飞行中不幸失踪，推定为死亡。

第 15 本书

《橘子不是唯一的水果》
珍妮特·温特森 著
2007 年 10 月 29 日

谨向
加拿大总理斯蒂芬·哈珀
赠送英国作家珍妮特·温特森的著作及问候
并致以美好祝愿
加拿大作家 扬·马特尔

尊敬的哈珀先生：

据说，猫有九条命。阅读的一大好处就是使我们胜于猫咪。喜欢读书的人，无论是男孩、女孩还是男人、女人，每读一本书，就为自己的人生增加了一份生命的体验。所以，我们只要读九本书就可以让猫们嫉妒无比。

我在这里并不单指那些"好"书。任何一本书，不论是糟粕还是经典，都可以让我们体验另一个人的生命历程，感受人生岁月的智慧与愚钝。当我们读到某本书最后一页的时候，不论是在纯粹的知识方面——譬如，一把枪的名称——还是在更深远意义上的理解方面，我们都会知道得更多。这种通过他人的经验去感受生命的方式不容小觑。如果一个人一辈子只活在自己狭小的世界里，从未受到过他人或真实或虚构的人生经验的启迪，那是多么可悲又多么危险啊！

这次我寄给您的这本《橘子不是唯一的水果》很适合让您好好体验一下其他人的人生。这是一本成长小说（这个词出自德语中的"Bildungsroman"，字面意思为"教育小说"），以主人公成长过程中的道德培养为主线。小说由第一人称叙述，因此读者可以轻而易举地潜入讲述者的内心，透过其眼睛亲自看个明白。珍妮特·温特森的《橘子不是唯一的水果》只有短短的一百七十页，但在读的过程中，你仿佛身临其境，成了主人公"珍妮特"。故事发生在几十年前的一个英国小镇，珍妮特是居住在镇上的一位年轻女子，她和母亲都是偏执虔诚的教徒。可是，问题在于，珍妮特也像爱上帝一样疯狂地爱女人。如果你自己是个女人，那么，爱上帝和爱女人是水火不容的，至少在某些挚爱上帝、矢志以上帝之名审判他人的人眼中如此。

《橘子不是唯一的水果》行云流水，火花四进，讲述了一个悲伤、温润、有趣的故事：一个女人，必须首先一裂为二，然后择其之一，作为自己想要的样子。必须做出艰难的选择，必须在你争我夺的爱和普通生活之间取舍，必须先抛弃自我才可能找到自我——这一切不仅趣味横生，而且富有教益，无论是对于兰开夏郡那对同性恋女子，还是对于您、我，以及所有想让生命更加充盈、更有意义的人而言，同样具有启迪意义。

因此，与这封信一同附上的，是我送给您的第15本书，第15种人生。

您诚挚的

扬·马特尔

另：请留意扉页的题词，它由本书作者亲笔题写。前段时间，我有幸在英国见到珍妮特·温特森本人，承蒙她为您在本书题词。

珍妮特·温特森（1959— ），英国作家、记者。处女作《橘子不是唯一的水果》（1985）的问世使她声名鹤起，即获当年度的惠特布莱德首作奖。此后，她的作品不断挑战性别角色、性别认同和想象力的界限。她对英国文学做出的持续贡献，为她赢得了一枚大英帝国勋章。除了从事写作，她还在伦敦拥有一家名为佛得角的食品商店。

第 16 本书

《给一个青年诗人的十封信》

莱内·马利亚·里尔克 著

M.D.赫特·诺顿 译自德语

2007 年 11 月 12 日

谨向

加拿大总理斯蒂芬·哈珀

送上来自作家里尔克慷慨而智慧的书信教诲

并致以美好祝愿

加拿大作家 扬·马特尔

尊敬的哈珀先生：

　　莱内·马利亚·里尔克所著的《给一个青年诗人的十封信》是我要寄给您的第十六本书，一本笔酣墨饱、内涵丰富的书。这十封信是这位伟大的德国诗人在一九〇三至一九〇八年间写给一位名叫弗兰斯·克萨危尔·卡卜斯的年轻人的，被视为创意写作教学的先驱，所有立志写作的人都可从中获益良多。这些信对我很有帮助，我相信它们也有助于您撰写那本有关曲棍球的书。

　　比如，就在第一封信中，里尔克请这位青年诗人先问问自己的内心："我非写不可吗？"里尔克认为，这是一个至关重要的问题，因为，如果内心没有那种无法抑制的需求，就根本用不着写。同时，他还强调孤独寂寥、默默梳理纷繁印象的必要性，因为只有当一个人独处的时候，才能创作出真实、优秀的作品。

然而，倘若里尔克的这些信只是对写作技巧的指导，我一定不会推荐给您：一本贸易手册对从事其他行业的人又有什么用处呢？这些信所包含的远远不止这些，因为，凡是适用于艺术的，同样也适用于生活；凡是能点亮艺术的，也能点亮生命。所以，自知之明——我非写不可吗？——不仅在写作中十分有用，在人生中亦然。孤独不仅仅给予有心于写诗的人灵感，而且为一切有志者结出硕果。不过，不妨举个反例，我觉得商业上的意见在其他方面毫无价值。审视人生、抵达存在核心的最深刻的途径乃是艺术，达到极致的时候，这种审视俨然具有了神圣的宗教感。

在第四封信接近末尾的地方，里尔克劝告这位青年诗人沉浸在自己的孤独中：

> 所以，亲爱的先生，爱你的寂寞吧，以悠扬的怨诉承受寂寞带给你的痛苦吧。你说，你身边的都同你疏远了，而这恰恰表明你的周围正在逐渐扩大。如果亲近你者都离你远了，那么你的旷远已经置身于星空中，非常浩大；你要在成长中欢欣，自然而然地，在成长过程中你无法携任何人同行；你要好好对待那些落在后边的人，在他们面前你要稳当自若，不要用你的怀疑折磨他们，也不要用你的信心或欢悦惊吓他们，这是他们所不能了解的。与他们一同寻求某种简单而诚挚的谐和，这种谐和，任凭你自己将来怎么转变，都无须更改；你要爱惜他们那种你所不熟悉的生活，要体谅渐入老境的人们，他们畏惧你所信任的孤独；你千万不要

给父母与子女间一直紧绷的关系火上浇油，这要耗费子女们许多精力，并消蚀长辈们的爱，纵使这份爱中少一些理解，但终究爱是真真切切、温暖人心的；不要向他们问计，也不要指望得到理解，而要相信他们正在为你储存一份爱，仿佛那是一份遗产；你要坚信在这爱中自有一股力量，自有一片祝福。[1]

听上去像不像使徒保罗写给他的哥林多信徒们的一封信？

里尔克的每一封信，都处处洋溢着他对年轻人的理解、支持以及充满睿智的建议，闪耀着慈爱的光芒。难怪弗兰斯·克萨危尔·卡卜斯迫切地想要将它们传于后代。

您诚挚的

扬·马特尔

莱内·马利亚·里尔克（1875—1926），诗人、抒情散文家。里尔克出生在布拉格，曾在德国求学。其作品深受哲学研究与古典文学知识的影响，主要以孤独和焦虑为主题，代表作包括《献给奥尔甫斯的十四行诗》《杜伊诺哀歌》《给一个青年诗人的十封信》和《马尔特手记》。他热爱旅行，足迹遍布法国、瑞典和俄国，这些游历在他的作品中留下深深的烙印。他死于白血病。

---

[1] 该段基本采用冯至先生的译文。

第 17 本书

《这座岛叫米纳戈》

弥尔顿·艾肯 著

2007 年 11 月 26 日

谨向

加拿大总理斯蒂芬·哈珀

赠予这本岛屿革命家所写的书

并致以美好祝愿

加拿大作家 扬·马特尔

尊敬的哈珀先生：

　　我是随着逐渐长大，才真正意识到为什么大家都称弥尔顿·艾肯为"人民的诗人"的。我曾揣度，那是因为他的诗歌真切踏实，语言朴实无华，道理鞭辟入里、深入浅出。又过了很久，我才明白这位"人民的诗人"还颇有政治锋芒。在此信所附寄的《这座岛叫米纳戈》中，艾肯的政治锋芒得到了淋漓尽致的展示。这本书收录了作者创作的一系列诗歌、随笔和短剧，如果您翻到最后几页，还可以对相关出版商有所了解：

NC 出版社，即加拿大解放出版社，是一家名副其实的人民出版社，为加拿大乃至全世界的民族独立和社会主义运动发行书籍。

在随后一页，接近底部的地方，还能看到以下内容：

NC 出版社是加拿大最大的中华人民共和国书籍、期刊和唱片经销发行商。

NC 出版社及其旗下报纸《新加拿大》组织运营的地址为：

加拿大解放运动联盟
安大略省，多伦多 4 区，E 所，41 号信箱

加拿大真的会发生革命吗？倘若回到一九七五年，一部分人的答案是非常肯定的。但自那之后，加拿大解放运动就销声匿迹了，至少已改名换姓，或者呢，即使它依旧存在，41 号邮箱也不过是个窥视孔，注视着一片荒凉之地。

不过，任何革命只要以诗歌为一种武器，便至少有一大可取之处，即认识到艺术表达对一个民族的身份及其存在方式至关重要。我在想，弗雷泽研究所[①]是否曾考虑出版诗歌以推广其观点；假如没有，为何不呢？

弥尔顿·艾肯所描画的他的故乡，爱德华王子岛，正如他对加拿大历史的解读，也许并不被您所熟知。但是，我们应该谨记，过去是一回事，但我们如何诠释它，如何从中得出结论又是另一回事。历史可以有多种解释，关键取决于我们如何解读；正如未来可以有

---

① 弗雷泽研究所（The Fraser Institute）是加拿大的一家非营利智库，成立于 1974 年。

无数种可能，关键取决于我们如何生活。任何历史事件的发生没有必然性，只是取决于人们允许什么发生罢了。而且，首先得有梦想，我们才能接近新的现实。故而我们需要诗人。

所以，注定成为诗人的弥尔顿·艾肯，是一位追梦者（坚强的追梦人，请注意）。他梦想加拿大会更美好，更公平，更自由。他感觉到美国资本主义和经济殖民主义的枷锁桎梏了我们的发展，这是他不能忍受的。他是一座革命孤岛。也许，人们会嘲笑某些人的梦想，觉得那不过是痴心妄想。但是，心怀梦想胜于默默承受。敢做敢当好过受人摆布。畅想现实并为之奋斗，强似耸肩摊手、退隐遁世。

《这座岛叫米纳戈》不仅是一本书，还是一颗时间胶囊，一帧快照，博物馆里的一个展览柜——收藏着尘封多年的梦想，提醒着我们那些曾经消隐的未来（也许依旧值得去梦想那些未来）。

我这么说听上去就好像《这座岛叫米纳戈》不过是本政治小册子（米纳戈是密克马克族人给爱德华王子岛取的名字），但实际上它绝对不是。它是一部诗集，发出的呐喊比一本小册子要洪亮丰赡得多。所以，让我以艾肯的一首诗作为这封信的结尾吧：

怦，怦，怦动的小心脏

怦，怦，怦，小心脏
在这趟旅途上
我们一同前行，
你为此加足了所有的燃料。
拳头一般大小，拳头一样的形状
你握紧又松开，
握紧又松开

直起高昂的头颅
穿透时间的墙壁
冲破自己的路。

您诚挚的

扬·马特尔

　　弥尔顿·艾肯（1923—1986），被誉为"人民的诗人"，对加拿大文学有着深远的影响。他出生于夏洛特敦，一生中大多数时间都在蒙特利尔、多伦多和温哥华日益扩展的文学图景之间穿梭奔波。他曾与众多知名加拿大作家合作，包括欧文·莱顿、比尔·毕赛特、阿尔·珀迪、多萝西·利夫塞以及玛格丽特·阿特伍德。艾肯是诗歌讲习班的指导老师，也是《乔治亚海峡报》的创办人。《这座岛叫米纳戈》为他赢得了加拿大诗人奖和总督文学奖。他的其他代表作包括《挖掘我的心灵》和《大块硬糖》。

第 18 本书

《变形记》

弗兰兹·卡夫卡 著

迈克尔·霍夫曼 译自德语

2007 年 12 月 10 日

谨向

加拿大总理斯蒂芬·哈珀

献上这个警世寓言

并致以美好祝愿

加拿大作家 扬·马特尔

尊敬的哈珀先生：

　　随信附寄的这本书是二十世纪最伟大的标志性文学作品之一。就算您没有读过，也一定早有耳闻。故事讲述了一位恪尽职守而心神不安的推销员，在一觉醒来后变成了一只大甲虫，情节引人入胜、妙趣横生。变成甲虫所带来的实际问题——新的日常饮食、新的家庭动态、暗淡的工作前景，等等——都一一得以解决，其结果颇合逻辑。然而，格里高尔·萨姆沙，这位可怜的推销员，内心深处仍然是同一个人，具有同样的灵魂，譬如，依旧会被音乐打动——这一切也展示得清清楚楚。那么，作为大甲虫醒来究竟意味着什么，还是留给读者定夺吧。

一九一五年，弗兰兹·卡夫卡出版了《变形记》。这是极少数他在世时发表的作品之一，因为他难以承受对自己作品的质疑。一九二四年，在身患肺结核即将辞世之际，他请求他的朋友兼遗著保管人麦克斯·布洛德将他未出版的作品全部销毁。布洛德并未遵从他的遗愿，恰恰相反，他把它们统统出版了。三部未完成的小说——《审判》《城堡》和《美国》——均得以刊行；不过在我看来，他众多的短篇小说更为出色，不仅仅是因为它们更加完整。

卡夫卡的人生——连同他的作品——都被他那专横独断的父亲所主宰。他父亲是个粗人，只看重物质的成功，儿子对文学的追求令他难以理解。卡夫卡想恭恭顺顺地迎合父亲的意愿，一生的大部分时间都在为波西米亚王国工人事故保险机构效劳（唉，这名称听上去难道不像卡夫卡作品中杜撰出来的吗？），而且也取得了相当大的职业成就。然而，白天上班谋生，晚上专心写作好让自己感觉自己还活着，精疲力竭的他最后付出了生命的代价。他离世时年仅四十岁。

卡夫卡为我们的时代引入了一种至今未曾消散的心绪：忧惧。在此之前，苦难是物质性的，是以肉体感知的。想想狄更斯笔下饥寒交迫的痛苦吧——物质富足便是摆脱痛苦之道。但是，在卡夫卡的作品中，痛苦是关乎心灵的，是内心深处无法消散的恐惧，无论我们是否有工作都一样。二十世纪机能不良的一面：无须动脑的机械劳作，持续、严酷、琐碎的管制，在资本化城市中（其中，我们每个人不过是机器中的一个孤立齿轮罢了）灰暗的生存体验所带来的忧惧——这就是卡夫卡所揭示的一切。我们是否已经没有了这些担忧？我们是否已经从焦虑、孤立和异化中走了出来？唉，我并不这样认为。卡夫卡的话依旧字字铿锵、掷地有声。

一九二三年十一月，阿道夫·希特勒这个丑陋的奥地利下士妄图夺取政权，发动了慕尼黑啤酒馆政变，但以失败告终，七个月后，卡夫卡离世。这样的交叠颇具宣示性，仿佛卡夫卡已有预感，而在希特勒身上应验。更加令人悲戚的叠合是：卡夫卡的三个妹妹都死在了纳粹集中营。

《变形记》是一本引人入胜却又冷酷无情的小说。阅读之初，你的脸上也许会露出一丝感受黑色幽默时特有的微笑，但等你读毕整个故事，那笑意已一扫而光。我们不妨把《变形记》看作一则警世寓言，书页中呈示的疏离感愈强，我们便愈发渴求人生的本真。

圣诞节很快就要来临。在给您寄下一本书的时候，我会尽量写欢快一点的内容，以贺佳节。

您诚挚的

扬·马特尔

弗兰兹·卡夫卡（1883—1924），出生于波西米亚（现为捷克共和国）的首府布拉格，被公认为二十世纪最具影响力的作家之一。卡夫卡的大多数作品都令人心绪不宁，噩梦般的场景信手拈来，黑暗的主题贯穿他创作的始终，比如异化、人性的兽化以及极权主义，如今这种文学风格被称为"卡夫卡式风格"。他因中篇小说《变形记》，以及两部在他去世后才得以出版的长篇小说《审判》和《城堡》闻名于世。他曾获法学博士学位，大部分时间在一家保险公司任职，只能利用业余时间从事写作。

第 19 本书

《狮心兄弟》

阿斯特丽德·林格伦 著

吉尔·M.摩根 译自瑞典语

《想象有一天》

莎拉·L.汤姆森，罗伯·冈萨维斯 著

《哈里斯·伯迪克的秘密事件》

克里斯·范·奥尔斯伯格 著

2007 年 12 月 24 日

谨向

加拿大总理斯蒂芬·哈珀

赠送三本使您和您的家人做梦的书

并致以美好祝愿

加拿大作家 扬·马特尔

另祝：圣诞快乐！

尊敬的哈珀先生：

明天就是圣诞节了。在我们生活的国度，《权利与自由宪章》中首要而根本的自由就是思想和宗教信仰的自由。这是一个值得庆祝的日子。然而，奇怪的是，虽然我们可以合法地享受高度的自由，我们加拿大人却缩手缩脚，不擅抒发宗教情感。于是，"圣诞快乐！"正迅速消失在公众的问候语之中，取而代之的是"假期愉快"或"欢度节日"之类被视为安全通用的表述，而"holiday（节日，圣日）"最初的含义——holy（圣）day（日）——却被顺当地遗忘了。

当然，"圣诞快乐"只是一句祝福。会不会冒犯别人呢？如果有人挥挥手，笑眯眯地对我们说："祝你排灯节（Diwali）快乐！"或"光明节（Hanukkah）快乐！"又或者"开斋节（Eid）快乐！"，你会感到自己被冒犯了吗？就算我们不信奉印度教、犹太教或伊斯兰教，难道我们就不会对这些善意者的祝福心怀感激吗？同样，如果我们向陌生人送出"圣诞快乐"的祝福——向陌生人伸出手是多么美妙呀——难道我们的动机就不善了吗？不妨这样想，我们的精神之腹充实满足，因此也想赠予他人蒙受祝福的精神食粮。如果对方回应道"谢谢您！称颂你们的圣婴，我的先知很尊重他"，我们不会因为对方的腹中也已饱足就生气，相反，我们该为他们高兴呢。丰衣足食总比食不果腹好，不是吗？

每年圣诞节，有一个宗教团体都会停止工作，停止赚钱，去庆祝"圣婴宝贝"的诞生，对此我深感敬佩。我觉得我们往往忘记了"宝贝们"，我们往往忽视了信念的魔力。

大多数同胞都把宗教自由理解为不信任何宗教的自由，他们用别处弄来的一个个大问题和大说法来应对人生。这也很好，每个人都有适合自己的道路。

可是我再次重申，明天是圣诞节，况且大家都说您是一名基督教徒，有正当资格祝人们"圣诞快乐"，尽管您对自己的基督教徒身份比您的前任党魁——尊敬的斯托克韦尔·戴——要谨小慎微得多。他大方地享受宪法赋予的宗教自由，使一些人颇感不适。而您比较聪慧谨慎，好像是一个躲在壁橱里的基督教徒，不太谈及或分享拿撒勒的耶稣。

尽管如此，明天是圣诞节，我们得欢庆圣婴的诞生。

所以，值此庆贺之际，这次我寄给您的不是一本书，而是三本。请您不要像个普通的大人一样自顾自地阅读，而最好和孩子们一起分享这些书：克里斯·范·奥尔斯伯格所著的《哈里斯·伯迪克的秘密事件》，莎拉·L.汤姆森著、罗伯·冈萨维斯插画的《想象有一天》，这两本都是充满神奇魔力的画册，您可以一页一页地欣赏、赞叹；还有一本是阿斯特丽德·林格伦的《狮心兄弟》（请原谅它糟糕的封面——这是我能找到的唯一版本），它是著名的长袜子皮皮系列故事之一，这本儿童小说虽然插图较少，并且只有黑白两色，但它的魅力丝毫不逊于前两本画册。希望您和您的家人会喜欢这三本书。

圣诞快乐，哈珀先生。愿那"新生的宝贝"常驻您的心田。

您诚挚的

扬·马特尔

阿斯特丽德·林格伦（1907—2002），瑞典作家，对儿童文学贡献巨大，尤以可爱的"长袜子皮皮"和"小飞人卡尔森"等系列故事闻名。她的作品已被翻译成几十种语言，风靡全世界。曾荣获"安徒生金质奖章"和瑞典"高级文学标准作家"国家奖。林格伦逝世后，瑞典政府以她的名义创立了一个奖项，以表彰在儿童和青年文学领域取得杰出成就的作家。

莎拉·L.汤姆森曾是哈珀·柯林斯儿童书籍出版社的一位资深编辑。出版了处女作《龙之子》之后，她辞去编辑一职，全身心投入写作，迄今已创造出二十部儿童文学作品并获多个奖项，其中《神奇的老虎！》获二〇〇五年度奥本海姆玩具系列金封奖，《神奇的猩猩！》获班克街教育学院年度最佳图书奖。

罗伯·冈萨维斯（1959—2017），加拿大画家，创作风格融合了超现实主义和魔幻现实主义。他的艺术以奇幻大胆、注重细节刻画、充满视觉幻象为特点，颇有化腐朽为神奇的效果。他曾做过建筑师、壁画家和剧院画家，这些经历在他的建筑绘画作品和风景画中得以体现。尽管他不是一个专业儿童插画家，但他为《想象有一天》《想象有一晚》和《想象一个地方》等儿童作品绘制了插图。

克里斯·范·奥尔斯伯格（1949— ），美国作家，儿童读物插画家，代表作包括《勇敢者的游戏》和《极地特快》。他笔下的奇幻故事大多发生在不可思议的地方，刻画神奇、危险而又神秘之物。相较于一般儿童文学作品，范·奥尔斯伯格的故事往往探讨更为暗黑的主题。作为插画家，他还与其他作家合作，曾为 C. S. 刘易斯的《纳尼亚传奇》绘制插画。他多次荣获凯迪克荣誉奖。

第 20 本书

《培养想象》

诺思洛普·弗莱 著

2008 年 1 月 7 日

谨向

加拿大总理斯蒂芬·哈珀

赠送一本捍卫文学的书

并致以美好祝愿

加拿大作家 扬·马特尔

尊敬的哈珀先生：

希望您和家人共度了一个美好的圣诞节，然后神清气爽地重返工作岗位。我想，于您我而言，二〇〇八年必将是繁忙的一年。我有一本书要完成，而您有一个国家要治理。我们都希望各自的辛劳能得到人们的佳评。

去年十一月下旬，我在蒙克顿参加了诺斯洛普·弗莱文学节组织的一系列特别纪念活动，这一文学节通常在每年的四月举办。有人用很可爱的阿加迪亚方言问我："您是否读过诺思洛普·弗莱的《培养想象》？"

我不曾读过弗莱的《培养想象》。也没读过他的其他任何作品。诺斯洛普·弗莱——下面我告诉您的内容，是我现自学来的——生于一九一二年，卒于一九九一年，他在蒙克顿（故有该文学节之名）度过了童年时光，而他大部分的成年岁月都在多伦多大学度过，他在那儿可谓叱咤风云。弗莱是一位世界级的文学批评大家，撰有《威严的对称：威廉·布莱克研究》《批评的剖析》和《神力的语言：圣经与文学》等著作。他一生饱读文学经典，思想激扬昂然，给学子和读者浩荡的启迪。他是一位伟大的思想家和导师，还是一个加拿大人。

我得解释一下，为什么直到现在才开始读弗莱的著作。并非我故意偷懒、不爱学习，而是我深思熟虑的决定。正如我刚才所说，弗莱是一名文学批评家。他不仅观照文学，而且看透了文学本质，从中窥见了复现的象征、深层的结构，以及贯穿始终的隐喻。毋庸置疑，这一切令人着迷——但对于当时的我，一个初出茅庐的年轻作家而言，却并非如此。有自知之明往往是好事——它教导你认识自己的诸多局限——可是，太有自知之明，过早有自知之明，则可能摧毁一个初生的艺术家，它会让你觉得自己根本就没有原创的内核，而只不过是预制模具中的一块面团。彼时，就像当下，我只想写作，只想创造，只想发明。我在做什么，我在模仿谁，我在坚守什么传统——我对人家的指指点点毫无兴致。倘若迎接批评意味着我都不敢写作了，那还管他什么批评不批评？于是,我躲避文学批评，躲避那些可能会掐灭我摇曳不定的创作火焰的言语和书籍。什么比喻转义，别给我来这一套。

可是，那个操一口可爱的阿加迪亚方言的人在问了我那个问题后，迅即就将弗莱的这本《培养想象》送给了我。她想起这本书，概因您与我在搞这么一个小型书友会，她想知道您是否会喜欢它（您也许会有兴趣知道，我一直得到很多关于推荐书目的建议）。我想，如果不读一下这份周到的礼物，未免辜负了她的好意。现在的我已写了三本书，第四本也几近完稿，这时一位文学批评家突然将镜子照向我，我总能够抵挡了吧。

好吧，我非常高兴地向您汇报，我读了这本书，而且没被吓倒。《培养想象》读起来很有趣，我想也许您读来更会觉得有意思。弗莱在这本简短而口语化的书中——这是他在一九六二年参与梅西讲座[①]时的讲稿，共分六部分——阐述了文学在教育和社会中的作用，探讨了教育和社会是否需要文学的问题。

文学当然是必不可少的，弗莱据理力争，言之凿凿。一切归结于语言和想象。弗莱解释道，无论我们使用语言做什么，出于务实的表达自我也好，传递信息也罢，抑或刻意地创新，都必须运用想象力。正如他所言："文学讲的是想象的语言，研究文学理应训练和增强想象力。我们无时无刻不在使用想象——它渗入我们的交谈和实际生活中，甚至当我们熟睡时，它还在制造梦境。因此，我们唯一要做的选择就是，充分地培养想象力还是懈怠，我们读诗还是不读诗。"想象力不是专属于作家的，它属于每个人。换个角度来看，弗莱说道："在日常生活中，想象力的根本职责是……从我们被迫置身的社会中创造出一幅我们想要栖居的社会图景。"这句话具有明显的政治意涵。您瞧，所以我才说您或许会对这本书感兴趣。

头脑和心灵、思维和感觉、理智和情感，这些划分都显示出"存在"中经典的二元论。当然了，这也不是不对，但我纳闷，这样的区分意义何在。有人可能觉得，一位刻苦钻研的数学家是完全理性的，

---

① 梅西公民讲座，1961 年起由加拿大广播公司、阿南西出版公司和多伦多大学梅西学院共同发起的讲座项目，围绕群体意识、技术、大众媒介、公民权利等一系列与当下公共利益相关的议题，邀请世界一流知识分子展开面向公众的演讲。

而一个在灾难现场失声痛哭的人是全然感性的，可是除此之外，这两者真的如此泾渭分明吗？弗莱认为，使用想象力的方式各有不同，想象力本身才构成了进行划分的基础。想象力愈丰富、愈丰沛，我们就愈能做到既理性又感性。我们的梦想愈是深邃、辽阔，现实的深度和广度才愈随之开拓。要想磨砺我们身上最为关键的思想部件，没有比文学更好的途径了。

如此说来，一切从想象开始，于您于我皆如此。

新年快乐。

您诚挚的

扬·马特尔

诺思洛普·弗莱（1912—1991），加拿大最受推崇的文学批评家和理论家之一。他的首部著作《威严的对称》使他在国际上声名鹊起。随后，《批评的剖析》和《顽固的结构》奠定了他的崇高地位。弗莱是加拿大皇家学会成员，曾获加拿大勋章。他一生中获奖连连，曾获皇家协会洛恩·皮尔斯奖章、皮埃尔·乔维奖章以及总督文学奖。除了对加拿大文学的卓越贡献之外，他的名字还经常出现在纵横字谜的线索之中，此外，每年在蒙克顿的文学节上，人们都会纪念他。

第 21 本书

《萨拉热窝的大提琴手》

斯蒂文·高勒威 著

2008 年 1 月 21 日

谨向

加拿大总理斯蒂芬·哈珀

献上一本"全人"之作

并致以美好祝愿

加拿大作家 扬·马特尔

尊敬的哈珀先生：

有时，您也许会纳闷，我在给您选书时经历了怎样的筛选过程。我将在这封信中解答您的疑惑。

任何一本书都遵循某种惯例——小说也好，自传也罢——所有句子要不就是非常合乎文法，要不就是与文法背道而驰。很少有作家能真的做到"不走寻常路"，通常情况下，他们只是在某一个层面具有革命性，比如，只冲击了叙述视角，而一碰到标点符号，就又随大流，落窠臼。倘若一个作家在太多方面戛戛独造，就得冒着失去读者的风险，因为读者若无法在新颖的领地上站稳脚跟，就只得放弃努力。詹姆斯·乔伊斯的《芬尼根守灵夜》就是这样一部艰涩难懂的创新之作。

一本书即代表一种传统惯例，源于生产书籍的思想范畴：艺术、历史、地理、科学等等学科各有传统，这就是我们人类喜欢的样子。我们喜欢有条理的句子、有条理的书籍，正如我们喜欢井井有条的街道和稳定有序的政府一样。这并不是说我们这类生物不够大胆，我们大胆得很——实际上，在这个地球上，没有比我们更大胆的生物了。举一个非文学领域的例子：二十世纪六十年代后期，美国人融合了理学、工程学、管理学和金融学的传统之力，终于达成了不落俗套的目标，将两位美国公民送上了月球。

回到书籍本身。书是传统惯例的产物，而传统惯例有很多种。我刚才提到了两种书，小说和自传，它们来自另外两种传统——虚构文学和纪实文学。在虚构与纪实两种传统中，还扩展出了各自的子传统、子范畴和子类型。我倾向于给您寄类似小说这样的虚构文学，因为它们对人生有着更加深入的阐释。此话怎讲？我的意思是，同纪实文学相比，小说等虚构文学更个人化，也更综合化，它更加"全人"化。小说探讨的是生活本身，而历史则停留在生活的某处。一本伟大的俄国小说——还记得我寄给您的那本托尔斯泰的小说吗？——比一部伟大的俄国史更具普遍性的影响，因为你会觉得某种程度上前者讲的是你自己，而后者事关他人。

所以，这是我选书的第一准则：虚构作品。虚构类作品分很多种，有纯文学小说、惊悚小说、悬疑小说、讽刺小说等。鉴于之前您没有跟我讲过您的文学兴趣何在，而且，您应该读什么书也不由我来决断，因此我在选书时没有排除任何体裁。无论选择什么体裁的书，它首先必须是一本好书，也就是说，您读完之后，肯定会感到自己长了智慧，或者至少更有见识了。换句话说，正如我在数月之前的一封信中所言，那本书必定让您的内心更加宁静平和。

其他原则都是出于很简单的考虑：

（1）送给您的书篇幅要短，一般不超过两百页。因为您可能比大多数人更忙，您可能也觉得自己忙碌的事情更重要。我认为这是一个错觉。一位朋友曾经告诉我，在历史长河中，真正能流传百世的只有一件事，那就是如何抚养教育我们的孩子。加拿大人民的命运是由每一位加拿大人决定的，积跬步才能至千里。每天有二十四个小时，我们每个人都在选择如何度过这时时刻刻。每个小时之于每个人都同等重要。尽管如此，同样是十五分钟，啃一本八百页的大部头著作比读一本薄薄的小说要艰难得多。

（2）出于同样的原因，您或许也不愿将数个小时耗费在一本艰难晦涩的小说上，因此我寄给您的书都要简单易懂。

（3）我寄给您的书要种类多样，尽量展现给您语言的无限可能性。以每两周一本书的速度，这一要求比较难以满足。哈珀先生，这个世界上的好书太多了，但我必须一步一步来。起先，我选的是一些年代久远、历史悠久的著作，希望打下根基，在此基础上再加入一些相对比较年轻的国度、地区的著作，比如加拿大和魁北克。

在这些宽泛的标准下，我寄给您的书都是我即兴甚至颇为随机的选择，只要我觉得您会感兴趣的都有可能入选。此外，我还采纳了一些他人的建议，比如，两周前寄给您的那本弗莱的《培养想象》。（顺便一问，您喜欢那本书吗？）

不过，某些规则本来就是用来被打破的，这次选的书就是一个例子。斯蒂文·高勒威的小说《萨拉热窝的大提琴手》，语言简单明了，不过按照我们的标准篇幅稍嫌太长了点（超出了五十八页），作者是加拿大人，很新的一本书，如同未出腹的胎儿——它甚至还没有出版。此书预计在今年四月问世，您手中那本没有任何装饰的平装本是出版商所谓的先阅本。它在正式出版前被送往书商、记者和读书俱乐部试读，以激发和鼓动人们对此书的兴趣和热情——类似于政客在大选前搞的夏日烧烤巡回聚餐。一般读者通常看不到先阅本，您手中的这本书可谓是限量珍藏版。

这同样是一本伟大的、充满力量的小说，讲述了人们在极端的胁迫下如何保持或重获人性。我相信，不久之后，您还将从其他人那里听说《萨拉热窝的大提琴手》，而不仅仅是我。故事发生在二十世纪九十年代初，波斯尼亚城市萨拉热窝正遭惨烈围攻。虽然这个事件已被报道了多年，但我想大多数人只是黯然以对，不明白人类怎能犯下如此的暴行。好吧，高勒威的小说解释了缘由。它是一本很好的小说：带领你进入一个完全陌生的境地，让你逐渐熟悉它，进而产生理解和共鸣。这就是我为什么称小说是"全人"性的。阅读《萨拉热窝的大提琴手》时，你展开想象的翅膀，仿佛自己身处萨拉热窝：迫击炮弹降落在你身边，狙击手埋伏在街道两旁，你在马路上随时可能毙命。你打开了心灵之眼，道德感得到激发：你的全部人性经受锤炼。

《大提琴手》并非新闻报道，它既取材于现实又消化了现实，将微妙的隐意融入三位主角的现实主义叙述中。当您读到这部小说的最后一行，您就会领悟其意，那是多么美妙啊。

您诚挚的

扬·马特尔

斯蒂文·高勒威（1975— ），加拿大小说家，作品已被翻译成二十多种语言。除了《萨拉热窝的大提琴手》，他还著有小说《范尼·沃尔什》和《升华》。高勒威曾在西蒙弗雷泽大学和英属哥伦比亚大学教授创意写作课。

第 22 本书

《沉思录》

马可·奥勒留 著

麦克斯韦尔·斯塔尼福思 译自希腊语

2008 年 2 月 4 日

谨向

加拿大总理斯蒂芬·哈珀

献上一本同为政治领袖之人的著作

并致以美好祝愿

加拿大作家 扬·马特尔

尊敬的哈珀先生:

　　同您一样,马可·奥勒留也是一位政府首脑。公元一六一年,他成为罗马皇帝,也是罗马五贤帝时代的最后一位皇帝。这五位皇帝分别是涅尔瓦、图拉真、哈德良、安东尼·庇护和马可·奥勒留,他们的统治始自公元九十六年,终于公元一八〇年,长达八十四年,其间国泰民安,繁荣昌盛,是罗马帝国的黄金时代。

　　罗马的崛起非常值得研究。一座河滨小镇如何发展成当时世界上最强大帝国的中心,最终统摄了沿河数以万计的其他小镇,这可以给我们诸多的启示。罗马的强大毋庸置疑，罗马帝国拥有的国土之广阔令人叹为观止：从福斯湾到幼发拉底河，从塔霍河到莱茵河，最终一直延伸到北非。在曾经的某个时代，罗马人统治着他们所知的世界的大部分。他们觉得，他们没有统治的地方都是不值得拥有的：于是他们把边疆以外的地方留给"野蛮人"。

罗马人的另一伟大之处在于他们对后世的持续影响。罗马的当地语言——拉丁语——成了欧洲大部分地区的母语，属于罗曼语族的意大利语、法语、西班牙语和葡萄牙语仍在当今世界被广泛使用。（与此同时，莱茵河边的日耳曼部落也在推行一种国际语言，即当今的英语，并大获成功。）如今沿用的日历，一年十二个月，365.25 天，也归功于罗马人的发明；一个星期中的三天与罗马历中的日子遥相呼应——周一（Moonday）、周六（Saturnday）和周日（Sunday）；虽然如今我们只是偶尔使用罗马数字（i, ii, iii, iv, v, vi⋯⋯），但我们经常使用二十六个罗马字母。

尽管罗马帝国强大无比，但它的一大教训我们非吸取不可：它的消亡史。罗马人威震四方，统治世界长达数个世纪，可是偌大的帝国如今已消失得无影无踪。今天，所谓的罗马人，不过是住在罗马城的人，这个城市因其断壁残垣而美丽。这是一切帝国历来的命运：罗马帝国、奥斯曼帝国、大英帝国、苏维埃"帝国"，在此仅举几个欧洲帝国的例子。下一个衰落的帝国是哪一个，哪一个又将崛起？

这次我寄给您的书是马可·奥勒留的《沉思录》，阅读此书的兴味既在于其内容，又在于了解其作者。欧洲历史让我们习惯目睹君主世袭、子承父位，与统治者是否有才华和能力无关。因此，才会有一个又一个平庸之辈——说得厚道一点吧——走马灯似的在如此多的欧洲国家施行恶政。这可不是马可·奥勒留的掌权之道。虽然他从安东尼·庇护皇帝那里继承了皇位，但他并不是庇护的亲生儿子。

他也不是选举出来的，而是被选中的。罗马皇帝的确会将皇位传给其子，但这一传承很少赖于直接的血缘关系。相反，他们是通过一种既权威又灵活的体制来选定继承人：收养义子。马可·奥勒留就是被当权的皇帝所收养，尔后继承了皇位。每一位皇帝都从精英阶层众多才干卓越、你争我斗的成员中选拔出他中意的继任者。那一阶层的成员之间往往有亲缘关系，但如果他们想在世界上飞黄腾达，仍得证明自己才行。

就此而言，罗马帝国颇像当今的现代民主政体，一群受过良好教育且原则性强的精英力图永葆这一体系以及精英阶层本身。某种程度上，当时的罗马与如今的渥太华、华盛顿或伦敦似乎没有什么不同。坦率而言，欧洲的历史基本上被异族劫数贯穿始终，按当代标准，每遭外敌入侵之后，欧洲人采取的思想和行为方式往往几近不可理喻，而令人惊奇的是，几乎在两千年以前，就有个民族这样思考、战斗、争吵、拥有原则又将其挥霍，如此等等——唔，好像就如我们的民族一样。难怪我们对罗马史有无尽的兴趣。

所以，马可·奥勒留是一位能力卓越之士，被选定为罗马皇帝。换句话说，他是一位政治家，而且，跟您一样，是一位日理万机的政治家：他费尽心力抗击帝国边疆的蛮夷。同时，他还是一位思想家——酷爱哲学——他将自己的思想形诸笔墨。他是一位作家。

马可·奥勒留皇帝属于斯多葛派，他的某些论断颇为阴郁："你很快就会忘记这个世界，这个世界也会很快忘记你"，这句就有他的典型风格。在他的这些沉思中，有许多都关涉肉体、声名、帝国——以及万事万物——的朝生暮死。无论在思想还是言行上，马可·奥勒留不断鞭策自己，对自己高标准严要求。令人振奋，催人进取啊。从很多方面来说，哈珀先生，这是一本非常适合您阅读的书。一本帝王兼哲学家写的纵论思、是、行的实用书。

这本书不需要您按部就班地从第 1 页一直读到第 163 页。书中没有一以贯之的叙事或渐次展开的论证。《沉思录》由一条条自成一体的冥思默想组成,全书分为十二卷,每卷又分为篇幅不一的若干要点,短的只有简单一句,长的有几个段落。本书适合随意浏览啜尝。我的建议是,每次您翻开一页阅读时,在读过的几则沉思旁做一个标记。这样,过一段时间之后,您就可以读完所有内容了。

您诚挚的

扬·马特尔

马可·奥勒留(121—180)于公元一七〇至一八〇年间在征战南北时用希腊文写下了《沉思录》。书中,他强调政府服务、责任、忍耐、节制、顺应天命以及超然物外的重要性。

第 23 本书

《艺术家和模特》

阿娜伊斯·宁 著

2008 年 2 月 18 日

谨向

加拿大总理斯蒂芬·哈珀

赠予一本情色小说

并致以美好祝愿

加拿大作家 扬·马特尔

尊敬的哈珀先生：

　　情人节刚过不久，我们也在萨斯喀彻温省熬过了一段漫长的寒潮——出于这两大理由，我决定给您寄一本洋溢热意的书。

　　阿娜伊斯·宁——她有多么可爱的名字——生于一九〇三年，卒于一九七七年。她一生创作了许多小说，包括《欲火》《信天翁之子》《一心四分》《爱情谍屋》《日光帆船》组成的名为《内心都市》(1959) 的"五部曲"，还有《乱伦之屋》(1936)、《米诺陶洛斯的诱惑》(1961)、《拼贴画》(1964)，以及短篇小说集《玻璃钟下》。由于很多我都没有读过，因此这些书曾带给我的乐趣只有：我很好奇它们的内容。一本叫《日光帆船》的小说会讲些什么？"信天翁"指什么？她的"孩子"又是谁？

宁更以她出版的日记闻名于世，她的日记涵盖了人生的每一个十年（第一个十年除外，因为她从十一岁才开始写日记）。她出生在法国，在美国住了很多年，她美丽动人，见多识广，结交了许多名人骚客，作家亨利·米勒便是其中之一，她在日记中对他们一一点评剖析。她这些日记的重要性就在于，女性的声音往往被淹没或忽视——至今依然如此——而在二十世纪上半叶，这样悠长的女性独白实属罕见。

阿娜伊斯·宁也写情色小说。火辣，怪诞，连篇累牍地描写不是因为淋雨而湿了身的女人和不是因为残忍而硬如铁石的男人。这次我要送您的是《艺术家和模特》，其中包含了从情色文集《情迷维纳斯》和《小鸟》中选录的两个短篇小说。哈珀先生，阅读一个来自蒙帕纳斯的双性人画家马夫卡和她那几位同性恋室友的故事，或一位纽约模特性觉醒的故事，也许会令您不寒而栗，但值得注意的是，用衣服遮盖我们的上下身体和心脏往往有其好处——我在给您写这封信的时候，外面是零下二十三摄氏度——但那也是有风险的：衣服也隐藏，或者说埋没了我们身上至关重要的一部分，一个不是用来思考而是用来感觉的部分。衣服是虚荣心最常见的装饰。我们一丝不挂时，才是坦诚的。那也是宁这些情欲熊熊的小说的精髓所在，尽管它们可能经过了美化润饰或来自编造杜撰：它们仍是诚实坦率的。这些小说如是说："情欲是我们的一部分——否定它，就等于否定自己。"

您诚挚的

扬·马特尔

阿娜伊斯·宁（1903—1977）生于巴黎，长在美国，自称是一位加泰罗尼亚—古巴—法国作家。宁是一位多产的中长篇小说及短篇小说作家、日记作者，因多卷本《阿娜伊斯·宁日记》而声名大噪。她也是一位伟大的女性情色小说家，与多位名人有过"风流韵事"，包括亨利·米勒和戈尔·维达尔。

第 24 本书

《等待戈多》

塞缪尔·贝克特 著

2008 年 3 月 3 日

谨向

加拿大总理斯蒂芬·哈珀

赠予一部现代派杰作

并致以美好祝愿

加拿大作家 扬·马特尔

尊敬的哈珀先生：

说来奇怪，三月初送您的这本书—— 一部戏剧，是我送给您的第二部戏剧作品——其实我并不喜欢。它一直都让我很难受。这倒不是说这本书不好，事实上，这是一部伟大的戏剧。说实在的，它如今依然让我难受，某种意义上恰恰证明了它的伟大，因为，如果我信心满满地告诉您，"这是一部杰作"，这说明我对这剧本已有了定见，有了固定的理解，就好像在我看来它是伫立在基座上的一座雕像：崇高，沉稳，泰然自若。但塞缪尔·贝克特的《等待戈多》绝非如此。

为了进一步证实我对《等待戈多》的看法是错误的，我要说，尽管剧本创作于二十世纪四十年代末，但在阅读的时候您丝毫不会觉得过时。这是了不起的成就。很显然，戏剧由对话构成，没有任何背景文字来烘托语境。您或许认为，戏剧中的场景相当于小说中对环境的描述，但事实并非如此。很多历史剧和歌剧在演出时都对场景进行了连剧作家和作曲家自己在创作时都无法想象的重新编排，而且其中的意义也没有因场景变化而丢失。莎士比亚的《麦克白》不需要以城堡作背景就能让观众理解。剧本的意义和情节推动全靠对话来承担。可是，我们的说话方式与时俱变，戏剧家当时觉得很流行的措辞和用语，今天在我们听来早已经老掉牙了。

此外，戏剧无不关注角色之间的关系以及对彼此的感觉，这些关系和感觉通过对话和行为方式得以揭示，而有些人物关系已随着历史的进程而改变。最后，经过精心的布置和编排，演员穿上服装登上舞台，这才是我们见到的戏剧，和阅读剧本的感觉完全不同。不妨回想一下以前的电视节目，您就会明白人物关系和演员装扮是如何让大部分戏剧变成"易逝品"的。哈珀先生，您还记得七十年代的美剧《家有仙妻》吗？它讲的是一个叫萨曼莎的女巫的故事，这位女巫跟她的丈夫达林和他们的女儿塔比瑟住在郊区。小时候我非常喜欢这部剧。几年前我碰巧又看了一集，这次我感到很震惊。剧中的性别歧视触目惊心。达林一门心思想阻止萨曼莎使用魔法，而萨曼莎这位贤良温顺的家庭主妇使出浑身解数迁就他。还有呢，他们的衣着和发型也土气得可笑。您明白我的意思吧。当时所谓的新潮风趣，现在看上去实在老套而有出洋相之感。如今，女人们可以更随意地使用"魔法"，我们的穿着也和从前大不相同。如果过度忠实于某个时期、地点、说话风格，很多戏剧就会像报纸一样转瞬即逝。

只有杰出的剧作家才能做到既言时代之心声，又超越时代向我们抒发心肠。莎士比亚做到了，他是一个巍然耸立的巨人。就算今天的学子不知道"领主"是什么，就算二〇〇八年国王们统治的方式与一六〇八年的不尽相同，也丝毫不影响这些苏格兰戏剧在今天的重要地位和意义。目前来看，《等待戈多》同样能够向一切时代发声倾诉。虽然首演是在一九五三年，也许弗拉基米尔和埃斯特拉冈的夸张噱头、悠悠沉思和深深忧虑仍会打动您，让您觉得趣味横生、惶惑不解、卓见迭出、叫人疯狂，也并不过时。

该戏剧探讨了人类的境况，在贝克特惯于删繁就简的视角下，它主要探讨的是"虚无"。刚才提到的那两个人，简称为狄狄和戈戈，痴痴地等待着，因为他们坚信自己与某一位戈多有个约会。他们边等候，边聊天，边绝望，其间有两次被两个疯子打扰，一个叫波卓，另一个叫幸运儿，然后他们回去继续等着，聊着，绝望着。这就是整出戏的大致内容。没有情节，没有戏剧冲突，没有最后的结局。场景设置也近乎无物：一棵孤零零的树，一条空旷的乡间小路。仅有的几个重要道具是靴子、圆顶礼帽和一条绳子。

从根本上说，两小时的碌碌无为，既精彩又深邃，悲怆而有趣。贝克特意在层层剥去生存的虚荣外衣，直视生活的本质。就我看来，这正是让《等待戈多》既伟大又遭人白眼的原因所在。比如这句台词，我不记得是谁说的了："我们是跨着坟墓出生的。"此言诚哉。死亡会打断生命，生命又有什么价值呢？假如我们最终必须放下一切，为什么最初要抓住不放？这种悲观主义是那些曾目睹惨烈时世的人的重负（德占时期，贝克特居住在法国），也是处于忧惧之中的年轻大学生们的阵痛。我明白自己的生命还不如一片树叶坚忍，然而，我这片叶子，从鲜嫩嫩、亮丽丽地长在树顶，到发黄、枯萎、飘落而被时光老人耙走，这之间还有许多美好的时刻呢。

塞缪尔·贝克特和妻子苏珊娜·贝克特共同生活了五十多年，彼此始终不离不弃。他还是一个狂热的网球爱好者、球员。我在他的这两大依恋中，看到了此人创作与生活方式间的矛盾。倘若他心有所爱，身强体壮，可以将一个弹弹跳跳的黄色小球击过网，倘若他心有所爱，安安耽耽，知道每天傍晚都有一个人等他回家，那他还有什么可绝望的呢？妻子，网球——他对人生还有什么所求？况且，有些人还探索出另一种观念，认为死亡不过是一道门槛，一道介于人生列车和永恒月台之间、你得小心留意的沟壑罢了。

尽管如此，我知道《等待戈多》仍是一部伟大的剧作，您读了之后就会发现这一点。一部传世杰作。史无前例。

您诚挚的

扬·马特尔

塞缪尔·贝克特（1906—1989），爱尔兰作家、剧作家、诗人，被认为是最后一批现代派作家之一，也可能是最早的后现代派作家之一。贝克特的创作以极简主义和黑色幽默为特点。他住在法国，第二次世界大战期间在法国抵抗运动中担任情报员。他于一九六九年被授予诺贝尔文学奖。他最著名的小说为《莫洛伊》《马龙之死》和《无法称呼的人》。

第 25 本书

《希库提米的蜻蜓》
拉里·特朗布莱 著
2008 年 3 月 17 日

谨向
加拿大总理斯蒂芬·哈珀
赠送一部击败沉默的剧作
并致以美好祝愿
加拿大作家 扬·马特尔

尊敬的哈珀先生：

　　早该给您寄一本来自英属加拿大的邻居，来自那片格外荒僻之地①的作家所写的作品了。这次，又是一部剧本，是连续给您寄的第二部，从给您写信以来的第三部。也是我第二次——第一次是《小王子》——给您寄去法语版的书。不过，拉里·特朗布莱在《希库提米的蜻蜓》中使用的法语有点特别。这倒不是说那是若阿尔语，或其他什么魁北克法语的变种——那反倒没什么特别的了，一出魁

---

① 指法属加拿大。

北克戏剧就应该是那样的。恰恰相反，如果您瞟一眼文本，会觉得那是英语，简单纯粹的英语。嗯，其实它不是。特朗布莱的剧本是用法语写就的——也就是说，用法语的思维去感知、构思和表达——只不过用的是英语罢了。

这是什么意思呢？这是个单口喜剧？是杂耍戏法？不是。这本书的封面会告诉您答案。您认识封面上的那个人吗？他叫让·路易·米耶特，一位伟大的戏剧演员，几年前去世了，英年早逝啊。在黑色的布景下，他高举双臂，神情痛苦，仿佛在向读者宣告：这出戏不是闹着玩的。《希库提米的蜻蜓》确然是一部严肃的艺术作品，每场演出，无论首演还是重演，都由一位大师操持调理。

用英语创作一部本质上是法语式的戏剧是基于政治考虑吗？答案也许是肯定的，不过这是个弱弱的肯定，因为，可以说任何一部艺术作品多少都有政治意涵。因此，我觉得，仅以政治视角来解读这部剧势必会低估它的深度。拉里·特朗布莱的戏剧既十分个人化——让一个男人喃喃独白，敞开心扉，披露个人隐私——又具有非凡的普遍性，绝不能被简单地视为一本关于魁北克地区法语存亡的政治小册子。

在我看来，特朗布莱有意标榜其戏剧的政治中立性。剧中，嘉士顿·塔尔伯特直抒胸臆，这样评价自己：

从前有个男孩叫嘉士顿·塔尔伯特

生于希库提米

美丽的魁北克省

伟大的祖国加拿大

他梦想……

在描述"魁北克"与"加拿大"这两个实体时，特朗布莱用了两个同样平庸的形容词——虽然在魁北克，用法语说"美丽的"才真正算是陈词滥调——我猜测，他力图将戏剧语言的二元性置于纯粹的政治阐释之上。顺便一提，上文所谓的"梦想"，也并不是一个政治梦想，而是关乎他的母亲，他梦想得到母爱。

那么，希库提米的嘉士顿·塔尔伯特想要表达什么？为什么他要用伪装成英语的法语来讲述呢？

我认为，《希库提米的蜻蜓》是一部关于苦难与救赎的戏剧，教我们如何寻找自我。嘉士顿·塔尔伯特是一个讲法语的成年男子，患了失语症，但当我们遇见他时，他突然开口讲话了，只不过说的是英语，而非他的母语。他向我们讲述，在很久以前，十六岁的他爱上了一个十二岁的男孩，他叫皮埃尔·加尼翁－康纳利，他们俩到河岸边嬉戏，皮埃尔让嘉士顿扮演他的马，而皮埃尔——

> ……用一条无形的拉索
>
> 套着我
>
> 在我的嘴里塞进一个无形的马嚼子
>
> 跳上我的背
>
> 他骑在我身上，用手抓着我的头发
>
> 过了一会儿，他从我背上跳下来
>
> 看着我，以从来没有过的眼神
>
> 开始用英语给我下指令
>
> 我不懂英语
>
> 但在七月的那个炎热晴日
>
> 从皮埃尔·加尼翁－康纳利口中
>
> 说出的每一个词

都清晰明了

脱下你的衣服

遵命，先生

快点，快点

之后就出事了，到底发生了什么不清楚，可能是场事故，一场莫名其妙的突发暴力事件，皮埃尔·加尼翁－康纳利为此丧命，而嘉士顿·塔尔伯特陷入了沉默。

该剧是一张由谎言和虚构的自白编织起来的大网。嘉士顿·塔尔伯特说的第一件事是"我常常旅行"。不过后来他又承认自己从未去过任何地方。重述一个梦境的时候，他先是说他有一张脸，一张"毕加索的脸"，然后又说是另一张脸。嘉士顿·塔尔伯特举着这些谎言当作盾牌，向着真相步步推进。于是，一个个英语单词就成了揭示真相的谎言之一，将他逼向了万劫不复之地：沉默。

当我寄给您第四本书，即伊丽莎白·斯玛特的《我坐在中央车站旁哭泣》时，我建议您大声朗诵出来，同样，这本《希库提米的蜻蜓》也非常适合朗读。或者：读第一遍时在心里默读，仿佛您是戏剧开场之前的嘉士顿·塔尔伯特；读第二遍时则大声朗读，仿佛自己是渴望表达的塔尔伯特，如能这样效果更好。

当然，这出剧还提出了语言与身份的问题，即用一种语言而不用另一种语言讲话到底意味着什么。语言显然有其文化参照点，但这些是可以改变的。不妨看看英语吧：世界上这么多非英文化的人在讲英语、用英语。然而，《希库提米的蜻蜓》将这一问题置于更加个人化的层面。在双语的掩护下，嘉士顿·塔尔伯特得以回溯痛苦的过去，诉说衷肠。这才是该剧动人心弦、惊心动魄之处：透过面具，窥视真相。

您诚挚的

扬·马特尔

　　拉里·特朗布莱（1954— ）出生于希库提米，魁北克诗人、小说家、纪实文学作家、剧作家、戏剧导演、演员、教师。他的戏剧往往探讨灵魂问题与社会暴力，以生动的意象，富有节奏、别具一格的明快文风见长。

第 26 本书

《生日信札》
特德·休斯 著
2008 年 3 月 31 日

谨向
加拿大总理斯蒂芬·哈珀
赠予这本伟大的诗集
以庆祝我们的读书会成立一周年
并致以美好祝愿
加拿大作家 扬·马特尔

尊敬的哈珀先生：

　　我们要庆祝一个生日了，您和我。同这封信一起寄给您的是第二十六本书了。一直以来，我每隔两周就给您寄这样的文学礼物，那意味着我们惬意的读书会如今迎来了它的一周年纪念。我们干得怎么样呢？这是一次异常有趣的长途旅行，花费的时间超出我的预期，但我乐此不疲，动力十足。迄今的成果是，我收获了一个装有二十六封信件复印件的文件夹，而您则拥有了一个放着二十八本薄书（两者数字有出入，因为在圣诞节时我给您寄去了三本书）的书架。

如果我们查验一下您崭新而日渐壮大的书库，就可以看到：

13 本小说

3 部诗集

3 部戏剧

4 本纪实文学

4 本儿童读物，以及

1 本漫画小说

作者（其中一位是编者）包括：

1 位俄罗斯人

5 位英国人

7 位加拿大人（包括 1 位魁北克人）

1 位印度人

4 位法国人

1 位哥伦比亚人

2 位瑞典人

3 位美国人

1 位德国人

1 位捷克人

1 位意大利人，以及

1 位爱尔兰人

在这些作者之中，有：

16 位男士

9 位女士，并且

2 本书由男女合编，还有

1 本书的作者性别未知（据我猜测，《薄伽梵歌》是由男性写的）

小说太多了，男性作家也居多，诗歌太少，至于我为什么没有寄给您玛格丽特·阿特伍德或艾丽丝·门罗的作品——以每两周一本书的频率，想要选择有代表性的作品同时又取悦每一个作家实在很难，不过我们正在朝这个方向努力。格伦·古尔德曾经说过："艺术的要旨在于毕生创构瑰奇的境界。"我们还有时间。

值此一周年纪念之际，我寄给您这本名为《生日信札》的书似乎再合适不过了。书名中就有一个十分应景的词，不过该书的基调并不会使人联想起点着小小蜡烛的生日蛋糕。

让我们言归正传。一九五六年，一个二十六岁的英国男人，我们称他为 X，娶了一个二十三岁的美国女人，我们称她为 Y。他们婚后有两个孩子。两人的关系渐渐变得岌岌可危，加之 X 与另一个女人 Z 的婚外情，导致 X 与 Y 于一九六二年分手。自青春期以来，Y 的精神状态就一直不太稳定，一九六三年，她开瓦斯自杀身亡。六年后，即一九六九年，已与 X 诞下一女（小名叫舒拉）的 Z 也选择了自杀，同时不可饶恕地带上了舒拉共同赴死。还有两个事实：首先，Y 死时，在法律上与 X 仍是夫妻关系，因此 X 成了她的遗产继承人；此外，X 在一生中持续出轨，也一生都背负着不忠的罪名。

在难以言说的事实背后所隐匿的痛苦——折磨、心痛、悲伤、羞耻、悔恨——实在令人无法想象。面对这样的痛苦，还有谁能不被打倒，不被彻底摧毁？如果这痛苦又公之于世，任凭众人窥视和评说，难道就不会雪上加霜？

X 就是特德·休斯，Y 是西尔维娅·普拉斯，Z 是阿西娅·魏韦尔。倘若前两位不是杰出的名诗人，在诗作中表达出了他们的那份痛苦，也许，他们共同的痛楚，这错综复杂的人生纠葛便早已堙没，遭世人遗忘。而人们面对这一悲剧时，往往奋力袒护其中一方，更会为他们招致恶名。为什么悲剧往往令我们选队站边呢？我揣度，原因在于我们受着强烈的情感的驱动，于是移向一边或另一边——打个比方，就像躲避一辆完全失控的汽车——只有经过时间的流逝和记忆的的检省，我们才能痛定思痛，牢牢地站稳，做到不再移动双脚，偏向任何一方。无论如何，休斯成为普拉斯的遗产继承人这件事，就算不是律师也能看出其中的利害冲突。普拉斯遗留下那些充满悲戚情愫的诗集和日记，恰恰要由给她带来无尽痛苦的那个男人来编辑。有人说休斯这么做是为了提高自己的声誉，他毁掉了普拉斯的最后一册日记，其中记载了两人最后几个月的婚姻生活，而这又成了谴责他的有力证据。而他荒淫无度的生活又该怎样理解？谁能想到，羞耻和悔恨竟对"利比多"①毫无妨碍？

人们大张旗鼓地声援普拉斯。休斯的一生都受到女权主义者和普拉斯拥戴者们的敌视和抨击。我不信由他们的婚姻引发的争议还能静静淡出公众的关注。那么，休斯靠什么为自己辩护呢？答案很简单：他的诗歌。

《生日信札》的作者俨然被描绘成了一个麻木不仁、傲慢自大的花花公子，但在他伟大的诗作面前，这并不构成妨害。这提醒人们，伟大的艺术本质上无涉道德，而是一个证明，见证实实在在的生活，展现辉煌的高度和堕落的深度。

伟大的诗歌总是让身为小说家的我相形见绌。完成一部小说需要很多词语，洋洋洒洒、长篇累牍；而当我读到一首好诗，它只有不足两页，却能使我所有的文字黯然失色。当您读完这本诗集，就

---

① 弗洛伊德理论中的重要概念，其基本含义是一种性力，性原欲，即性本能的一种内在、原发的动能和力量。

会明白我的意思了。这些都是叙事诗，语调很亲切，常常是"我"在对"你"述说；语言极其精炼，风格多变，简单的词语在他的笔下变得清新脱俗、铿锵有力，每首诗歌不仅呈现出清晰的意象，并留下了隽永的印象。比如《山姆》《你的巴黎》《你曾憎恨西班牙》《乔叟》《比目鱼》《文学人生》《荒地》《顿悟》和《桌子》。

《生日信札》至少证明了一件事：X 的确深爱着 Y，所以，如果艺术可以补救的话，救赎就在这里。

您诚挚的

扬·马特尔

特德·休斯（1930—1998），儿童文学作家、剧作家、短篇小说家、评论家、著名诗人，从一九八四年直至他去世，荣任"英国桂冠诗人"。休斯早期的诗歌，包括他的第一部诗集《栖息之鹰》[①]，关注的是自然中的美与暴力；而他的后期作品，比如《乌鸦》，则更具有讽刺性，带有存在主义的、消极厌世的意味。他一生写作九十余本书，获得过古根海姆奖、惠特布莱德诗歌奖和功绩勋章。

[①] 原文有讹误，特德·休斯的第一部诗集为《雨中鹰》，《栖息之鹰》是他第二部诗集中的作品。

第 27 本书

《到灯塔去》

弗吉尼亚·伍尔夫 著

2008 年 4 月 14 日

谨向

加拿大总理斯蒂芬·哈珀

致以美好祝愿

加拿大作家扬·马特尔

尊敬的哈珀先生：

这周寄给您的经典名著比以往大部分的书都要稍稍难懂一些。很多书开门见山，直截了当，一旦读了开头，就知道作者想要谈论什么。就以您书架上的书为例吧，我们对乔治·奥威尔《动物农场》的背景很熟悉，即便我们没有在农场生活过，也能马上领会作者的讽喻意图。我们明白，作者将通过一则发生在某个假想农场上的寓言来审视一桩真实的事件——斯大林管治下的苏联的悲剧。抱着这样的理解和期盼，我们继续往下阅读。

诸如这样的书——我得说，大部分的书——无不将熟悉与陌生巧妙地交糅在一起。熟悉将读者带上路，陌生将他引向一片新天地。

两者缺一不可。一本全然熟悉的书是很枯燥的。即便是最俗套的类型小说也想竭力传达某种飘忽不定之感，直到书末才了却读者的心之所想：男孩俘获芳心，侦探抓到凶手。同样，一本书也不能过于标新立异，不然读者茫无头绪，找不到入口，挣扎一番之后不得不放弃。

弗吉尼亚·伍尔夫出版于一九二七年的《到灯塔去》也许会让您挣扎一番，但是请千万不要放弃。据我的经验，坚持读到 20 页左右（即我寄给您的版本的第 29 页）小说才明朗起来，您才渐入佳境。在那之前，您会感到困惑，甚至微微的恼怒。人物众多，你方唱罢我登场，毫无明确的线索和情节，尽是兜兜转转和东拉西扯——美好而已逝的维多利亚时代文学那节奏明快、清澈澄晰的特点到哪儿去了？伍尔夫意欲何为？

好吧，也许谁也不清楚——好的文学作品永远是开放的，可作不同的诠释——不过依我之见，伍尔夫在小说中至少在探讨两件事：

（1）她在探讨思想：意识如何与现实互动。伍尔夫的经验是——我相信您对此很熟稔——意图屡屡受到侵扰，如同三文鱼逆流而上。她笔下的人物都在思考，但他们的思维要么不断被外部事件所打扰——其他人物悉数登场——要么被内部事件所打断，即头脑本身开小差。我相信您一定听说过"意识流"这个术语，伍尔夫的叙事技巧就像那样。在《到灯塔去》中，她所探讨的并不是一系列井然有序的事件——尽管这些事件均出现在小说中——而是逐一过滤这些事件的那个头脑。

（2）她在探讨时间：时间对人的作用以及人对时间的体验。

这就解释了为什么小说的节律不是按照时钟规整、客观的嘀嗒声推进，而是由人物内心对时间的主观体验所决定。当人物全神贯注时，时间就会放慢脚步，之后，一眨眼的工夫，几年就过去了。时间对所有人不都是这样吗？有时缓慢地爬行，有时像青蛙一样又蹦又跳。希望这两种动物形象能帮助您阅读此书。试着在《到灯塔去》中认出三文鱼和青蛙吧。

伍尔夫的文字细细密密，琐碎具体，频频重复，却带有一份忧郁的迷醉。难怪她的另一部小说取名为《海浪》。她的小说就像海浪，神秘而催人恬静。

对作者有所了解总是好的。弗吉尼亚·伍尔夫是英国人，出生于一八八二年，一九四一年自杀身亡。她时而疯癫，甚至一生大部分时间都疯疯癫癫：也就是说，她饱受精神疾病的折磨。而且，她历来对强加在女性身上的种种禁锢义愤填膺。弗吉尼亚·伍尔夫是一位勇于实验的作家，一位举足轻重的女权主义先驱。

伍尔夫的文学观以及她个性的一大标志就是她十分喜好分号。句号一锤定音，毫不拖曳，称得上有阳刚之气。而逗号呢，摇摆不定，奴颜婢膝，正如某些男人期望女人的那样，颇具阴柔之风。伍尔夫偏爱的标点符号需兼具她身为作家和女人的双重身份，一个水闸似的标点。它比句号开放，又比逗号可控，堪称一个女性主义的标点符号。伍尔夫曾写过一篇著名的散文《一间自己的房间》，描述了在男性主导的领域中做一名女作家是何等艰难。没错，她的文字就像那样，想法多多，且相互关联，却怎么也放不进由单单一个句子所构建的那间压抑的大房间；它们宁可各自栖居在被分号隔出的许多小房间内。

我诚挚地邀请您，邀请您慢慢地、小心翼翼地进入一个个由弗吉尼亚·伍尔夫的文字所创造的小房间中。

您诚挚的

扬·马特尔

弗吉尼亚·伍尔夫（1882—1941），一位多产的英国作家，出版了五百多篇散文和众多的中长篇小说、短篇小说和非虚构作品。她最著名的非虚构作品《一间自己的房间》探讨了在男性主导的社会中女性写作所面临的问题，以及她那个时代女性小说家难以成功的原因。其他名作包括《到灯塔去》《海浪》和《奥兰多》。她嫁给了作家伦纳德·伍尔夫，两人共同创立和经营霍加斯出版社。该出版社曾出版 T. S. 艾略特、凯瑟琳·曼斯菲尔德和约翰·梅纳德·凯恩斯的作品，并将西格蒙德·弗洛伊德有关精神分析的著作绍介给英国读者。伍尔夫于五十九岁自杀身亡，极有可能是由未确诊的躁郁症所致。

第 28 本书

《大声为孩子读书吧！》
劳拉·布什、詹娜·布什 著
2008 年 4 月 28 日

谨向
加拿大总理斯蒂芬·哈珀
赠予一本由两位社会栋梁所写的书
并致以美好祝愿
加拿大作家 扬·马特尔

尊敬的哈珀先生：

出于种种理由，我打算寄给您一本非同寻常的书。首先，它刚刚付梓问世，我正是在出版当天买下的。它绝没有令人愉悦舒适的怀旧感，仿佛故友来访。恰恰相反，它封面亮闪闪，书脊挺呱呱，油墨香喷喷，清新得很哪。此外，这是一本儿童读物，不同于我通常会寄给成人的书籍。

这本书征服我的地方在于它的主题和作者所从事的职业。《大声为孩子读书吧！》关涉阅读的魅力以及重要性。主人公蒂龙·布朗是日安小学的学生，擅长数学、科学、体育等科目，但不喜欢阅读课。

当丽布拉小姐把孩子们带到校图书馆给他们朗读书籍时，蒂龙无聊透顶。他宁愿做白日梦。直到有一天，丽布拉小姐在朗读一个有关宇航员的故事时，他来了兴致——他完全被吸引住了。他的世界突然发生了改变——鬼魂、飞龙还有像本杰明·富兰克林（这是一本关于美国的书）这样的历史人物统统住了进来，最有趣的是，还住进了一头猪。蒂龙意识到，阅读是通往梦想的一条奇妙之路。我的介绍到此为止。接下来发生的故事您得亲自去读了。

本书的作者是一对母女档，劳拉·布什和詹娜·布什，并且两人都是老师。根据封底勒口上对她们的生平简介，她们"狂爱阅读"。

趁此聊几句教师这个职业。我爱老师。我爱这个职业，一向都爱。如果我现在不是作家的话，我愿做一名老师。我想不出还有比教师更重要的职业。我一直觉得很不可思议，律师和医生居然享有这么高的地位——这不仅反映在他们的薪水上，也体现在他们突出的社会地位上——而在通常情况下，在快乐、健康的一生中，人们只是难得才去求医问药，请教律师；而老师呢，我们每个人都遇到过老师，大家都需要老师。老师塑造了我们。他们通过言传身教点亮了我们内心的明灯。"教"是一个卓越的动词，一个社会性的动词，隐含着另一个人；相比之下，诸如"挣""买""要"等动词是多么孤独和空洞。

我可以列举出很多很多的老师，他们在我的生命中留下了深深的印记。其实，在此我要将他们一一列出。普勒斯顿小姐和罗宾逊女士，我的两位家庭教师。格兰特先生，我的生物学老师。哈维先生，我的拉丁语老师。还有教我数学的麦克纳马拉先生和里德修女。教我英语的劳森先生和戴维森先生。我的历史老师范·汉森先生和阿舍尔先生。教我地理的是顶呱呱的桑德斯先生。不一而足。三十年过去了，我依然记得这些名字。如果没有他们，我将会身在何处？我的灵魂将会何等失意、狂暴？父母生育了我们，他们能做的也只有那么多。从那以后，我们的命运就掌握在了老师们的手中。

当我们不再是全日制学生，我们路遇的任何人都可以成为"编外"老师，不管他们是男人、女人还是孩童，只要他们知识比我们渊博，只要他们以身作则行善事、做好人。

遗憾的是，我们生活在一个不太重视学校和老师的社会中。哈珀先生，很不幸，我们的时代陷入了一个误区，好像大家普遍认为，全体社会应该像公司那样来经营，赢利是必须的准绳。以这种社团主义的视角观之，社会中凡是不能创造美元的人均被目为不受欢迎的异类。因此，富裕社会对穷人很不友善。我在自己心爱的故乡萨斯喀彻温省就目睹了这一卑劣的架势。我听说新上任的政府，哪怕我们正处于前所未有的繁荣期，正在发动一场"对穷人的战争"（尽管全球爆发了经济危机，萨斯喀彻温省却依然蒸蒸日上；我们是一个"富"省）。就好像只要撒手不管，穷人就会自动消失；就好像穷人越来越穷，也并无大碍；就好像穷人不属于公民；就好像有些穷人不是孤苦无助的孩子。

唉，在这场赛跑中，不仅是穷人，就连学生也被远远地抛在了后面。因为对一个六岁儿童的教育投资，至少十五年之后，等他工作了、缴税了，才能得到回报，如果你想赶快赚一大笔，这笔投资很不划算。因此我们提供给大学最低额度的资助，导致大学生背上了沉重的债务，从而削弱了他们成为财富创造者的能力。如果肩负巨额债务，你怎么买得起车子、房子、家电？又如何为经济发展做贡献？这么看来，社团主义的行动计划将会被自身的意识形态所击败。

教师们冲锋陷阵，处在抵抗这股逆流的最前方。他们千方百计，呕心沥血，孜孜不倦地为社会培养大批德才善兼备的公民。老师不愧为社会的栋梁。

大多数教师都是女性，尤其在小学这一层面，正如大多数读者也是女性一样。劳拉·布什和詹娜·布什就是两个典型的例子，她们既是老师又是读者。人们不禁要问：当妻女在教书和阅读的时候，她们的丈夫和父亲在干什么呢？在我们这个社会，左手知道右手在干什么吗？

您诚挚的

扬·马特尔

劳拉·布什（1946— ），美国前总统乔治·W. 布什的妻子，做过小学教师和图书管理员。她是"美国国家图书节"创始人，"美国图书馆劳拉·布什基金会"荣誉主席。在她丈夫任总统期间，她受到埃利·维瑟尔人文基金会和美国图书馆协会的嘉奖。她的女儿詹娜·海格（娘家姓布什）（1981— ）也是一位小学老师。二〇〇七年詹娜撰写了《安娜的故事：希望之旅》，此书记述了她与联合国儿童基金会成员在南美洲的经历。

第 29 本书

《沉溺》

朱诺·迪亚斯 著

2008 年 5 月 12 日

谨向

加拿大总理斯蒂芬·哈珀

赠送一个装有十个精灵的瓶子

并致以美好祝愿

加拿大作家 扬·马特尔

尊敬的哈珀先生：

　　随信寄去的这本书是一位书商向我倾情推荐的。在此之前我对这本书及其作者一无所知。我当时自忖，不妨读读看吧。这本毫不起眼的书至少感动了一个读者，这就够了，这和一本感动了一百万读者的书没有什么区别。不久后，我向一个朋友提到了这件事，她说："噢，他两天前刚刚获得普利策奖。"

　　关于朱诺·迪亚斯的默默无闻先聊到这儿。我寄给您的是他的第一部作品，《沉溺》，出版于一九九六年的短篇小说集。之后，他用了十一年时间才推出第二本小说《奥斯卡·瓦奥短暂而奇妙的一生》，该作为他赢得了一个月前刚刚颁发的普利策奖。

文学奖项的一大好处是，它使原本默默无闻的作品或作者得到读者的关注。文学作家的生活如同地表下的岩浆运动一般隐秘。诗歌、短篇小说、长篇小说一经发表，各界相继评论，若销量平平，便很快被世人忘记，作者则又继续写下去。这过程听起来枯燥乏味，生活也会日渐拮据，但在我们的视线无法触及之处，隐藏着他们旺盛的创作欲望，积毕生精力，字斟句酌，处处推敲，时而如升天堂般畅快，时而如下地狱般煎熬，结束之时，不禁感叹李尔王的短浅，因为"无中"可以"生有"，"点石"也可以"成金"。一本书，就是一个装有精灵的瓶子。把它擦干净打开，精灵便会跳出来为你施展魔法。不妨想象自己就是把精灵放进瓶子的人。这是多么令人激动啊。

然而，这个世界还有很多瓶子没有被擦拭。这有时无可厚非，有时却有失公允。只有时间会证明一切。在此期间，作家仍在笔耕不辍。

随后，有一天，身为作家的你被告知，有五个读者很喜欢你的书。他们不是一般的读者，而是某个文学奖项的评委。重点是，他们决定把这个奖项颁给你。突然间，云开月明，你听到一个洪亮的声音说："这是我的儿子，我爱他；我为他高兴。"你不再默默无闻，而是一夜之间声名鹊起。这绝非不愉快的经历。大家对我的每一份认可，我都心怀感激。

但是，如果我拿了这个奖，不就意味着其他人要与之失之交臂吗？一想到这儿，它就没那么有吸引力了，让你觉得自己像一匹赛马，要与其他选手竞争，还必须分出胜负。历史规定这是必须的，但你并非心甘情愿。在内心深处，你和你的瓶子、瓶子中的精灵一起孤独地守着小店。

言归正传，朱诺·迪亚斯的《沉溺》是一本短篇小说集，收录了他的十个短篇小说，每则小说的篇幅从六到三十九页不等。这是我第一次给您寄短篇小说。您会发现，不同于长篇小说，阅读短篇小说需要您不停地"换挡"。迪亚斯是多米尼加裔美国人，他的故事揭示了双重身份对一个人意味着什么，这样的身份可以成为一道鸿沟、一个梦想、一种负担，甚至一大失落。书中的人物世俗而可爱，英语中夹杂着西班牙语，随意亲切，娓娓道来。在这个世界里，孩子们无人管教，他们无钱无父，没有工作，没有出路，家里一贫如洗，每天面对的是肮脏的街道、受尽折磨的妈妈、毒品和人事无常。

您会问，读了这些故事，如何还能平静地看待生活？迪亚斯短篇故事《男朋友》中的一段话，也许能帮助您找到答案。该故事讲述了一对分手的情侣，男方有几次来女方家收拾他的东西：

> 每次，她都要和他发生关系，希望以此留住他，但你知道，人一旦有了逃离的想法，世界上就再没有可以让他们留下的戏码。我听着他们身体撞击的声音，心里骂道，妈的，没有比分手做爱更肮脏的东西了。

在每一个坚强的外表下，都隐藏着一颗受伤和疑虑的心。人生不过如此，心安即是归处。说也好，做也罢，对宁静的殷殷向往是相同的。

您诚挚的

扬·马特尔

朱诺·迪亚斯（1968— ），多米尼加裔美国中长篇小说家、短篇小说家，六岁时随家人搬到新泽西。他的首部长篇小说《奥斯卡·瓦奥短暂而奇妙的一生》最为有名，已为他夺得了不少奖项，包括美国国家图书评论奖和二〇〇八年普利策奖，拟改编为电影。迪亚斯目前在麻省理工学院教授创意写作，并担任《波士顿评论》的小说编辑。

第 30 本书

《克莱采奏鸣曲》

列夫·托尔斯泰 著

埃尔默·莫德 译自俄语

2008 年 5 月 26 日

谨向

加拿大总理斯蒂芬·哈珀

送来一曲美妙却并不和谐的乐曲

并致以美好祝愿

加拿大作家 扬·马特尔

尊敬的哈珀先生：

　　托尔斯泰又来了。您是否还记得，六十个星期前，我曾寄给您一本《伊凡·伊里奇之死》。这次的《克莱采奏鸣曲》较之晚三年出版，即问世于一八八九年。这是一部非常奇特的作品。《伊里奇》是一件艺术珍宝，现实主义的描写流畅自然，人物角色既活灵活现又有普世价值，情感表达淋漓尽致，抒情方式深沉质朴，精准犀利地描写了伊里奇转瞬即逝的一生——总之，《伊里奇》完美无缺，而《克莱采奏鸣曲》瑕疵频现。比如，小说的开场——在一列行驶的火车上，两位乘客攀谈着——安排欠妥，因为几乎这整部中篇小说都是主人公波兹内舍夫在滔滔不绝地讲呀讲。我们这位匿名的叙述者则一直呆呆地坐着，聆听并记下了主人公长达七十五页的喋喋不休。其叙述手法同柏拉图的《对话录》一样笨拙——毫无智慧可言。《克莱采奏鸣曲》是关于爱情、性以及婚姻的长篇大论，加上对医生和孩子的冷嘲热讽，从一个未被定罪的凶手口中，一幅疯狂嫉妒驱使下的杀妻画面逐渐浮现。设想一下，在火车上，有个男人告诉你："我杀了我的妻子。既然有一整晚的时间，我不妨讲给你听。"我想，我也不会打断他。

这是一部不够完美的艺术作品。那么，为何我依然兴致勃勃？因为，这依然是托尔斯泰的作品。简单的人过简单的生活，复杂的人过复杂的生活，两者的区别在于心胸大小以及对生活的豁达程度。无论是天生不幸——比如先天性缺陷，后天发育迟缓，缺乏教育机会或是个性的软弱——抑或意志使然，比如，对宗教或意识形态的遵循或过度推崇，人们都有许多方法去在不同程度上约束生活、简化生活。托尔斯泰未被约束。他以无拘无束、一往无前的方式活着，他可以接纳一切，对一切敞开心扉。他极度复杂。在漫长的一生中，他经历了太多的酸甜苦辣、悲欢离合。他的作品之所以有趣，是因为它们具有非凡的生存广度。如果地球可以收拢起来，将其表面的一切——所有的男人、女人、小孩，所有的动物、植物，所有的山脉、谷地、平原、海洋——统统聚集在一起，拧成一个美妙的结点，尔后这个美妙的结点抓起一支笔，用这支笔开始写作，它一定会写出像托尔斯泰那样的作品。如同莎士比亚、但丁以及所有伟大的艺术家，托尔斯泰是在用生命书写生命。

然而，如果说《伊里奇》唤起了读者内心的共鸣，那么，《克莱采奏鸣曲》则引发出刺耳的乐音。在这里，男女之间不存在真爱，

"爱情"只是欲望的代名词。婚姻是有凭有据的卖淫行为，是性欲得到勉强成全的牢笼。男人腐化堕落，女人憎恶性爱，孩子成了负担，医生则招摇撞骗、弄虚作假。禁欲是唯一的解决办法，而且，假如那意味着人种的完结，这样反倒更好；要不然，痴男怨女必将积恨成狂，搞不好还会上演丈夫杀妻的悲剧。这是关于两性关系极其悲凉的观点，无疑反映了托尔斯泰对当时社会禁锢的不满和沮丧，然而，托尔斯泰走得太远，太固执了，于是令人反感。难怪小说甫一出版便招致公愤，影响至今。托尔斯泰的《克莱采奏鸣曲》的确走得太远了，不过，尽管如此，它还是揭示了虚伪与暴行、愧疚与愤慨这种种要素，它们构成了二十世纪那场最伟大的革命——女权主义——的核心。

顺便一提，我是在最后一刻才决定再选送您一本托尔斯泰的作品的。这世界上可与您分享的好书实在太多了，我本想，给您介绍同一作家的一部作品已足够矣。之后，如果您感兴趣，您可以自己再去查找该作家的其他作品。

只是这周我想推荐一本和音乐有关的书。（我忘了解释托尔斯泰这部中篇小说的书名。波兹内舍夫的妻子是一位业余钢琴演奏家。夫妻俩结识了一位名叫图库舍夫斯基的男子，他是一位颇有成就的业余小提琴手。出于对音乐的共同热爱，他的妻子与这位小提琴手很快成了无所不谈的朋友。他们决定用钢琴和小提琴共同演奏贝多芬的《克莱采奏鸣曲》，而她的丈夫在幕后怒火中烧。）为什么要挑一本与音乐有关的书呢？因为，以新音乐[①]与古典音乐为代表的严肃音乐正在从我们加拿大人的生活中快速消失。我迟迟才获知的最新证据是：CBC广播交响乐团即将解散。我们的音乐广播频道早已是明日黄花。哈珀先生，曾经CBC有一档节目叫《全新两小时》，

① 主流以外的新型艺术音乐。

由拉里·莱克主持，主要播放加拿大新音乐。它最后的播出时段是在周日晚上十点到十二点，这是一个最不讨好的时段，因为早起的人嫌它太迟，夜猫子则嫌太早。在这个时段播放，少有人问津也不足为奇。然而，我在听这档节目时感激非凡。新音乐是上天奇妙的恩赐。据我所知，只有音乐可以冲破一切束缚。冲破规则、形式、传统、期望的束缚。走在前沿的音乐。属于新世界的音乐。无法无天的音乐。这就解释了为什么会有音色刺耳的小提琴，发了疯的钢琴以及诡异的电子音乐。

什么都不做，专注地聆听《全新两小时》，给我留下了深刻的记忆。因为，当一台收音机听起来像两辆正在交配的拖拉机时，你根本无法阅读。如果这时要我写作，我想我会疯掉——疲惫、嫉恨、厌烦。我出于纯粹的好奇收听了《全新两小时》。我感到震惊、感动、骄傲，原来这里还有一个个创造者在用如此清新而严肃的方式回应我们所处的世界。因为我很清楚：尽管这音乐听上去很古怪，但那是严肃的艺术啊。无论怎样掩饰，那是音乐，那是某个人想要用声音与我交流啊。我静静地聆听着，为它的新颖而激动不已。就这样，我听呀听，一直听到节目被撤。

而现在，CBC 广播交响乐团，北美最后一个广播交响乐团，同样面临被撤销的命运。这些年来，我已耳熟能详的一句话"由 CBC广播交响乐团演奏，马里奥·伯纳德指挥的 ＿＿＿"，将再也听不到了。如今，谁来为我们演奏巴赫、莫扎特、默里·谢弗和克里斯托斯·哈齐斯？

令我颇为不解的是，当加拿大乘着商品大潮向前所未有的财富驰骋时，当各级政府坐享财政盈余时，我们却在抛却一个小小的管弦乐团。我们鸿运当道尚且如此，那等到不幸降临时，我们将何以处之？[①] 在我们统统变成死气沉沉、游手好闲的市侩俗物前，我们还能糟蹋多少文化？

我相信，无论身处顺境还是逆境，我们都需要美妙的音乐。

您诚挚的

扬·马特尔

---

① CBC 广播交响乐团的确于 2008 年 11 月底解散。目前试图以国家广播交响乐团的身份存活下来，每年的预算约为一百万美元，相比于西方经济体系中因无能的银行家和政治家而失去的数额，这笔开销不过是一点零头。——原注

第 31 本书

《他们眼望上苍》

佐拉·尼尔·赫斯顿 著

2008 年 6 月 9 日

谨向

加拿大总理斯蒂芬·哈珀

赠送一本热情洋溢的小说

并致以美好祝愿

加拿大作家 扬·马特尔

尊敬的哈珀先生：

　　一些声音很少被听到。大千世界，这些声音只能说给自己听。有人听到之后，赋予它们艺术的表达，使之不被埋没，使这些声音成为永恒。这就是美国作家佐拉·尼尔·赫斯顿通过她的杰作《他们眼望上帝》所取得的成就。您马上会欣赏到她的文字。小说中有两个声音：一个是叙述的声音，用来构建故事的框架。它饱含情感，充满诗意，寓意丰富。比如小说开头的前两段：

　　远处的船只承载着船上每个人的心愿。在某些人看来，它们顺潮而来。对其他人而言，它们永远航行在地平线上，从未离开视线，却也从未靠岸，直至看守者无奈地移开目光，他的梦想被时光嘲弄至死。这就是男人们的一生。

此时此刻，女人们忘却了一切她们不想记住的事情，而记住了一切她们不想遗忘的事情。梦想即真理。她们见机行事。

另一个声音来自小说中的人物，完全不同于前者。他们讲的是非裔美国人的土语，您很难相信，原来英语还可以这样说。随便举个例子吧：

"好吧，甜点心，我想和你一起走，但——哦，甜点心，别在我面前装模作样。"

"珍妮，我要是撒谎，就让上帝宰了我。宝贝儿，这个世界上没有人能取代你。'打开王国的钥匙'在你手中。"[①]

不谄媚，不屈尊，也不迎合黑人民俗。它所产生的效果更像一次语言更新，让你仿佛第一次阅读、第一次聆听那样感到新鲜。通过黑人女性珍妮·克劳福德的故事，通过她对三次婚姻的讲述，您将和她一同体验这来之不易的自我发现之旅。

佐拉·尼尔·赫斯顿一生中最具意义的标志是——甚至比作为女人更有意义——她是个黑人。简直难以想象，如果她是一个白人，那么她的创作（包括四部长篇小说、两部民间传说、一部自传以及五十多篇文章）便不可能与现在相同。在一个将黑人奴役了两百年的白人社会中，她是一个黑人。换句话说，在一个有种族意识，甚至种族歧视的社会里，她是一个黑人。我可以想见，在她生命中的

_____

① 原文不同于英语的常用用法，如"我"是"Ah"而不是"I"，有非裔美国人的土语特征。

每一天，某人一瞥眼、某人一句话、某一项限制都会令她想起自己皮肤的颜色，都会提醒她黑色的皮肤意味着什么。

当你被迫老是要注意自己的某个身份因素，什么肤色呀，身材呀，性取向呀，或族裔传统，等等，等等，要做到不耿耿于怀、不扭曲心态、不愤世嫉俗，那是多么不容易啊。赫斯顿的艺术奇迹就在于，它恰恰做到了不耿耿于怀，不扭曲心态，更不愤世嫉俗。尽管《他们眼望上苍》中不乏对种族主义的描写，但它并没有抨击种族主义肆虐的美国。相反，那是一部才情横溢的小说，探究了女主人公饱满的人性以及她的命运——只不过她碰巧是个黑人罢了。

我相信，只要您读了《他们眼望上苍》的第一章，您就会读完剩余的十九章。读了珍妮和甜点心的故事，您会对爱情和滥情、幸福和苦难有更加清醒的认识。而这一切的价值在于——消遣之余——您跟随故事的发展进入了一个黑人女性的世界。您可以听到您原本永远听不到的声音。

您诚挚的

扬·马特尔

另：购买二手书的一大乐趣是，有时书中藏有意想不到的珍宝。试举一例：我当时打开这次要寄给您的这本《他们眼望上苍》时，一张彩照滑落了下来。这是一帧团体照。照片背后什么都没有写。照片中有九人：五女三男，再加一个身穿救生衣的女孩。毋庸置疑，照片拍得甚是随意，但它绝对是一张不可多得的好照片，这些人排列得当，富有美感，视线可以轻易地从左边坐着的女人移转至右边站着的女孩，人群微微偏离画面中心，使人感觉照片拍得很自然，周围背景虽然明显但并不突兀。令我感到惊奇的是，整个团队正好构成了眼睛的形状。我们以为自己在看着他们，而实际上，他们才是一只看向我们、一闪一闪的大眼睛。也许，这才是他们微笑的原因，他们以捉弄我们为乐，观者竟然成了被观者。我不禁纳闷，这些人有个怎样的故事呢？显然他们是一家人。这是他们的书吗？他们中谁读了这本书？他们有怎样的故事、怎样的声音？

佐拉·尼尔·赫斯顿（1891—1960），二十世纪二十年代的哈莱姆文艺复兴运动①代表人物之一。她出版过四部小说、两部民间传说集、一部自传以及五十多篇散文、短篇小说和戏剧作品。她的代表作《他们眼望上苍》用流畅而富有表现力的黑人英语写就，大胆的文体实验为非裔美国文学注入了新的声音。一九七五年，《女士杂志》刊登了艾丽丝·沃克评论赫斯顿创作的一篇文章，重新点燃了大众对她作品的兴趣。

---

① 哈莱姆文艺复兴，又称黑人文艺复兴，是 20 世纪 20 年代到经济危机爆发这十年间美国纽约黑人聚居区哈莱姆的黑人作家所发动的、在文学艺术中塑造"新黑人"形象的文学运动。

第 32 本书

《雷兹姐妹》

汤姆森·海威 著

2008 年 6 月 23 日

谨向

加拿大总理斯蒂芬·哈珀

致以美好祝愿

加拿大作家 扬·马特尔

尊敬的哈珀先生：

迄今为止，如果您的政府做过一件经得起时间考验的事情，那就是向原住民儿童寄宿学校体制[①]的受害者们正式道歉。政策朝令夕改，人们忘得也快，但道歉却能巍然屹立。一个道歉能改变历史的进程。这是朝真正弥合与和解迈出的第一步。恭喜您做出这一至关重要、极具象征性的举动。

考虑到您近来对加拿大原住民的关注——并且两天前恰好是加

---

① 原住民儿童寄宿学校体制，是加拿大联邦成立后建立的一项试图强制"同化"原住民的制度。2008 年，加拿大政府成立"真相与和解委员会"，经调查后将该制度定性为"文化种族灭绝"。

拿大的"全国原住民节"——此时送您一本汤姆森·海威的戏剧作品《雷兹姐妹》似乎再合适不过。这本书的历史意义也不可小觑。关于本书的作者,在序言部分有整整四页的超长生平介绍,您不妨一读,起码可以读完他在一九八八年前的情况,该剧便出版于那一年。

在这篇作者小传中,并没有提到二十世纪八十年代中期在多伦多原住民文化领域里所形成的"协同作用"。那时候,突然间——可谓恰逢其时——一些原住民聚在一起,做了他们此前几乎从没做过的事情:发出自己的声音。一九八二年,他们成立了一家"原生大地表演艺术制作公司",为原住民戏剧、音乐和舞蹈鸣鼓发声。此前,除了因纽特人的版画和雕塑以及玛丽亚·坎贝尔的传记《混血儿》之外,加拿大文化景象中几乎没有原住民的身影。"原生大地表演艺术公司"的成立将改变这一现状。除了汤姆森·海威,该公司还培养了诸如丹尼尔·大卫·莫斯和德鲁·海顿·泰勒等一批原住民作家。

一九八六年十一月,《雷兹姐妹》上演之初,演员们还要到大街上恳求路人进来看戏。当然了,第一批观众非常喜欢这出戏剧,口口相传,好评如潮。《雷兹姐妹》迅速大热,吸引了大批观众,并在全国巡回上演,还登上了"爱丁堡戏剧节"的舞台。

同上一本书——佐拉·尼尔·赫斯顿的《他们眼望上苍》——一样,《雷兹姐妹》的魅力也在于它的人物:住在马尼图林岛上的瓦赛驰杆山印第安原住民居留区的七个女人,贝拉亚·帕奇诺斯、菲洛米娜·慕斯泰尔、玛丽·阿黛拉·斯塔布兰奇、安妮·库克、艾米丽·迪克什娜丽、维罗妮卡·圣·皮埃尔和扎布妮甘·彼得森。那里的生活与其他地方没什么两样,同样有起有伏、有悲有喜。突然,一个重磅消息降临:**世界最大规模的宾果游戏**将在多伦多举行。想知道游戏的**头奖**是什么吗?那真的**很诱人**哦!实现夺头奖的梦想成了该剧的核心。这是一出喜剧,让人开怀大笑的同时又感到隐隐的忧伤。作者故意安排了一些俗套情节，以揭露刻板印象，然后加以冷嘲热讽，不过这不是一部政治性明显的剧作，因而能引发广泛的共鸣。虽然我们不是住在印第安原住民居留区的女人，也不是宾果游戏的狂热爱好者，但我们都有梦想和忧愁。

最后，我必须隆重介绍一位人物，即纳纳布什，在戏中他以多种形式出现，在原住民神话里，他的重要性堪比基督教世界中的耶稣基督。但纳纳布什顽皮的一面，却是我们刻画的耶稣所没有的。在《雷兹姐妹》中，他化身为海鸥或夜鹰出现。他手舞足蹈，又蹦又跳，总爱给别人添乱。只有患了癌症的玛丽·阿黛拉和不幸遭强暴的扎布妮甘与他有过明显的互动。他既是死亡天使，又是生命之灵。他几乎贯穿全剧始终。

您诚挚的

扬·马特尔

汤姆森·海威（1951— ），加拿大印第安克里族作家、剧作家，因其剧作《雷兹姐妹》和《干唇应搬到卡普斯卡兴》名声大噪，两部作品都获得了多拉·马福·摩尔奖。他也是畅销小说《皮毛皇后之吻》的作者。海威的作品着力摹状住在居留区的原住民，展现其独特的灵性。他一直大力支持原住民的权益，揭示加拿大原住民受到的种种不公和面临的挑战。海威还是一位才华横溢的钢琴演奏家，舞台表演趣味十足。

第 33 本书

《我在伊朗长大》

玛赞·莎塔碧 著

马蒂亚斯·里帕 译自法语

2008 年 7 月 7 日

谨向

加拿大总理斯蒂芬·哈珀

送去一次赴伊朗伊斯兰共和国的模拟旅行

并致以美好祝愿

加拿大作家 扬·马特尔

尊敬的哈珀先生：

　　九十年代中期，我和一个年轻女人去伊朗旅行。在两个月的时间里，我们遇到了二十多位西方旅行者，他们持过境签证，匆匆沿中央走廊前行，该中央走廊横越伊朗，两端分别为土耳其和巴基斯坦国境。我们只对伊朗感兴趣，并不打算游遍欧亚两个大洲，因此我们所拿的是两张旅游签证。我们游遍了伊朗全国，不仅游览了德黑兰、伊斯法罕、设拉子这些您可能听说过的城市，还去到一些不太知名的地方：大不里士、雷什特、马什哈德、戈尔甘、亚兹德、科尔曼、阿巴斯港、巴姆、阿瓦士、胡拉玛巴德、萨南达杰等。（抱歉，这一大串名字也许对您来说毫无意义，但是每个名字都能勾起我一连串的回忆。）我们还参观了沙漠中的佐罗亚斯德拜火教寺庙。我们爬上了古代亚述和巴比伦人建造的金字形神塔。我们坐渡轮在岛屿间穿行。我们在绿洲中小憩。

我深深感到，我们离陌生的地方越近，反而越安全（正在打仗的地方除外）。只有真正走近它，由恐惧和误会带来的曲解才会完全消散。就拿伊朗来说，曾经伊朗对于我们来说是一个充满恐惧的地方：那里充斥着狂热的宗教信仰，那里的女人从头到脚一身黑衣、饱受压迫，那里的民众在公共场所鞭打自己，就连喷泉都是血红色的。然而，一旦我们踏上这片土地，这一切全然消失，被出现在我们眼前的一个个友好的人所取代，他们好奇地看着我们，想要对我们表达友好，却又对自己的英语不太自信。

如果说伊朗充满挑战，那么，它挑战的是我们的预期。比如，两个月的时间里，我们和这个社会各个阶层的男人女人们进行了自由的交谈，我们发现，从农村穷苦的农民到城市的中产阶级，从虔诚的信徒到世俗的无神论者，没有一个人抱怨在这个伊斯兰共和国的生活。政府应该是一面镜子，人们从中可以更好地认识自己。我们遇到的伊朗人正是通过伊斯兰式的民主了解了自己。我们听到过的（并且常常听到）唯一的抱怨是国家的经济状况。伊朗人抱怨的不是没有自由，而是没有钱。

那时，在伊朗似乎没有什么消遣活动。依据西方标准，伊朗过去是、现在可能依旧是一个毫无生气的社会，几乎没有空间也没有金钱去建电影院、音乐厅、体育馆之类的设施。当然也没有酒吧或迪厅。无论是字面意思，还是作为隐喻，伊朗都是一个清心寡欲的地方。所以，伊朗人只有一项能轻松享有的休闲活动：社交。因此，他们是我见过的最懂得社交的民族。和他们见面时，他们会将所有的注意力都集中在你身上。我们碰到的伊朗人都很开放，充满了好奇心，慷慨好客，并且非常健谈。

那么原教旨主义的恐怖呢？那些给萨尔曼·拉什迪①发出追杀令的人呢？女人们所受的压迫呢？这一切都是真的。可是，在世界上又有什么地方是无可挑剔的呢？伊朗人民和其他任何地方的人民一样：只是想要过上幸福安宁的小康生活。也许他们的社会准则、他们的价值观——即寻求幸福的方式——不同于加拿大人，那又如何呢？他们有他们的问题，我们有我们的麻烦。就让他们自己应对吧，我们不也是希望自己渡过难关的嘛。进步不可能一蹴而就；它必须从社会内部有机生成，不可能从外部强加其上。

我很庆幸自己有过这样大开眼界的旅行，要知道，不是每个人都有机会这样做的。工作、家庭、个人偏好，都有可能破坏你的海外旅行计划。这时，书籍便发挥了无可替代的作用。只要书选对了，躺椅上的旅行者可以和辛辛苦苦的背包客一样眼观四方，见多识广。旅行，不论是直接徒步行走，还是间接地阅读书籍，都会让某个地方焕发出人文的光芒。一个富于个性的民族跃然而出，与人们讽刺或诽谤的形象相差十万八千里。

玛赞·莎塔碧的《我在伊朗长大》就是这样一本书，是继阿特·斯皮格曼的《鼠族》之后我寄给您的第二本漫画小说。它从一个名叫玛赞的十岁女孩的视角出发，整本书既机智幽默，又略带伤感，引人入胜，又发人深思。玛赞和所有同龄的孩子一样，也生活在自己半虚构的小世界里——只不过那时是一九七九年，她生活在伊朗。当时，一场革命正在酝酿之中，起初，她所在的中产阶级家庭对这

---

① 艾哈迈德·萨尔曼·拉什迪（1947— ），归化于英国的印度作家，由于其作品《撒旦诗篇》中有对伊斯兰教及其先知穆罕默德的不敬内容，被原教旨主义者判处死刑并追杀。

场革命充满期待，期待它能推翻伊朗国王腐败残忍的统治，可后来，由于革命走向极端，他们又对它恨之入骨。这是一个真真切切的故事，因为这个故事正是讲述者的所见所闻。

我诚邀您来阅读《我在伊朗长大》这本书，看看我多年前去过的伊朗是什么样子。如果您喜欢这本书，还有一本《我在伊朗长大2》，是玛赞的故事的延续，此外，还有一部据此书翻拍的电影。

您诚挚的

扬·马特尔

玛赞·莎塔碧（1969— ），一位多才多艺的伊朗裔法国作家。她首先是一位漫画小说家，还是一位儿童作家、插画家。她的自传体漫画小说《我在伊朗长大》和续篇《我在伊朗长大2》闻名遐迩。在这两部书中，她回忆了自己在伊朗的童年时光以及在欧洲留学的经历。《我在伊朗长大》荣获法国昂古莱姆国际漫画节年度最佳漫画奖，后来被改编为一部动画电影，并在戛纳电影节上获得了评委奖。莎塔碧曾在法国斯特拉斯堡学习插画，现居住在法国。

第 34 本书

《最蓝的眼睛》

托妮·莫里森 著

2008 年 7 月 21 日

谨向

加拿大总理斯蒂芬·哈珀

致以美好祝愿

加拿大作家 扬·马特尔

尊敬的哈珀先生：

哦，看这颗心把人搞得乱腾腾的。正所谓麻雀虽小，五脏俱全。托妮·莫里森的《最蓝的眼睛》的篇幅短得令人难以置信——区区一百六十页——但一部伟大小说必备的要素却一样不缺，有生动的描写、丰满的人物、完整的事件，还传达出种种情感：痛苦、悲戚、愤慨、残忍以及希望的破灭。也许您每次收到书，一开始总会想："这个故事又不是讲给我听的。"毕竟，这是一个发生在二十世纪四十年代美国俄亥俄州洛雷恩的故事，大部分内容是从孩子的视角讲述的；故事中的人物穷困潦倒，其黑皮肤不仅让他们的肤色与您我不同，更是将他们与您我的世界完全区别开来；此外，叙述视角还天然地具有女性主义味道——这故事里有太多您我从未经历过的事情。

然而，这个故事正是讲给您听的。读下去，往下读，多读几页，投入到故事里，就像一头扎进冰冷的湖水，您会发现，湖水比您原先料想的要温暖一些，事实上，待在湖里挺舒服的。您会发现，小说的主角——克劳迪亚、弗里达、佩科拉——并不是那么陌生，因为您曾经也是个孩子；您还会发现，所谓的残暴、种族歧视、社会不公离我们也并不遥远，因为我们都切身经历过人性的丑恶，无论我们是被人鞭挞，还是鞭挞他人。

正如我之前向您提到的那样，创造艺术需要耗费大量的心血。因此，它必然是建设性的。只有为了建设而非为了破坏时，人们才会如此辛勤地付出。不管一个故事多么残酷、多么悲伤，它达到的效果却总是相反的。因此，人们愉悦地阅读快乐的故事，啼笑皆非地阅读残忍的故事，在怜悯和恐惧中排斥残忍。如此说来，艺术无疑是不拘一格的；它鼓励我们敞开心扉去接纳一切，它试图打开一扇扇紧锁的大门。我相信，《最蓝的眼睛》这部小说以及书中众多饱受贫困折磨、被种族主义压抑、遭残暴虐待的孩子们，一定会让您有所感触。您会对他人遭受的苦难更加感同身受，无论您起初认为自己和他们有多么不同。

您诚挚的

扬·马特尔

托妮·莫里森（1931—2019），原名克洛伊·安东尼·沃福德，美国作家，作品体裁囊括了长篇小说、短篇小说、儿童文学和以及非虚构类文学。她的代表作有《最蓝的眼睛》《所罗门之歌》和《宠儿》等。她是美国艺术与文学学会会员，荣获过许多奖项，包括普利策奖和一九九三年的诺贝尔文学奖。她不仅是一位作家，还是文学批评家、编辑、演讲家，出任多所大学的教授一职。

第 35 本书

《牛奶树下》
迪伦·托马斯 著
2008 年 8 月 5 日

谨向
加拿大总理斯蒂芬·哈珀
致以美好祝愿
加拿大作家 扬·马特尔

尊敬的哈珀先生：

很抱歉，这周寄给您的书要迟些才能送到。这并不是因为周末。跟大多数自谋职业者一样，我也很乐意在周末和假期工作，因为如果我不干，没有人会帮我干。原因并不在于此。这次寄给您的书是威尔士诗人迪伦·托马斯的《牛奶树下》。这是一部很抒情的作品，不仅需要"阅读"，还需要您的"倾听"。因此，除了文本，我还想寄给您一份相应的音频。这个蛮有名的音频版本是在纽约录制的，迪伦·托马斯也亲自参与了部分章节的朗读，当时离他去世还不到两个月，我家里就收藏了一张那次录制的密纹唱片，不过我不太舍得寄给您，而就算我愿意，您手头也不一定有留声机。我为您找到的音频是由 BBC 新近制作的 CD，由于邮递过来比较慢，所以才导致这次耽延。

在这儿我想顺便讲讲有声读物。您以前听过有声读物吗？几年前，我开车去育空旅行，专门带了一些打算在路上听。我以为自己很快就会厌烦，因为我不喜欢在欣赏加拿大北部壮观美景的同时，耳边有个声音没完没了地嗡嗡作响。三分钟的流行音乐还行，但十二个小时的故事呢？我想我会被逼疯的。可是我错了。在此提前提醒您：有声读物绝对让人上瘾。语言的起源是口语，而非书面语。我们先说话后写字，不仅孩子是这样，整个物种都是如此。只有通过言说，语言才能发挥全部的威力。如果将书面语比作菜谱，那么口语就是做好的美味佳肴，声音中增添了语调、口音、重音以及情感。最近几年，加拿大和美国民众的演讲质量已大为退化，我相信您一定有同感。我觉得，奥巴马之所以能荣登美国总统宝座，部分原因在于他高超的演说技巧，听起来寓意深厚、铿锵有力、鼓舞人心。他在这方面有非凡的才能。如今，大多数公共演讲者都过于机械、呆板。不过演员则是明显的例外。他们很擅长公共演讲，这是他们的立身之本。这些有声读物正是由演员录制的。作者精雕细琢的文字配上演员精当传神的演绎，让这些有声读物沁人心脾。在开车去育空的旅途中，我常常是必须听完一个章节才肯下车休息。而第二天一早，我又迫不及待地打开播放器。听完了一个故事，我又如饥似渴地播放下一个。现在，每次开车旅行，我都要在公共图书馆停一下，带些有声读物上路。

大家都在讨论今秋的大选。想必您又得四处奔波了吧。我建议您不妨随身带些有声读物以打发在巴士、飞机上的漫长时光。对此，我唯一的忠告是，尽量不要选择删节版本。其他的随您挑选。谋杀悬疑故事特别带劲——诗歌也很不错。

谈到诗歌，正好回到我们的正题，《牛奶树下》。迪伦·托马斯无疑是世上最著名的诗人之一。作为一位现代吟游诗人，他所具有的品质格外珍稀：一种独特的人格魅力。这种魅力，与他的艰辛生活和过度酗酒共生——也与这位天才一起英年早逝，同时得以名垂青史——使他的作品才气横溢，令万众崇拜。他的诗歌不断被收入各种诗集之中。您一定听说过《不要温和地走进那个良夜》这首诗。

《牛奶树下》是一部广播剧，也许您会认为，如同大多数广播剧那样，这出剧也会拥有紧张的情节、紧凑的节奏、几个容易辨识的声音以及清晰的音效。但全然不是那么回事。这出剧讲述的是威尔士一个名叫拉瑞葛布（Llareggub）的村庄里平凡的一天，根本没有什么情节可言。如果您把"Llareggub"倒过来念，就会明白迪伦·托马斯是怎样看待这个威尔士小村庄的，"bugger all"，什么也没有。不过生活还是美好的，这也是《牛奶树下》的核心主题，即对生活的礼赞。剧中有六十九个不同的声音，放在一起却产生了交响乐般的效果。迪伦·托马斯的语言天赋赋予了剧本美妙的旋律。他的文字会说话、会模仿，冒着气泡，闪着火花，时而奔跑，时而停顿，嬉笑怒骂，摄人心魂。这是至纯至美的文字。

"美"——一个被翻来覆去用滥的词语。然而，如同许多我们一直使用的词——譬如，"好""公平"之类的——如果我们仔细审视便会发现，在这些陈词滥调的背后是一段漫长的哲学之旅，伴随着人类思想一同诞生。显然，美让人感动，让人振奋，让人羞愧，美塑造了我们。在此信中，我甚至不想给美下定义。这个最好留给您自己去思考，或去查阅辞书。如果您真心好奇，就会发现，您正在沿着西方哲学的脉络追本溯源，直至毕达哥拉斯（他将美与对称挂钩），当然，所有的视觉艺术在某种程度上都与美相关。关于美，有太多的内容要学，只要您愿意，这值得您用一辈子去钻研。

在此，我想缩小范围，侧重讲讲美和散文作家这个问题。作家在讲故事时，可以借助很多手段。人物刻画、情节搭建和场景描写，这些都是比较常用的。如果能让这个故事扣人心弦，人物有血有肉，背景真实可信，那你就成功了。对于这几种要素，作家们的偏爱也会有所不同。比如约翰·格里森姆、斯蒂芬·金会侧重情节的铺展，附带一些描写，人物则主要被视作叙述的辅助手段。而像约翰·班维尔这样的作家（您知道他吗？一位风格独特、与众不同的爱尔兰作家），则致力于人物的刻画和场景的描摹，对情节着墨较少。诸如此类，不胜枚举。不同的作家，根据个人长处和兴趣的不同，在讲故事时都会加入不同的佐料。

不过，对于所有作家而言，都有一点是恒定不变的，那就是对美的追求。每一个作家，在一定程度上，都向往文学之美。也许是情之美，简单而优雅；也许是细节刻画之美，用文字生动传神地描绘人物和场景，让读者有身临其境之感。换句话说，一个有文学抱负的作家都渴望拥有一支生花的妙笔，写出辞无所假、璧坐玑驰、令人拍案叫绝的好文章。我保证，如果有一天您碰到了这样的作家，当您很激动地握着他的手哑口无言时，只需对他说"您是一个很美的作家"，他就会很高兴。他完全明白，您指的不是他的气色或穿着，而是指铺展在书页上的文字。如此嘉言一出，他准会心花怒放，喜笑颜开，几乎浑身发软。

但是——凡事总有个"但是"——对于美，我们必须慎之又慎。各行各业皆然。在这个视觉至上的社会，不管对象是人、物还是书，我们往往被"美"轻易地俘获。一本词藻华丽的书，就像一个精心打扮的人，也许并没有太多的内在。内在美常常败给外在美。但是好的作家明白，再优美的文字也无法取代充实的内容。真正的美是内容美与形式美的完美结合。

换句话说，美可能是个面具，美的背后可能隐藏着空洞、虚伪、甚至丑陋。

不过，《牛奶树下》不存在这样的危险，其优美抒情的文字背后是迪伦·托马斯对生活深刻的认知：生活是美好的，尽管有时坎坷曲折。据说，迪伦·托马斯写作《牛奶树下》是对广岛原子弹爆炸的回应。我怀疑此传言失实。听上去太言之凿凿了。然而，将一首灼灼生辉、韵律优美的诗歌安置在生灵涂炭的黑暗背景中，确然荡漾着空灵之真：美可以是一条回归善良的通衢大道。

您诚挚的

扬·马特尔

迪伦·托马斯（1914—1953），威尔士诗人、散文作家、剧作家。他的诗歌技巧圆熟，内容丰富饱满，具有强烈的抒情性，主题常常反映自然世界的和谐统一以及生与死的循环。他最著名的作品包括短篇小说《威尔士孩子的圣诞节》和诗歌《不要温和地走进那个良夜》。二战结束后，他赴美国参加了一系列著名的诗歌朗诵会，在其中一场朗诵会中，他因饮酒过量而死于纽约。

第 36 本书

《上升的一切必将汇合》

弗兰纳里·奥康纳 著

2008 年 8 月 18 日

谨向

加拿大总理斯蒂芬·哈珀

致以美好祝愿

加拿大作家 扬·马特尔

尊敬的哈珀先生：

您手中的这部著作是一本旧书。书的封面看上去很旧，不论是外观还是款式。封面上清楚地写着一个数值，准确一点，是本书的价格：4.5 加元。有人在书脊上贴了条胶带，以防封面脱落。书底部划上的一道黑色标记，更暴露了这是一本旧书。翻开书，里面的纸张边缘已因年久而泛黄。此外，您会注意到，前几页的左侧还有一块黄色印迹，看起来像是不小心浸湿后所留下的水渍。显然，这本书已经有一定年头了。您手中的这本书，是四十一年前，即一九六七年的首印平装版。那一年我四岁，您九岁。虽然是由粗糙的纸张、单薄的封皮合成的小册子，在当时看来也挺好的，是不是？

这本书历经四十年留传到现在，原因有二：一、它是一本好书，并且一直被悉心保存；二、虽然标价不高，但在收藏它的那些人眼中，它如珍宝一般焕发出夺目的光彩，因此他们总是小心以待。正如我之前在某一封信中所提到的，旧书的价值有悖于经济学常识：无论年份几何或是稀缺与否，它都不会因岁月的流逝而贬值。其实，刚好相反：如果您对此书爱惜有加，不出几年，这本首印平装书的身价定会扶摇而上。

当然，这本平装书经久不衰的价值还要归因于它内在的财富，即这些小小的黑色标记。它们栖居于书籍，如同灵魂寄寓于身体。书籍，像人一样，是不能简单地折算成原材料成本的。书籍，像人一样，一旦你摸透了它们，它们就独一无二、千金难求。

弗兰纳里·奥康纳的这部作品就完美地呈现出二手书所闪耀的文化之辉。既不算新，又谈不上旧，这本经久耐用的书即使放在二手书店也熠熠夺目，无疑是件瑰宝。想象一下：仅仅花了 4.5 加元，我就给您搞到了奥康纳的短篇小说集《上升的一切必将汇合》。书的价格与价值间的差异令人咋舌。最合理的解释是：您手中的这件物品太过珍贵，给它定价简直是荒唐透顶，因此，为了强调它的无价，我们只收您 4.5 加元。

弗兰纳里·奥康纳是美国人，一九二五年生于佐治亚州，一九六四年因患红斑狼疮去世，年仅三十九岁。奥康纳是一名虔诚的天主教徒，但她并没有被信仰蒙蔽了双眼。相反，这一信仰既让她看到这世界充满上帝的恩赐，又让她明白神性与人性之间的鸿沟。依我之见，奥康纳的作品反复探讨的是人性的堕落。她的一个个故事讲述天堂的毁灭以及盲目听从于蛇而采摘苹果所付出的代价。虽然这些故事被寄寓了道德含义，但丝毫没有说教的意味。她用优美的文字、精致的黑色幽默、丰满的人物刻画以及扣人心弦的叙事，巧妙地提炼出了生活的精髓。

这样的故事无疑是精彩的。每篇故事都如同一部浓缩的长篇小说，具有长篇小说的分量。而且我向您保证，里面绝无枯燥乏味的书卷气。不信的话，您不妨读读看：随便挑选一个故事，里面的人物马上从书中跳将出来，一把抓住您的胳膊，把您带入故事中的世界。每一个故事都令人心醉神迷。每读完一个故事，您就会觉得自己的生命得到了延长，人也聪明睿智了不少，多了一份人生体验。这些故事都很阴郁，讲到了诸如对母亲恨之入骨的儿子、对不中用的儿子绝望的母亲、丧失信心的父亲以及对生活绝望的祖父。而最终的结果呢，虽然每个故事趣妙横生，但总是以悲剧收场。奥康纳的才智可见一斑。这几乎可用数学公式加以表达：读者＋讲述愚行的故事＝更加聪明的读者。

我向您重点推荐《格林利夫》《树林风景》《瘸子应该先进去》这三个故事。

还有一件事，我想借此机会与您探讨一下，是关于"艺术家海外交流项目"近期被取消一事。这一项目由国家外交部管理，旨在帮助出国推广作品的加拿大艺术家与文化团体支付部分旅费。这项补助落实到个人的金额并不多，往往在750加元至1500加元之间。整个项目的总预算也只有470万加元。平均下来，每个加拿大公民一年只摊到14加分。但这笔小钱却可以让加拿大向地球上的其他国家展示自身恒久的魅力。我想您一定明白，一个国家决不能降格为追逐利益的企业。生意有起有伏，遵循着自身的商业定律。没有人会对一家公司怀有深厚的爱国主义情怀，公司股东们当然不会：哪里有钱赚，他们就往哪里投资。因此，当加拿大人为庞巴迪和加拿大铝业公司等许多全球性大企业感到骄傲的时候，我们绝不应该混淆身份，与它们绑在一起。加拿大是一个民族，不是一个企业。我们之所以光彩夺目，是因了我们的文化成就，而非商业财富。因此，取消这一国际艺术推广项目，无异于宣告我国文化默默无闻。这意味着外国人对加拿大毫无印象，进而毫无好感。

"艺术家海外交流项目"是我们外交政策不可或缺的一部分。我恳请您重新考虑这一取消决定。就这么说吧，这个小小项目的附加价值就如一本平装书的附加价值那样无可估量啊。

您诚挚的

扬·马特尔

弗兰纳里·奥康纳（1925—1964），美国散文家、中长篇及短篇小说家。她的作品怪诞诡谲，颇具南方哥特文学风格，令人战栗，写作手法以铺垫、反讽、讽喻为主，着重探讨宗教与道德的问题。她的代表作包括长篇小说《智血》《暴力夺取》，以及短篇小说集《上升的一切必将汇合》《好人难寻》。她曾在纽约市居住了一段时间，并加入当地的一个艺术家团体，之后她被诊断患上了红斑狼疮，于是回到家庭农庄生活，边养孔雀边写作，在那里度过人生的最后十四年时光。《弗兰纳里·奥康纳短篇小说全集》在她去世之后获得美国国家图书奖。

第 37 本书

《一个小小的建议》

乔纳森·斯威夫特 著

2008 年 9 月 1 日

谨向

加拿大总理斯蒂芬·哈珀

赠送一本类似食谱的书

并致以美好祝愿

加拿大作家　扬·马特尔

尊敬的哈珀先生：

哇，又削减了艺术项目资助。我在上一封信中只提及了"艺术家海外交流项目"，还没听到削减其他项目的风声。总计将近 4500 万加元啊。这可了不得啊，会伤筋动骨，扼杀艺术的呀。如果将来我们国家的艺术越来越没落了，我不禁要问，您认为还会有些什么呢？对一个民族而言，难道 4500 万加元能买到比自身的文化表征、身份认同更有价值的东西吗？

这就唤出了一部特别的书。我们管理自己的方式——我们如何选择官员，官员如何制定法律——都会反映在艺术当中。政治也是一种文化。爱尔兰作家乔纳森·斯威夫特所撰的《一个小小的建议》便是对政治进行艺术反思的一个佳例。这是一篇上乘的讽刺之作，文笔尖锐辛辣，幽默简洁。文章只有寥寥八页，是我迄今为止寄给您的篇幅最短的作品。

文章的关键段落阐释了斯威夫特解决爱尔兰贫困的良方妙计，即标题中那一个小小的建议。该段落原文如下：

> 我在伦敦认识一位深谙此道的美国人，他告诉我，经细心照料至一岁左右的健康孩子是最美味、最滋补、最有营养的食材，无论炖、烤、烘、煮均可。我对此深信不疑，这样的食材用来做油焖原汁肉块或五香杂烩同样也是很不错的。

对此，我有一个简单而相关的问题：哈珀先生，您准备好做五香杂烩了吗？

您诚挚的

扬·马特尔

乔纳森·斯威夫特（1667—1745），爱尔兰讽刺小说家、散文家、马丁努斯涂鸦社[①]创办人之一，亚历山大·蒲柏和托马斯·帕内尔也是该俱乐部的成员。斯威夫特积极参与政治活动，起初他十分关注爱尔兰事务，后来相继为辉格党和托利党写过政治小册子。斯威夫特先后在爱尔兰和英国求学，在牛津大学获硕士学位，之后曾被委任为英国国教教会牧师。斯威夫特的作品诙谐幽默，又对讽刺对象

---

① 马丁努斯涂鸦社（Martinus Scriblerus Club）是 18 世纪上半叶英国的一个非正式文学社团，其主要文学作品以马丁努斯·斯克里布列茹斯（Martinus Scriblerus）为主人公。

加以尖锐抨击,代表作包括《格列佛游记》《一个小小的建议》和《书籍之战》。

第 38 本书

《颂歌》

安·兰德 著

2008 年 9 月 15 日

谨向

加拿大总理斯蒂芬·哈珀

致以美好祝愿

安·兰德希望我们自私一点

民主却告诫我们要慷慨大度

加拿大作家 扬·马特尔

尊敬的哈珀先生：

您已宣布举行大选，因此给您寄安（其发音与"潘"押韵）·兰德的作品再合适不过了，她的书带有很强的政治性。不喜欢安·兰德也很正常，事实上，相当多的读者和知识分子都对她表示反感，不仅不喜欢她的作品，也不喜欢文章背后的这个人。然而，自她去世至今，已经过去了四分之一个世纪（她生于一九〇五年，卒于一九八二年），她依然拥有一群死忠的追随者，几乎对她顶礼膜拜，她的书也依旧有很好的销量。显然，她的作品既吸引人又遭人厌。

她的小说《颂歌》篇幅短小，仅一百二十三页，在大选举行之际探讨这部作品不无裨益。在下文您将看到，我本人恰好也是不喜欢安·兰德的人之一。

《颂歌》首版于一九三八年，是一部以乌托邦思想为内核的反乌托邦作品，描述了一个乌托邦社会走向歧途的未来，同时也向读者展示了如何才能回归正轨。小说开篇良好，语言简练，叙述节制低调，节奏有张有弛。整个故事全由一位名叫"平等 7-2521"的主人公娓娓道来。（安·兰德给人物一一起名，又犀利地揭穿名称中这些观念和理想的虚假性）。平等 7-2521 并没有生活在一个好时代。他没有真正的自由，既不能选择在何处生活，亦不能选择如何生活。他没有家庭，没有知己。他和周围的人一样，只是为社会服务的一颗螺丝钉。安·兰德用一个聪明有效的文字策略使读者在潜移默化中主动接受了她的观点，即：单数人称代词的完全缺席。平等 7-2521 从不称自己为"我"，也从不给任何东西冠上"我的"。在他的社会里，任何有个人色彩的概念都被剔除，他和社会其他成员一样，是一个"我们"，所有人都为集体主义效劳。正如平等 7-2521 所说：

> 我们奋力成为我们兄弟那样的人，因为所有人必须一模一样。在情不自禁之时，我们得一遍一遍地吟诵镌刻在世界议会宫门口大理石上的诗句：
>
> > "我们即一切，一切即我们。
> > 世界上没有个人，只有伟大的我们，
> > 我们，不可分割，永远永远。"

道路清洁工团结 5-3992 和国际 4-8818 能够做到逆来顺受，但：

博爱 2-5503 是一个安静的男孩，有一双聪慧明亮的大眼睛，在某天的中午或晚上，他突然无缘无故地哭了起来，他的身体随着呜咽声颤抖着，说不出为什么。巩固 9-6347 是一个阳光男孩，白天无所畏惧，但到了夜晚却在睡梦中号叫："救命！救命！救命！"这声音让我们不寒而栗……

至于博爱 2-5503、民主 4-6998、和睦 7-3304、国际 1-5537、巩固 8-1164、联盟 6-7349、相似 5-0306，特别是集体 0-0009（讨厌的家伙），他们都是压迫体制的主要捍卫者，因此不可避免要与平等 7-2521 发生冲突。不管别人如何指引，平等 7-2521 都独立思考，追求自己的理想。女人们呢？她们和男人分开居住。只有一年一次的"交配之夜"，在"优生优育管理委员会"的指配下，男人和女人才能住在一起。但在某个工作日，还不到"交配之夜"的时候，平等 7-2521 提前遇见了自由 5-3000。他爱上了她，触犯了"偏好之罪"。他称她为——他们称她们为——"小金"。

对爱情的追求以及独立的思维，使平等 7-2521 最终逃离"城市"进入"无人涉足的森林"。"小金"在那儿与他相会。他本以为自己会葬身于这片森林，但其实不然，在这里，他们摆脱了城市的压抑，找到了梦寐以求的田园式生活。更令人欣喜的是，他们在森林尽头的山上发现了一座废弃的房子，而"伟大复兴"前的远古时代遗留下来的书籍帮助他们找到了属于自己的幸福。平等 7-2521 开始阅读，读的过程中他遇到了一个词（一个概念，一种哲学），"我"，此词表达了一直盘桓在他内心的所有困惑和向往。

这一发现——见于我送给您的书中的第 108 页，再过十五页便是本书的结尾，就在第十一章的开篇，起句为"我是。我想。我要。"——

恰恰是《颂歌》的败笔所在。我想您肯定已经发现，安·兰德小说的意旨就是对集体主义的批判，集体主义的种种弊端在斯大林统治下的苏联体现得淋漓尽致。苏联正是安的祖国（她于一九三一年成为美国公民）。在这一点上，读者——本读者——完全赞同安·兰德。每个神智清明的人都会厌恶嗜血的独裁统治。但安·兰德在讽喻苏联生活时犯了两大错误。首先，她只看到了集体主义的弊端，不分好坏地全盘摈弃。譬如，对她而言，古拉格[①]和社会医疗保障制度同等地罪恶累累。其次，她在强烈排斥斯大林及其体制的同时，也走到了另一个荒谬的立场，即极端的个人自由主义。安认为，只有当我们以自给自足的个体存在，不蒙恩于任何人，不受任何束缚，没有任何桎梏，完完全全地自由自在，人类才是至为幸福的。安推崇的是自私这一德性。她甚至以自私作为一部书的书名。怪不得兰德的小说主要吸引了两类迥然不同的读者：一类是处于塑造自我时期的青少年；另一类是热衷于赚大钱、保大钱的美国右翼资本家。

回到这部小说。在第 108 页，平等 7–2521 对"我"这个词感激流涕，"我主义"铺天盖地，我，我，我，我的，我的，我的，纵情狂欢：

> 我的手……我的灵魂……我的天空……我的森林……属于我的地球……

我想，若是有人扬言要拥有天空，那其他人就麻烦了。平等 7–2521 在深受压迫时大声疾呼，但一旦他自由了，他就变了，变得面目狰狞，狂妄自大，令人厌恶。他在城市中的怪异演讲——"我们"这样，"我们"那样——听上去冠冕堂皇，振振有词，而他在山

① 古拉格（Gulag），苏联的政治犯劳改营。

上的自由言说则枯燥乏味，自命不凡。那个我们为之欢呼的抗争英雄，俨然变成了另一个嚣张跋扈、自以为是的专制者。我们曾同情他的处境，但现在对他的解决之道震颤不已：

> 我曾希望明了事物的真谛。我便是真谛……无论我走怎样的路，指引我前行的星星在我心中：那是启明星和指路的天然磁石。它们只指向一个方向，指向我……我没有亏欠我的兄弟们，也没有受他们的亏欠。我不要任何人为我而活，也不为任何人而活……此刻我已看清了神明的真面目，人类自诞生便追随的神明，赐予我们欢乐、平和、骄傲的神明，我要将这一神明高举至地球之上。
>
> 这神明，这单单一个字：
>
> "我。"

哈珀先生，我知道您是一位虔诚的信徒。您一定了解，不论任何宗教、任何神明，其本质都与安·兰德所宣扬的思想背道而驰：对神的崇拜并非是提升自我的升华，而是将自我放下。这还是次要的。安·兰德所推崇的自由主义的最大问题是，这种对站在山巅的尼采式个人英雄的过高推崇，不仅会使整个社会无法运转，甚至还会让简单的人与人之间的关系失衡。比如，在这本小说中，平等7-2521已经完全沉溺于个人的世界中，自然对自己的名字深感厌烦。他对"小金"说：

> 我曾经在书中读到过一个人，他生活在几千年以前，在这些书中提及的所有名字中，他的名字是我唯一想要取予自己的。他从神界偷走火种赠予人类，并教导人类成为神明，而他自己却为此受难，正如一切传递火种者必须受难。他叫普罗米修斯。

普罗米修斯，也就是曾经的平等7-2521，继续说道：

> 我还读到了大地之母，她是所有神明的母亲，她叫盖亚。让盖亚成为你的名字吧，我的小金人儿，因为你就是即将诞生的新神明的母亲。

假如"小金"自己更愿做一位"莱内特"或"鲍比－让"，那又怎样呢？难道她需要普罗米修斯告诉她该叫什么名字吗？假如她不想成为一群尖叫连连的孩子们的母亲又怎样呢？假如某个孩子——如果可能的话，是某个女孩——愿意做母亲，难道要千恩万谢吗？

然而，尽管自由5-3000在"城市"中显得桀骜不驯，身为"盖亚"的她却十分被动，逆来顺受，因为什么也不可、谁也不该阻挡安·兰德笔下的浪漫超人，尤其是他的女人。

既然发现了新的自由，普罗米修斯有什么打算呢？他要为"选定的朋友"袭击城市，征服全世界！

> 在这座山上，我，以及我的儿子们、我选定的朋友们，要建设新的领地、新的堡垒……终有一天，我要砸碎地球上的一切锁链，夷平城市，解救被奴役者，那时，我的家园将成为世界的首都，在这里，人人自由，人人为自己而活。

好吧，他想要什么？自由不羁？还是一个熙熙攘攘的都城？

小说以嘹亮而高扬的必胜信念收尾：

在此，在我的堡垒大门上方，我要将这个词刻在石碑上，它是指引我的灯塔、屹立不倒的旗帜……这个词永远不会在地球上消亡，因为它是其核心、真谛与荣耀。

这是一个圣词：

自我

这就是我们都"想要"的那种邻居，吵吵闹闹、盛气凌人、狭隘愚蠢，将自我镌刻在房门上方，而他那可怜的妻子却胆小如鼠。

这就是安·兰德小说的一大悖论，也是她的败笔。她对过度集体主义的回应是一种同样过度和简单化的利己主义。人生更加务实的挑战，乃是与人相处时在保持自我、关注自身需求的同时也满足社会的需求。这绝非易事。生活是折衷的艺术，政治亦然。

选举的核心就是个体需求与集体利益的博弈。如果每位选民严格按照个人利益投票，那么，整个集体、整个国家便会因为分歧和不和而土崩瓦解。然而，若是作为集体的"我们"被喂得过饱，集体中的每个分子就会忍饥挨饿。每一位政治家，尤其是您，哈珀先生，更应平衡好个人利益与国家利益的关系。一着不慎，受害的就是整个国家，还会伤及您个人在历史上的名声。不论是选民还是政客，都要有开明的治国理念。然而，一味地向对当下忧心忡忡的选民们兜售一个更美好的未来，那是要担很大风险的，难道不是吗？我们都想要最好的。我唯有希望我们能如愿以偿。

鉴于眼下我们正在举行选举，我不妨发出个人呼吁。不必担心，它不会带来任何损失。我不会幽幽控诉，吁求资助艺术，或强调艺术在我们生活中的中心地位，或者——甚至更加战战兢兢地——提及艺术行业为加拿大带来的收益（我最近读到，仅在二〇〇七年，艺术行业就带来了470亿加元的年收益，甚至超过了采矿工业。但这不是我要论述的重点，重点在于，艺术行业一直在为国家做贡献。一个人，如果缺乏艺术修养，那么不论他多么有钱，都注定是贫穷的）。不，我只是想免费给您提供一个想法：

如为将来的加拿大总理拟定一份总理书单，以确保他们有足够深远的想象力来领导整个国家，您意下如何？毕竟，我们期望我们的总理熟知加拿大历史和地理，懂经济与公共管理，了解时事与对外事务。既然他的财政资产要对公众透明，为什么不能要求他的艺术修养也对公众透明呢？

这也是我们两人文学二重奏的重点，对不对？如果您现在或以前未曾读过我给您开列的任何一本书或类似的书籍，如果您未曾读过《伊凡·伊里奇之死》或其他俄国小说，未曾读过《朱丽小姐》或其他斯堪的纳维亚戏剧，未曾读过《变形记》或其他德语小说，未曾读过《等待戈多》《到灯塔去》或其他实验性小说及戏剧，未曾读过《艺术家和模特》这一类情色文学，未曾读过马可·奥勒留的《沉思录》、《培养想象》等哲学书籍，未曾读过《牛奶树下》等诗性散文，未曾读过《他们眼望上苍》《沉溺》或其他美国小说，未曾读过《萨拉热窝的大提琴手》《这座岛叫米纳戈》《希库提米的蜻蜓》或其他加拿大小说、诗歌和戏剧——那么您的头脑是由什么构成的？您将用什么材料来为我们国家编织梦想？您的想象是什么颜色、什么质地、怀有怎样的韵律和意义？通常，人们无权这样质问您，但是，一旦有人有权凌驾于我之上时，那么，是的，我便有了追问您想象力的资格，因为您的梦想也许会成为我的噩梦。

这份总理书单可以由下议院议长——一个公平公正的人——监管，也许不仅能自议员处汲取建议，也能向所有加拿大公民征求意见。当然，这份书单确实很难制定。如何在国内与国外，英文、法文以及其他语言的作品中，精要地选出世界上最具代表性的文字？

何况这份总理书单也不能太长：我们不会希望您的整个任期就坐在椅子上读一部部小说。此外，书目当然需要不断更新，以及时反映正在变化的时代和趣味。书单的具体落实则是另一大挑战。是整个任期制定一份还是每年更换一次？如何检查您已真的阅读了这些书籍，而不是叫一位助手替您做了概述？难道您需要参加考试，写一篇论文，面对答辩委员会，正儿八经地回答一个个问题吗？

"我可没时间跟你们胡闹。"也许您会这样怒吼。然而，正如我在给您的第一封信中所说，每个人的枕边都可以为书籍留出一方天地。因此，我要再问您一次：您的头脑是由什么构成的？

那么，拟定一份总理书单，可以算作一个建议吗？对这一重大议题，您有何高见？

期盼您的答复。

您诚挚的

扬·马特尔

安·兰德（1905—1982），俄裔美国小说家、剧作家、编剧。她最著名的小说为《源泉》和《阿特拉斯耸耸肩》。安·兰德为了成为一名电视编剧来到好莱坞，两周之内，还是临时演员的她被导演塞西尔·B.德米尔相中并成为剧本审稿人，同时她还遇到了自己未来的丈夫，演员弗兰克·奥康纳。两人共同度过了五十年的婚姻生活。她还热衷于政治，她的作品既突出反映了对个人主义、资本主义和基本公民权利的信仰，也反映了对集体主义政治结构的坚决反对。

第 39 本书

《皮普先生》

劳埃德·琼斯 著

2008 年 9 月 29 日

谨致

加拿大总理斯蒂芬·哈珀

文字带您游四方

向您致以美好祝愿

劳埃德·琼斯

9 月 21 日

澳大利亚 布里斯班

加拿大作家 扬·马特尔

寄赠此书

并致以美好祝愿

尊敬的哈珀先生：

　　竞选必定无比累人，您身为一党之魁应更是如此。您日理万机，四处奔波，起早摸黑地开会演讲，始终处于戒备状态，而这一切您都得亲力亲为。最糟糕的是，我认为，您完全没了个人隐私。为了公共事务，您不得不牺牲自己的时间。

回归自我的最佳方式莫过于阅读。我觉得，阅读之所以能给身心带来极大满足，是因为它既是一种心灵与外部言语的对话，也是完全个人的体验。阅读时，您可以卸下防备，完全做回自己。更妙的是，您是完全自由的。不论是细细品读，还是快速浏览，不论是反复阅读某段话，还是直接跳过某一节，甚至把书抛到一边去读另一本——这一切完全由您自己决定。阅读带来的自由远远不止于此：您可以完全沉醉在文字中，也可以放飞想象，天马行空。您可以做一个被动接受的读者，也可以做个吹毛求疵的读者。总之，我再重复一遍，您享有百分之百的自由。还有其他什么时候能给人以这样的感受呢？大多数情况下，我们都得忍受各种规章制度的束缚，都在受到他人的干扰和影响，不是吗？

阅读是为善于思考的人带来内心宁静的最佳方式，我在我们的交流之初就提到过这一境界。当一个人宁静下来开始阅读时，外界所有的喧嚣与纷扰纷纷消退。这时他才得以听到内心的声音，才能提问作答，感知世界，评断是非。这就是阅读可以强本固源的原因所在：它给予我们充分的自由，让我们重新定位自己，重新审视自己的心灵。

新西兰作家劳埃德·琼斯的《皮普先生》是见证这一过程的最佳书籍。您的思绪会随着小说一起遨游。首先，这是一个发生在太平洋小岛，巴布亚新几内亚的布干维尔岛上的故事。但从某种意义上说，这故事也发生在维多利亚时代的英国。那里的宁静很令人向往，不是吗？谁不曾梦想在一座被蔚蓝大海和浓密雨林环绕的太平洋小岛上待上一段时间？谁不想去欧洲旅行？

《皮普先生》是一部关于其他小说的小说。"皮普"这名字您也许很熟悉。没错，它正是查尔斯·狄更斯的《远大前程》中主人公的名字。这并非巧合。可以说，《远大前程》这本书就是琼斯小说中的一个角色。毫无疑问，它是小说很多情节的催化剂。

布干维尔岛上，一位叫瓦兹先生的白人住在黑人村庄里，他因为娶了村里的格蕾丝而被村民们接纳。格蕾丝虽已发疯，瓦兹先生仍对她疼爱有加。一场叛乱导致当地的铜矿被关闭，所有在那儿工作的白人都撤离了小岛，唯有瓦兹先生留了下来。由于小岛被封锁，他和岛上的所有人与外界隔绝。瓦兹先生欣然同意做学校的老师，但他的知识远远不够：对化学一无所知，历史知识只限于一串名人的大名。但有一样，是他熟知并喜爱的，那就是查尔斯·狄更斯的那部伟大的小说。他把小说读给孩子们听，孩子们听得入了迷。他们喜欢上了主人公皮普先生。可是，孩子们的父母和时常偷袭村庄、恐吓村民的政府军却对这个皮普先生满腹狐疑。他藏在哪里？快把他叫出来，否则别怪我们不客气，他们警告说。

劳埃德·琼斯的小说探讨文学如何能开创另一片崭新天地，如何像阅读小说那样看待世界，又如何像观照世界一样阅读小说。如果这听上去太过矫情，那么不要忘了，《皮普先生》中也充斥着骇人听闻的暴力和卑劣。

那么，小说中的暴力色彩是否会令寓言式的象征元素黯然失色呢？"现实"会不会因此取代了"虚构"呢？答案是否定的。您会明白的。小说断论，是想象力——无论关乎宗教还是艺术——使得人们能容忍这世界。

我把《远大前程》也一并寄给您。您不必为了理解《皮普先生》而把它通读一遍，但我觉得这部杰作会给您带来额外的乐趣，所以就附寄给您。

就在上周，我在布里斯班文学节上有幸遇到了劳埃德·琼斯本人。承蒙他在寄给您的这本书上亲笔签了名。

希望您能喜欢《皮普先生》和《远大前程》这两本书，更希望它们能带给您宁静。

您诚挚的

扬·马特尔

劳埃德·琼斯（1955—　），新西兰作家，一九八五年开始发表作品。身为记者和旅行作家的经历给他的作品抹上了强烈的现实主义色彩。他的新作《皮普先生》获得二〇〇七年英联邦作家奖最佳图书奖。琼斯的其他名作有《传记》《在天涯海角我们学跳舞》《给妻子画像》《名利书》等，他的多部小说被搬上银幕并大获成功。此外，琼斯也创作了一些儿童文学作品，并编辑了一部体育文集。

第40本书

《发条橙》

安东尼·伯吉斯 著

2008 年 10 月 13 日

谨向

加拿大总理斯蒂芬·哈珀

致以美好祝愿

"下面玩什么花样呢，嗯？"

加拿大作家 扬·马特尔

尊敬的哈珀先生：

让我们先来认识一下亚历克斯这个人吧。对于政府和民众来说，他都是个噩梦。首先是因为人们都害怕他，其次他们不知道该拿他怎么办。亚历克斯，来自拉丁语 A-lex，意思是"法外之徒"。他和一群狐朋狗友犯下了种种暴力行径：拦路抢劫、洗劫商铺、入室作案，甚至烧杀淫掠，他们无恶不作。想想吧，他只是一个十五岁的孩子。即使他被抓到的话，也只会在青少年拘留所待一段时间，出来后继续为所欲为，丝毫没有悔过之意。他享受暴力带来的乐趣，因此不仅恶习不改，反而变本加厉。欢迎您来到《发条橙》的世界，这部精彩的小说出自英国作家安东尼·伯吉斯之笔，于一九六二年首次出版。

"下面玩什么花样呢，嗯？"这个略带挑衅的问题在小说三个部分的开头都出现了。这个问题不仅针对小说中的某位人物，也是在向我们发问啊。亚历克斯接下来会怎样？我们该拿他怎么办呢？尽管小说包含了大量暴力情节，但其实正是因为这一点，《发条橙》才成了一部颇具道德寓意的作品。

当亚历克斯再次以重伤他人之罪被捕后，政府当局对他采取了一种不同的惩处方式。他们想要改造他。既然狗可以被训练得一听到铃声就分泌唾液，为什么一个男孩不能被调教得远离暴力呢？亚历克斯被迫接受了"厌恶疗法"：治疗师给他注射一种令人恶心得要呕吐的药物，同时让他观看极度暴力的影片。由此，他开始对暴力产生条件反射式的厌恶感。不幸的是，由于播放的影片以他最喜爱的古典音乐作为背景，亚历克斯意外地对古典音乐也产生了极度的反感。这使他万分痛苦，因为我们这位亚历克斯，尽管他骨子里满是暴戾，却挚爱音乐。（这个情节是否似曾相识？）

内务部长觉得，这是无足轻重的事情。关键是首要的麻烦解决了。现在，只要亚历克斯看到暴力场面，哪怕脑中有一丝暴力的想法，他就会绝望地瘫倒在地，紧捂肚子，不停作呕。如果他一听到贝多芬的音乐也晕倒在地怎么办？这只是微不足道的伤害罢了。

但是，如果善良不是自由选择的结果，而是一个抵抗恶心的自我防御机制，这种善良合乎道德吗？"一个在某方面选择恶的人，是否或许胜于一个被强加了善的人呢？"在小说中，监狱牧师这样问道。伯吉斯的回答颇为含糊：他选择从善，那是自由选择。这一答案为何是对的，可从小说的关键词中得知，这些关键词出自亚历克斯之口，几乎不经意地甩落在一个长句的中间：

"我还在盘算这一切，心想明天我要不要反抗，不让自个儿被捆到椅子上？是否要跟他们挑起一场恶斗？因为我也有人权。就在这时，另一个人来看我了。"

我也有人权。的确，就像我们所有人一样，亚历克斯也有他的权利。如果忽视了那些权利，那么最重要的东西也不复存在了："一个人不能选择时，他就不成其为人了。"

一群反政府知识分子决定利用亚历克斯。他们把他锁在一间屋子里，然后在隔壁大声播放古典音乐。亚历克斯从他们留给他的唯一出口——一扇敞开的窗户——跳了出去。这间屋子在一幢公寓里，离地面有好几层楼高。亚历克斯跌到了人行道上，这件事激起了民众对他所受的"厌恶疗法"的愤慨。此时，大选在即，当权政府对其前景无比担忧。伤势严重的亚历克斯逐渐康复，他的条件反射也得到了逆转。亚历克斯开心不已。在小说倒数第二章的最后，他躺卧在床上，重又兴致勃勃地听着贝多芬的《第九交响曲》。"我完全治愈了。"他说。

如果这是小说的最后一句话，那将是强烈的反讽。男孩听音乐的能力恢复了，而他的道德罗盘回到了原始状态。现在，它那精细、颤动的指针又可以自由地指向善或恶了。这是否意味着我们民众也该开始提心吊胆了呢？不用担心，伯吉斯在本书的最后一章，第二十一章，给出了交代。经过两年多的折磨，十八岁的亚历克斯已经长大成熟。强奸和抢劫之乐已成明日黄花，化作阵阵烟云。现在的他一心想找个好姑娘，安定下来，成家立业。小说结尾时，我们看到一个更为宽厚、成熟的亚历克斯在寻觅一位伴侣。

不得不说，这是一个牵强的结尾。不过，伯吉斯至少成功地证明，从个人层面来看，当面临道德选择时，一定要遵从内心的自由。但在社会层面上，我们该怎么办呢？在面对亚历克斯这样目无法纪的公民时，社会有什么样的选择呢？诚然，我们每个人都要自由自在地做真实的自己，但是，社会该如何平衡个人自由与群体安全的关系呢？通过让亚历克斯突然发现家庭生活的平和快乐，伯吉斯避开了这个棘手的问题。对于一个社会问题，伯吉斯只给出了无法预测的个人的答案。倘若亚历克斯决定重返那个充满暴力的人生，那又如何呢？

《发条橙》的美国版首版并没有最后一章。编辑的擅自删减遭到了伯吉斯的反对，因为这样做会使小说的整体结构确然失衡。然而，在我看来，亚历克斯在第二十章最后不无犹豫地宣称自己已治愈，若作为结局反倒与之前的情节更为一致。斯坦利·库布里克也正是用了删节版才拍出了令自己声名大噪的电影。显然，他也更倾向于一个不怎么乐观的结尾。

我说了这么多，您也许会觉得《发条橙》是一部温和的虔敬之作，沦为了陈腐的道德说教。其实不然。就像一场曲棍球赛并不只有比分一样，一部艺术作品也不能被如此简单地归纳。《发条橙》之所以不容归纳是因为它的语言。亚历克斯和他的朋友们所讲的英语十分奇特。下面我随意选取一个例子：

> 我还没有搞懂，他提起"计算"是什么意思？我觉得，感觉好了，不犯恶心了，这是个人的事情，与"计算"有什么关系？他在床沿上坐下来，十分友善且够哥们地……

这是由英语俚语和俄语衍生词组合而成的一种语言，听起来抑扬顿挫,有时像《圣经》中的语言,有时像伊丽莎白女王时代①的英语。正是这种纳查奇语②才使《发条橙》成为一部绵亘不衰的文学杰作。它是橙子中的汁水。小说的语境使大部分纳查奇语的意思简单明了,即使偶尔感到迷惑也不会扫兴。

明天,加拿大公民就要去投票了。我提前一天将《发条橙》寄给您自有理由。小说中有一点出奇地令人熟悉。亚历克斯生活之地的政府也是由民主选举产生,但它所施行的政策却毁坏了民主的根基。在美国,这样的政策已施行了八年之久,而在现任总统的领导下,这个国家的道德已全线溃退③。您宣称自有办法对付亚历克斯这类人,可专家们、司法机构以及民众都并不认可;当然,魁北克地区的人民也在抵制您的主张。但您认为自己比他们见多识广。

哈珀先生,您确定您的锦囊妙计不是"厌恶疗法"吗?

您诚挚的

扬·马特尔

另:您看过库布里克据原著改编的经典电影吗?这是极少数与原著同样精彩的电影之一。我会想办法找到它的 DVD 光碟,如果找到将再随信寄给您。

安东尼·伯吉斯(1917—1993),一位多产的英国小说家、诗人、剧作家、传记作家、文学批评家、语言学家、翻译家和作曲家。他

---

① 伊丽莎白一世女王统治英国的一个纪元,自 1558 年持续至 1603 年。
② 即上文所说的基于俄语及英语的虚构俚语,由安东尼·伯吉斯创造。
③ 可能指时任美国总统的乔治·沃克·布什(任期为 2001 至 2009 年)在反恐、对外战争方面的举措。

的作品涉猎广泛，从"马来亚三部曲"、《长日褪去》等语言精致复杂的文学小说到詹姆斯·乔伊斯作品批评，从交响乐曲到反乌托邦的讽刺小说，内容丰富，包罗万象。

第 41 本书

《吉尔伽美什》
斯蒂芬·米切尔 译为英语
2008 年 10 月 27 日

谨向，
加拿大总理斯蒂芬·哈珀先生
送上这本世界上最古老的史诗
以祝贺您成功连任
并致以美好祝愿
加拿大作家 扬·马特尔

尊敬的哈珀先生：

恭喜您获得大选胜利。支持者不断增加，您一定感到欣喜。您的连任，至少意味着我们的书友会得以继续进行。现在，我们可以真正谈论有关读书的事情了。既然我们有了更多的时间，为何不追溯一下旧时光呢？为何不从书话极有可能发源的地方，沿幼发拉底河两岸开始呢？《吉尔伽美什》史诗最权威的版本是公元前一三〇〇至公元前一〇〇〇年之间刻在十二块泥板上的巴比伦语楔形文字[①]，巴比伦语属于阿卡德语方言一支。但是，更早之前，用苏美尔语记载的关于这位悲伤的乌鲁克[②]王的故事拓片可以追溯到公元前二〇〇〇年左右，而名垂青史的吉尔伽美什则于公元前二七五〇年左右去世，只差几个世纪便距今五千年之远。

《吉尔伽美什》的出现在时间上早于《荷马史诗》和《圣经》，作为文化土壤繁育了后来的那些经典著作，因此您会对史诗中的一些细节感到似曾相识。在《圣经》中的"大洪水"之前，有《吉尔伽美什》中的"大洪灾"。在诺亚方舟之前，乌纳皮施汀就建造了一只载满动物的船。在《吉尔伽美什》中，就有了先于《奥德赛》的一趟征服之旅，还有一位先于拿撒勒的耶稣复活就获得永生的人。骇人的洪水这一主题也与印度教故事中的人鱼马特斯亚，即毗湿奴最初的化身，遥相呼应，而恐惧这一主题也许会让您想起我去年寄给您的《薄伽梵歌》。您还记得阿朱那在战争来临前的恐惧吗？它与吉尔伽美什面临死亡的恐惧不无相似。命运的残酷也许会让您想起古典希腊思想，正如苏美尔诸神的暴怒与希腊诸神的暴怒颇为相似。可以说，《吉尔伽美什》是一切故事之母。作为文学动物，我们从《吉尔伽美什》开始阅读。

也许您会认为，阅读史诗就像在一个考古博物馆里隔着展示窗玻璃观察原始石刻。我向您保证，由美国翻译家斯蒂芬·米切尔所译的这本《吉尔伽美什》绝不会带给您那样的感觉。他剔除了层层精深的外壳，斧削了死板的残篇断章（不过，可以告诉您的是，书中有一篇精彩的导论和大量注释）。米切尔在尽量忠实原作精神的基础上，更注重满足英文读者的需求，而非考古学家的感受。

---

① 楔形文字，由苏美尔人所创的文字，演变自象形文字，被许多古代文明用来书写其语言。

② 乌鲁克，美索不达米亚地区城邦国家。

结果是令人欣喜的。他的译文简洁、有力、庄重，情节富有戏剧性，扣人心弦。我建议您大声朗读。您会发现，文字读上去朗朗上口。舌头不会打结，思路不会停滞。这种感觉就像打鼓，在鼓点的伴奏下，某些段落千回百转，您会陶醉其中。

人的灵魂因为思想而不朽。思想可以以心传心，代代相传，永葆生机。比如，柏拉图虽然早已离世，但他的思想一直与我们同在。而人心呢？人心终有一死。每一颗心都要死去。我们对柏拉图真正的内心世界一无所知。《吉尔伽美什》正是一个关于人心的故事，也关于它在死亡面前的破碎。它捕捉到了转瞬即逝的情感。吉尔伽美什，无坚不摧的乌鲁克国王，对您来说并不陌生，因为每日在您耳边哀求的那个悲戚的声音不是从遥远的四千年前传来，而是您自己脆弱易逝的心跳之声。我们唯一的希望是，能像吉尔伽美什一样真切地活着，找到一个像恩奇都①那样忠诚友爱的朋友。

书中不乏妙语佳句。请看："一阵风儿扫过"，"柔柔细雨落在山上"。它们在上下文中熠熠发光。还有一条给吉尔伽美什带来噩运的蛇。您也会觉得似曾相识，与《圣经》有关。不过此蛇并不献策，而是索取。然而，它造成的结果毫无二致：不幸的吉尔伽美什必须接受其凡人的命运。

您诚挚的

扬·马特尔

斯蒂芬·米切尔（1943— ），一位精通多国语言的翻译家，他的译文因充满诗意、不拘泥于原作而闻名。他翻译了众多德语、希伯来语、希腊语、拉丁语、法语、西班牙语、意大利语、汉语、梵

---

① 恩奇都先与吉尔伽美什对抗，后成为其好友。

语和丹麦语的作品，其他译作包括印度教经典《薄伽梵歌》和道教经典《道德经》。他还出版了一部诗集、两部小说、三部非虚构作品和几本儿童读物。

第 42 本书

《吉尔伽美什》

德瑞克·海因斯 译为英语

2008 年 11 月 10 日

谨向

加拿大总理斯蒂芬·哈珀

再次推荐这本书，不过是全新的版本

并致以美好祝愿

加拿大作家 扬·马特尔

尊敬的哈珀先生：

这次还是《吉尔伽美什》，不过与之前的版本截然不同。两周前我寄给您的版本对原文作了改动，故建议您最好读读原版的苏美尔语经典。人们觉得，斯蒂芬·米切尔拾起一片片残破的土简，将它们一一拼起，又熟练地填补一道道妨碍阅读的裂纹。我们屏住呼吸，穿越五千年来到幼发拉底河畔，而旅行向导却始终埋没自我，籍籍无名。我们几乎感觉不到米切尔的存在，他的踪迹——事实上，我们甚至都想不到问起他。

在加拿大诗人德瑞克·海因斯重新阐释的版本中，时空旅程与之前的逆向而行，不是我们去了古代，而是美索不达米亚被搬到了现今，每一粒历史的尘埃都被吹落。这一版本全然是"越轨"的，土简已被抛除。在米切尔的版本中，开头是这样的：

> 超越了所有高大全能的君王
>
> 万人之上、狂暴、杰出，
>
> 壮如野牛，常胜的领袖，
>
> 广受战士爱戴的沙场英豪——
>
> 他们称他为碉堡、人民的卫士，
>
> 他掀起狂澜，无坚不摧——
>
> 三分之二的天神、三分之一的凡人……

而海因斯的开头则是这样的：

> 这位便是乌鲁克之王，名为吉尔伽美什：
>
> 三分之二神的血统，一个妈咪的男孩，
>
> 齐柏林飞艇①一般的自尊，杵锤般的性器，
>
> 如同坚固的铬合金，囚犯无不畏惧。

发现区别了吗？您一定不愿意将这两段诗的阅读顺序颠倒。从米切尔的诗里，我们感受到了远古史诗的宏伟、壮阔与永恒。而海因斯的诗却让我们疑惑，这史诗到底走向何方？这些调侃是怎么回事？呃，是的，调侃是关键。还记得当吉尔伽美什拒绝了爱神伊什塔尔的求爱之后，她是如何向她的父亲天神安努求情，好借来天之神牛毁掉乌鲁克的吗？在海因斯的版本中，伊什塔尔是这么说的：

---

① 齐柏林飞艇，一战时的德国飞艇。

"要么给我天之神牛，要么我就拉开地狱的拉链，

放出那些死灵将人间卷入一片严寒。"

稍作停顿，她又换了一副演员的姿态——

她嘟着嘴道："亲爱的安努哟，

你知道我受了怎样的屈辱；

我要，要天之神牛

为我名誉复仇。"

她抬起脚来一踩，

天堂的地板成了她的对手，

像魔方般微微一颤才接下这招。

　　这就像吉尔伽美什遇见了娜奥米·坎贝尔[1]。除了上文里的魔方，文中还提及了许多与美索不达米亚无关的东西：核爆炸、布鲁盖尔[2]、纽约的建筑物、CAT 扫描、黑洞表面、特快列车、玛琳·黛德丽[3]、氧气面罩、狗仔队、瑞士银行账户、X 射线、《绿野仙踪》等。这种对于年代误植的纵情，见证了海因斯全然不同的诠释方式。

　　所有事物都通过一种思维，即我们所拥有的思维，得以汇集和理解。永恒、超越、自我的骤然消逝——这一切千真万确，但我们无法亲身体会它们。吉尔伽美什也好，我们也罢，都感觉不到。我们并不是同一的。我们只是站在自己的立场上感受一切。你、我、他、她，六十亿人。哔啪一声，我们每个人终会一命呜呼。只有当这哔

[1] 娜奥米·坎贝尔（1970— ），全球最著名的模特，也是多宗伤害案的主角，她袭击的对象从管家、助理、警官到摄影师，不一而足。
[2] 布鲁盖尔（1568—1625），佛兰德斯画家，擅长画风景画。
[3] 玛琳·黛德丽（1901—1992），德裔美籍电影女演员，她在二战期间成为美国大兵的梦中情人，因而主演的电影在德国遭禁。

啪哔啪的声音汇聚在一起时，我们仿佛才能听到一曲交响乐穿越时光，经久奏响。米切尔的《吉尔伽美什》弹奏的正是那样一阕交响曲。他对史诗做了创新，但原诗的成就源于我们知道它是古老的。而海因斯却觉得这些传承没有意义。他是个现代人；此时此地的哔啪声便会将那一具有五千年悠久历史的哔啪声鲜活地诠释出来。通过海因斯，我们听见一个活生生的诗人侃侃而谈，表达自我，将人们的注意力吸引到了自己身上："这就是我，这就是我们的语言，这就是我们的现状——你觉得如何？"

我觉得非常棒。当然啰，读起来比米切尔版本难多了。有时候，这诗歌十分简练，需要悉心领会其意。然后在下一诗节中，一个惊人的意象展现出深刻的意蕴。这就是为什么我推荐您把海因斯的版本多读几遍。这本书只有六十页，排版也很好。您对文本越熟悉，越能体会到其中的深意，很快您就能在脑海中装扮出一间美丽的房间。这是一个内容丰富、引人入胜的文本，里面还有不少华丽的诗行。譬如，吉尔伽美什对恩奇都之死的哀叹：

> 殷切的死神就在咫尺之遥，
> 扰乱了我们共有的
> 正在消逝的视野，
> 而我们竭力重绘这幅图景。

最后一例。吉尔伽美什被蛇算计并失去了永生之草之后，回到乌鲁克等待死亡的降临，他这样说道：

> 我们生于奇迹又于奇迹中破碎
> 我们眺望前方却一无所见——就像

我们为了理智出卖了直觉

因此再也无法看见这个世界的本貌，

心中的永生之门也从此紧闭。

古老的真理，在此，变得焕然一新。

您诚挚的

扬·马特尔

德瑞克·海因斯，加拿大诗人，获奖连连，以重释史诗《吉尔伽美什》闻名于世。海因斯用自由诗体对史诗进行重述，并将现代意象注入其中，缩小了苏美尔人和现代读者的时代隔阂，使故事重放异彩。他已出版两部诗集。海因斯生长于南安大略省，现居于康沃尔的蜥蜴半岛。

第 43 本书

《非普通读者》

艾伦·贝内特 著

2008 年 11 月 24 日

谨向

加拿大总理斯蒂芬·哈珀

赠送一部会让人上瘾的精短小说

并致以美好祝愿

加拿大作家 扬·马特尔

尊敬的哈珀先生：

　　本人想不出比艾伦·贝内特的精短小说《非普通读者》更合宜的书来介绍文学的世界了。有一天，女王遛狗散步时狗儿叫了起来，这时她发现在白金汉宫花园后门靠近厨房垃圾桶的位置停着一辆威斯敏斯特区的流动图书车。她走进车里，为小狗的吵闹道歉，在责任感而非任何实质性兴趣的驱使下，她拿起了一本书。某种意义上，这一简单的举动标志着女王陛下开始衰落。故事中的讽刺就像搅奶油一样轻柔，幽默诙谐如糖果一般诱人，人物刻画似薯片一样清脆，而核心在于有一些无比营养的东西需要好好消化：书籍对人一生的影响。

读完全书之后，您会觉得自己对女王陛下有了更深的了解，与她的距离也拉近了，甚至会喜欢上她，这要部分地归因于贝内特妙笔生花，把他的这位皇室人物描画得栩栩如生。但是这也与书籍的本质有关。在文学世界，所有读者一律平等。与其他的零售商店不同，书店是不分等级的，奢华也好，低档也罢，书店就是书店。有些是专业书店，但专业与非专业的区分只与书的种类有关——比如语言类或艺术类——而与读者的阶层无关。书店欢迎各式各样的人，富人或穷人、受过良好教养的人或是自学成才的人、老年人或者年轻人、激进派或保守者，各色人等汇聚一堂。您说不定甚至会偶遇女王呢。

趁我还没遗忘之前，不妨提一下，我们加拿大的大作家艾丽丝·门罗在《非普通读者》第 67 页有幸获得了一次亮相的机会。

既然提到书店，顺便附上几张我最近去过的书店的照片。

"山上的书商乌鸦"书店位于伦敦南部的水晶宫内，我最近一直住在那附近。照片上，站在我旁边的就是和蔼可亲的书店老板约翰，我手里拿的那本书就是从这个书店买来并在这次寄给您的。这家书店面积并不大，但只要站在任何一排书架前——新书、小说、历史、哲学、诗歌、旅游——这些领域所代表的精神空间都如宇宙般广阔无垠。

下一张照片拍的是蒙特利尔的弥尔顿大街上一家叫作"圣言"的二手书店，店面虽小，但它历史悠久，已接待了一代又一代的学子。我进去买了一本英国作家艾薇－康普顿·伯内特的小说，贝内特在他的这本书中提到了他，不过我还未读过他的著作。我找到一本一九三九年版的《一个家庭和一笔财富》，花了 3.95 加元买了下来。

最后一张照片拍的是一家名叫"公园书屋"的法国书店，也位于蒙特利尔。橱窗上的那张红色海报是我父亲贴上去的。海报宣传的是一个由国际笔会、国际特赦组织和魁北克作家联合会共同举办的关于表达自由与特赦被囚作家的活动。

　　独立书店正在逐渐消失，特别是在北美。没有了这些独立书店，最痛苦的也许不是读者，而是一个个社区。毕竟，任何一家大型"篇章"或"靛蓝"或"巴诺"书店的藏书，能让任何一个读者一辈子都读不完。可是大型连锁书店往往数量较少，而且只有驾车才能前往。"山上的书商乌鸦"与服装店、咖啡店、专营鱼类的宠物店、鞋铺、房产中介、美发店、报刊店、面包房、投注中介、餐馆等商铺混在一起。"圣言"和"公园书屋"则位于车水马龙的大街上。每消失一家独立书店，某地的股东也许就会富上一点，但那个社区笃定会更穷一些。

　　非常抱歉，这封信写得有些仓促，不过最后我还想再提一件事。几个星期前，确切地说是十月二十日，我在《纽约时报》上看到一篇文章，讲的是哥伦比亚有这么一个人，领着两头载满书的驴子——名叫阿尔法和贝托——十年来一直辗转于被战火毁灭的地区。他每到一个偏远小镇，就会停下来给孩子们朗读，并把书借给大家。当他看到阅读给成长在暴乱环境中的孩子们带来的积极影响之后，就开始了他所谓的"移动图书馆"事业。十年过去了，路易斯·索瑞亚诺说这项事业已成了一份责任，如今已被社会认可。

　　不论是威斯敏斯特城区的流动图书车、路易斯·索瑞亚诺的移动图书馆，还是"山上的书商乌鸦"和"圣言"等独立书店，它们都为我们提供了富足的精神生活，在这里，上至皇亲国戚、下至贫民之子，人人以书为乐，一律平等。

您诚挚的

扬·马特尔

艾伦·贝内特（1934— ），英国小说家、演员、幽默作家、剧作家。他因为参与编剧并主演喜剧《艺穗节之外》而声名鹊起。之后，他多次出演大型舞台剧、广播剧、电视剧，并创作了众多中短篇小说、非虚构作品以及戏剧。在这些备受好评的作品中，根据《乔治三世的疯狂》改编的电影荣获英国电影学院奖等多项大奖。而戏剧《历史系男孩》则获得了三项劳伦斯·奥利弗奖，并被搬上银幕。

第44本书

《大地》

赛珍珠 著

2008 年 12 月 8 日

谨向

加拿大总理斯蒂芬·哈珀

赠送一部关于财富得失的小说

并致以美好祝愿

加拿大作家 扬·马特尔

尊敬的哈珀先生:

赛珍珠的生平与著作中,让人很好奇的一点是,她为何在一夜成名之后又很快销声匿迹。她的第一本书于一九三○年出版。八年之后,四十六岁的她获得了诺贝尔文学奖,目前一共只有三位美国人获此殊荣,这个年纪还算是相当年轻的。她的获奖主要基于《大地三部曲》:《大地》(1931,为此获得普利策奖),《儿子们》(1932)以及《分家》(1935)。我这周向您推荐的是她的《大地》。

然而,开了这个好头之后,尽管赛珍珠依然孜孜不倦地创作了大量作品,而且奋力为许多正义事业抗争,她还是渐渐地淡出了文学前沿，因此当她于一九七三年去世的时候，几乎成了明日黄花，被世人遗忘。至于理由，我觉得是一目了然的。她写的书太多了——共有八十多本呢——诚然，她是个相当有才华的作家，但她并非一个出色的实验者。她不像至今仍被人们广为阅读和研究的福克纳或者海明威那样，会对小说或者语言风格进行更新。她的作品——起码是我所熟知的那几部作品——也并不能被贴上"普世"的标签，这一标签有时能帮助作家赢得不朽的文名。不，使她扬名的作品具有鲜明的地方性，根深蒂固。赛珍珠是最早让西方读者接触中国这一乡村文明的作家之一。她是前往中国的基督教传教士的女儿，之后自己又成了传教士兼教师，在这个国家待过相当长的一段时间，因此对它非常了解。尽管她在那儿经受了许多苦痛折磨，她依然爱着中国。她对这个国家的人民平等相待，充满同情地关注他们，与他们打成一片，最终写下了他们的故事。她的作品成为桥梁，许多人选择走过她铸造的桥梁去造访另一个文化。

当您读完《大地》之后就知道为什么了。从第一行起——"那是王龙结婚的日子"，您将悄然潜入前共产主义时代一个中国农民的世界，进入他的生活，切身体会他的感受。这是一个苦涩的故事，人们饱受贫困与饥荒之苦，女性的生活则更为艰辛。但这同样是个十分引人入胜的故事。《大地》是一部您每每放下又会忍不住重新拿起来的小说，读完之后，您便会觉得自己对在当时当地的中国做个中国人意味着什么有了更深刻的理解。这恰恰是赛珍珠作品如烟云过眼的原因。自《大地》出版之后，中国已经发生了翻天覆地的变化。曾经新颖又开眼界的故事变得陈旧过时。如今，赛珍珠作品的吸引人之处在于其故事性，并非时效性。

尽管如此，《大地》仍然是一本介绍旧中国的杰出之作，它也是一则揭示人多舛命运的生动寓言，诉说得失如何相伴，大厦高楼亦可倾颓。对于正在经历一场政治骚动的您来说,这将是不可错过的一堂课,因为政治家的命运也殊难预料。赛珍珠是每家二手书店的常备作家。她依然被广泛地阅读着。她的名字勾起人们美好的记忆。而政治家们呢,当他们离职时,当他们从舞台上消失,虽然有时难免拳打脚踢,嘶声叫唤,但他们终会真的离开,埋没于无闻之中,人们很快就挠挠脑袋,竭力想记起他们到底在何时曾掌过权,又有何成就。

您诚挚的
扬·马特尔

赛珍珠(1892—1973),美国作家、普利策奖得主,于一九三八年被授予诺贝尔文学奖,是第一位获此殊荣的美国女性。她生于美国,长在中国东部的镇江,赛珍珠孜孜钻研中国历史与社会,故而在她众多的小说中对中国生活有详尽生动的描摹。除了作品浩瀚,赛珍珠还创立了第一个国际跨种族收养机构——欢迎之家。

第 45 本书

《虚构集》

豪尔赫·路易斯·博尔赫斯 著

安德鲁·赫尔利 译自西班牙语

2008 年 12 月 22 日

谨向

加拿大总理斯蒂芬·哈珀

赠予一本您可能喜欢也可能讨厌的书

并致以美好祝愿

加拿大作家 扬·马特尔

尊敬的哈珀先生：

我记得，二十年前，当我初读阿根廷作家豪尔赫·路易斯·博尔赫斯的短篇小说集《虚构集》时，我是不大喜欢的。不过博尔赫斯是一位大名鼎鼎的作家，来自有着丰赡文学传统的南美大陆。毫无疑问，我未能欣赏这部作品是因为自己不够成熟，缺乏阅历。我当时觉得，二十年后，我定然会发现它的卓越非凡，并且会像大多数读者一样，将博尔赫斯奉为二十世纪最伟大的作家之一。

遗憾的是，我对这本书的看法至今仍没有改变。这次重读《虚构集》，它同二十年前一样，仍然无法引起我的共鸣。

这些故事不啻为智力游戏，如同用文字下国际象棋。开局很简单，只是卒子出发向前第一步——这里是想象层面上的，往往以交互的世界或虚构的书籍为开端——然后经由博尔赫斯缜密加工，达至复杂玄妙的地步，其复杂性足以令鲍比·费舍尔[①]欢心。其实，将他的写作比拟为下棋并非完全合宜。棋子在自由移步的过程中，都扮演着固定的角色，角色的行动规则有着几百年的历史。卒也好，车、马、后也罢，都是如此。但在博尔赫斯笔下，棋子却可以随意走动，车可以斜着走，卒也可以倒着走。结果是，故事虽然新奇有趣，但其中的思想却不能仔细推敲，因为作者本身就没怎么当回事，他是在故意玩弄文字，仿佛其中的思想无足轻重。《虚构集》光鲜亮丽却华而不实，状似博闻多识却颇具迷惑性。我随便给您举个例子吧。第68页，《巴别图书馆》，描绘了一个状如无边无尽的图书馆的宇宙，当提到图书馆里的某本书时，作者描绘道：

> 他把自己的发现给一个旅行的译码员辨认，那人告诉他这些文字是葡萄牙语，而其他人说是意第绪语。在本世纪中，专家断定那种语言其实是瓜拉尼语的萨莫耶德 - 立陶宛方言，具有古阿拉伯语的屈折变化。

瓜拉尼语的萨莫耶德 - 立陶宛方言，具有古阿拉伯语的屈折变化？您听听，太搞笑了，真是书呆子气十足。看到这几门语言被出其不意地并置在一起，也是一件赏心乐事，就像在脑海中重温了一遍世界地图。当然，从语言学的角度来看，这样的描述毫无道理。

---

① 鲍比·费舍尔（1943—2008），美国历史上首位也是唯一一位国际象棋世界冠军，有"国际象棋坛莫扎特"之称。

萨莫耶德语和立陶宛语分属不同语系——前者是乌拉尔语系，后者是波罗的海语系——根本不可能合成一种方言，瓜拉尼语方言就更不可能了，因为它是南美洲的一种土著语。至于说具有古阿拉伯语的屈折变化，更是需要奇迹般地飞越重重文化与历史的阻隔。如果一味地这样写作，难道不是对思想观念的嘲讽吗？如果为了哗众取宠，将不同的思想混为一谈，最终这些思想只能沦为笑料。博尔赫斯走的正是这一路，整行整页地这么写。他的作品中充满了学者式的胡言乱语，反讽、奇幻、荒唐比比皆是。《虚构集》中的一个游戏是：你能明白其中的典故吗？如果能，你会觉得自己很聪明；如果不能，也不必担心，那很可能是作者杜撰出来的，因为书中大部分的渊博学识都是无中生有的。我认为唯一一个引人入胜、发人深省的故事是《关于犹大的三种说法》，这个故事探究了犹大这个人物本身和他的神学意蕴，令我喟然沉思。在华丽的故事背后，我看到了深邃的思想。

博尔赫斯往往被称为"作家中的作家"。这当是意味着，在他的作品中可以找到写作所需的一切最佳特质。但我不敢苟同。在我看来，一本好书可以让人更多地投身世界。在阅读过程中，我们貌似偏离了现实世界，可是一旦读完这本书，我们却会对世界更加了解。书籍会增强我们对世界的洞察力。可是，当我读博尔赫斯的作品时，我读得越多，反而觉得这世界变得越小、越远了。

这次的阅读却让我发现了一个初读本书时未曾发现的特点，即作者的叙述中出现了大量的男性名字，并且他们中的大多数都是作家。在博尔赫斯的虚构世界里，几乎是清一色的男性。女性很少现身。《虚构集》中提到的女性作家只有多萝西·塞耶斯①、阿加莎·克

---

① 多萝西·塞耶斯（1893—1957）以其笔下的业余神探彼得·温姆西爵爷而闻名于世。她为这位推理史上风格独特的贵族侦探写下了十一部长篇小说和四部短篇故事集。

里斯蒂和格特鲁德·斯泰因,其中后两位在《赫伯特·奎因作品分析》中是作为负面教材被提及的。在《〈吉河德〉的作者皮埃尔·梅纳尔》一文中,有一位巴库尔男爵夫人和一位亨利·巴舍利耶夫人(请注意,巴舍利耶夫人的名字完全被她丈夫的名字所掩盖)。或许我还遗漏了一些女性。在这之外,读者只能和各种男性朋友、男性作家以及男性角色打交道了。这不仅仅是统计学上的女性主义发现,更暗示了博尔赫斯与现实世界的关系。故事中女性角色的缺失映照了亲密关系的阙如。只有在最后一个故事《南方》中才有些许温暖,人物之间才感到真切的痛苦。博尔赫斯的失败之处在于,他未能洞悉人生的复杂性、婚姻生活或为人父母的复杂性,抑或其他任何情感关系的复杂性。他是一个孤独的人,完全生活在自己的头脑中,拒绝卷入纷争,埋首于书中,编织一个又一个故事。所以,当我这次读完博尔赫斯之后,依然很迷惑,结论与上次相同:这是一部幼稚之作。

既然如此,我为何向您推荐一本我并不喜欢的书呢?一个很好的理由是,因为我们应该博览群书,包括阅读我们不喜欢的书,这样才能避免盲目自大、坐井观天,而那些给阅读设限的人只会扩大自己的缺陷。一个人,从小到大,在人生的各个年龄段去不同的学校系统学习的好处在于,他必须以发展了千百年的思想体系来衡量自己的才智。因此,他的头脑会遇到始料未及的新思想。

也就是说,人总在学习,他既被自己喜欢的书籍所塑造,也被自己不喜欢的书籍所塑造。

当然,您也有可能会喜欢上博尔赫斯。您或许认为他的故事丰富、深邃、新奇又有趣。您可能觉得我应该再过二十年后再去读他的书。也许那时我才能读懂他。

借此机会,祝愿您和家人度过一个愉快的圣诞节!

您诚挚的

扬·马特尔

豪尔赫·路易斯·博尔赫斯（1899—1986），阿根廷诗人、短篇小说家、文选编者、批评家、散文家、图书管理员。他的作品往往探讨现实、哲学、身份和时间等观念，经常使用迷宫和镜子的意象。一九六一年，他与萨缪尔·贝克特共享福明托文学奖，自此闻名遐迩。除了在美国从事写作和演讲，博尔赫斯还曾担任阿根廷国家图书馆馆长，讽刺的是，此时他已因眼疾逐渐丧失视力。

第 46 本书

《黑鸟吟：1965 年—1999 年间的诗歌与歌词》

保罗·麦卡特尼 著

2009 年 1 月 5 日

致

加拿大总理斯蒂芬·哈珀

嘿，朱迪 ①

并致以美好祝愿

加拿大作家 扬·马特尔

尊敬的哈珀先生：

今年冬天圣诞节不知不觉就来了。一转眼就到了十二月二十五日，我突然意识到自己那要命的老毛病又犯了：完全忽视了时间的流逝。我的这一疏忽也反映在上次寄给您的书上。虽然博尔赫斯的《虚构集》也称得上天马行空、别具匠心，却显然与去年圣诞节我寄给您的书并不相称（谈及时间的流逝，这可是我们一起度过的第二个圣诞节）。如果您还记得的话，去年我给您寄的是三本新颖有趣、充

---

① 《嘿，朱迪》（*Hey Jude*）是披头士乐队的代表作，由保罗·麦卡特尼创作。

满想象力的儿童读物：《狮心兄弟》《想象有一天》和《哈里斯·伯迪克的秘密事件》，它们非常贴合圣诞的气氛。您和家人喜欢吗？读完感到快乐吗？我希望这周我寄给您的书会赢得您的欢心，希望您打开包裹看到书时又惊又喜。这是一本真正的圣诞图书。

听说您很喜欢披头士乐队。这本书中的诗歌和歌词正是由保罗·麦卡特尼创作的。他作为披头士成员所创作的众多歌曲令我记忆犹新。我发现其中有一些歌曲，比如《山丘上的傻瓜》《埃莉诺·里格比》《麦当娜女士》《麦克斯韦的银色锤子》《可爱的丽塔姑娘》《无情的浣熊》和《当我六十四岁时》，很难用一般的低平语调朗读出来。我只能一边在脑中哼唱，一边回忆乐队的伴奏。我对保罗·麦卡特尼后来组建的羽翼乐队以及他作为独奏艺术家的演艺生涯并不熟悉，所以那些歌词以及诗歌，对我来说，只能静静地躺在纸上。我基本能区分出歌词与诗歌的不同，因为前者更喜欢重复，缺少一种相对独立的文学性。后来我看了附录才知道，大多数歌词都来自羽翼乐队的歌曲。

我明白，一首歌的歌词离不开它的旋律。旋律提振歌曲，摈除人们的疑虑和愤世嫉俗之心，或允许人们享受某种禁忌的快乐；歌词则是歌曲的血肉，邀请人们将自己的人生经历与歌中的内容作一比较，或者，更好的是，还邀请人们跟着一起唱出来。对一首好歌来说，让听者听明白和跟着唱出来缺一不可，因为这两者都需要听者直接、亲自地参与，将自己的生活和梦想融进歌曲之中。这便解释了为什么一些歌那么短（披头士早期的大部分歌曲都不到两分钟）却能够精准地直抵内心深处。这就是一首伟大歌曲的迷人之处：歌手在用富有磁性的嗓音演唱时，仿佛听众只有我一个，他只为我而唱，因此我们全神贯注地聆听，立刻沉入内心的梦幻世界。谁不曾被歌曲深深打动？谁不曾闭着双眼，浑身颤动，心潮澎湃？沉浸其中，我们倾述心声情愫，这些情感我们或许羞于用直白的语言表达——比如原始、饥渴的情欲——又或许它们伤害我们至深却又平庸世俗得令人难以启齿：孤独、渴望、心碎。

每一首好歌都是一个令人费解、捉摸不透的谜。古典音乐家嘲笑流行音乐的粗俗，文雅的诗人对流行歌词不屑一顾，但这憎恶里多少包含了嫉妒之心啊。小提琴家也好，诗人也罢，哪个不希望自己面前坐满全神贯注的听众？总之，在著名制作人乔治·马丁的协助和披头士乐队完美的演出下，保罗·麦卡特尼用优美动人的歌词和令人着迷的旋律成功破解了一个个谜题，使六十年代中期之后的每一代人都爱上了他的歌。这一点您再清楚不过了。

您诚挚的

扬·马特尔

保罗·麦卡特尼（1942—），风靡了近半个世纪的音乐偶像，创作过许多歌曲、电影背景音乐及管弦乐曲。作为披头士乐队的一位名将，他与约翰·列侬一起为乐队写下许多脍炙人口的好歌。一九七〇年，尽管披头士乐队解散，他的个人事业依然如日中天。之后保罗·麦卡特尼组建羽翼乐队，成了一位独奏艺术家，堪称史上最具天赋、最多产的音乐家之一。他还以参与激进的动物权利运动而著称。

第 47 本书

《两害取其轻：恐怖主义时代的政治伦理》
米哈伊尔·伊格纳季耶夫 著
2009 年 1 月 19 日

谨向
加拿大总理斯蒂芬·哈珀
赠送一本领导人为领导人写的书
并致以美好祝愿
加拿大作家 扬·马特尔

尊敬的哈珀先生：

好吧，让我们重返工作吧。我正在对即将出版的小说进行第三次改写，希望这是最后一次，而新一届议会即将开幕。我们都面临一个忙碌的冬季。

记得在前不久的一次访谈中，您提到没怎么读过米哈伊尔·伊格纳季耶夫的作品。显然您应该读一读，您觉得呢？毕竟，今年您在众议院要每天面对他，他甚至有可能接替您的职位，因此如果能了解他的思想，对您会大有益处。我必须说，他的履历给我留下了深刻的印象：求学期间获得了多伦多大学、牛津大学及哈佛大学的学位；之后在剑桥大学、巴黎高等商学院以及哈佛大学任教；在新闻传媒行业颇有建树；出版了十六部著作（包括三本小说）。我认为任何一位加拿大总理的履历都不能与他相匹敌，包括历史上那些受过良好教育或曾著书立说的总理。难道这就意味着他可以成为一位出类拔萃的总理吗？当然不是。领导能力并不只是一纸学位证书或书架上的几本著作。品格、眼界、直觉、交际能力、实用知识、毅力、应变能力、口才、人格魅力、运气——除了智力，这些也是作为政治领导人所必需的素质。

伊格纳季耶夫先生的履历至少说明，只有经过现实的考验，杰出的才智才会真正发挥作用。在他被选进议会前，并没有沾染什么象牙塔气息。他对于人权和民主的关心也是实实在在的，而非停留在理论之上。他曾去过世界上许多是非之地，就为了回答这一根本问题：社会如何才能实现最佳的自我管理？假如伊格纳季耶夫先生搬入萨塞克斯路 24 号[①]，为加拿大人谋利益无疑将成为开明可行的公共政策目标。他能够实现这些目标吗？他会知道什么时候倾听、什么时候妥协、什么时候果断行动吗？许多政治人物带着固有的观念和处事方式上台，却发现实际情况比预想的更复杂、更难应对。接下来的几个月，我们就会看到伊格纳季耶夫的日子过得怎样。

我寄给您的这本《两害取其轻：恐怖主义时代的政治伦理》不仅能帮您应对这位新上任的在野党党首，也有助于您制定政策。此书出版于二〇〇四年，是与您共事的这位资深议员较新的著作。书的封面似乎并不出众，但这么设计自有它的道理：一张照片，拍的是奥斯维辛集中营的一组楼梯。一些在政治伦理层面严重犯错的人曾上下这些楼梯。我说过，伊格纳季耶夫先生从不关心抽象的东西，他关注现实中的政治困境，并努力寻找问题的根源以及相应的解决

① 萨塞克斯路 24 号是加拿大总理官邸。

之道。

《两害取其轻》深入探讨了自由民主与恐怖主义的种种议题。珍视自由与尊严的人们应该如何面对那些肆意施暴伤人的人？如何平衡公民权益与安全保障之间的冲突？一个民主社会应该将"民主"发挥到什么程度？这就是伊格纳季耶夫想要回答的一些问题。他对俄罗斯、英国、美国、德国、意大利、西班牙、斯里兰卡、智利、阿根廷、以色列以及巴勒斯坦这些形形色色的国家的历史和现状做了分析，以弄清这些国家是如何应对恐怖袭击的。书中还引用了不少文学典故，提及了陀思妥耶夫斯基、康拉德、欧里庇得斯和荷马。通读全书，不难发现，他的立论方式开放、公正、富有批判性，分析有力而独到，结论明智通达。最后，很重要的一点是，本书的风格魅力无穷。伊格纳季耶夫先生的文笔堪称一流。我最喜欢的一句话在第121页："自由国家绝不可能由草食动物捍卫。"

伊格纳季耶夫先生是一位热情而精明的自由民主卫士。他发现，在大多数情况下，可供支配的手段已足以应对恐怖分子的威胁。事实上，他据理力争，认为对威胁的过度反应比威胁本身对自由民主制度具有更长远的杀伤力。他以"美国爱国者法案"[①]和"加拿大C-36法案"为例，说明了这些法案虽然用心良苦，却在应对恐怖主义时误入歧途，纯属累赘。他坦承，当常规手段不再适用时，自由民主制度将面临艰难的抉择。他进一步阐释说，当一个珍视自由与人权的社会面临致命的威胁，它必须超越死板的道德完美主义或彻底的功利主义，然后小心谨慎、如履薄冰地选择一条"两害取其

[①] 美国爱国者法案，2001年10月26日由美国总统乔治·沃克·布什签署颁布的国会法案。该法案以防止恐怖主义的目的扩张美国警察机关的权限，扩张美国财政部长的权限以控制、管理金融方面的流通活动，特别是针对与外国人士或政体有关的金融活动，也将恐怖主义的定义延伸至包括国内恐怖主义，扩大了警察机关可管理的活动范围。

道路，也就是说，允许自己舍小保大。采取这一立场，旨在将反恐所需的现实主义与我们民主价值的理想主义相统一。在四伏的危机中披荆斩棘、着力关注细节并探讨严刑拷打敌人和军事上先发制人——仅以这两个问题为例——都需要一个坚忍、敏锐和勇敢的头脑。我高兴地说，伊格纳季耶夫先生恰恰拥有这样的头脑。

您诚挚的

扬·马特尔

米哈伊尔·伊格纳季耶夫（1947— ），在二〇〇九至二〇一一年期间任加拿大自由党党魁。步入政界前，他曾在学术界和新闻传播界担任多个要职。他曾执教于牛津大学、剑桥大学和多伦多大学，在二〇〇二至二〇〇五年间任哈佛大学卡尔人权政策中心主任。在英国期间，他曾任 BBC 纪录片导演兼政论员。伊格纳季耶夫已出版十六部著作，包括一部以赛亚·伯林传记和三部小说。

第 48 本书

《基列家书》^①
玛丽莲·罗宾逊 著
2009 年 2 月 2 日

谨向
加拿大总理斯蒂芬·哈珀
赠送一本奥巴马喜欢的小说
并致以美好祝愿
加拿大作家 扬·马特尔

尊敬的哈珀先生：

好，搞出那样一份财政预算，您简直就是一位社会主义者了。您的政府信誓旦旦要花笔大钱了，这是何等气派。当初，您作为一位激进改革家，决意要像将羊毛衫放进热水中漂洗那样缩减政府规模，那必定是前生前世的事了。我好纳闷，您那帮全国公民联盟（National Citizens Coalition）的朋友作何感想？（组织名称中为何没有撇号呢？我查了该组织的网站，它确实是这么拼写的。难道说他

---

① 基列，《旧约》中的地名，位于约旦河东岸，盛产乳香，治人创伤，亦是一处战祸、流血与不义之地。

们如此热衷于自由事业，又如此害怕承担社会义务，以至于不愿将公民纳入"所有格"①之中吗？）

我想，当米哈伊尔·伊格纳季耶夫在您最近的演讲中听到您对他的附和时，应该倍感惊喜（我附上了一篇《环球邮报》的文章）。别担心，您并不是唯一附和他的人。美国总统奥巴马（我喜欢这个称呼的读音）在解释他为何关闭关塔那摩监狱、中央情报局海外监狱以及撤销乔治·布什采取的其他可疑的反恐措施时，所用的措辞与伊格纳季耶夫十分相仿。我们必须将自由民主的理念付诸行动，我们不能为了过度的安全保障而轻易牺牲权益，我们一定要忠诚于自己的理想，绝不会放弃信念，只有这样才能战胜敌人——这一切正是我上次向您推荐的《两害取其轻》一书中的精髓所在。显然，许多人与伊格纳季耶夫先生的观点一致，这些观点势必融入大众认知的思潮中，因此，您也应该敞开心扉，坦然吸纳。

说到奥巴马总统，正是因为他，我才会寄给您这本由美国作家玛丽莲·罗宾逊写的小说《基列家书》。这是他最爱的小说之一。从此可以看出，奥巴马是一位读书人，一位读书的"大家"。他不仅阅读关于管理方面的实用书籍，还喜欢诗歌、小说、哲学：比如《圣经》、莎士比亚的悲剧、梅尔维尔、托妮·莫里森、多丽斯·莱辛、诗人伊丽莎白·亚历山大和德里克·沃尔科特、哲学家雷茵霍尔德·尼布尔和圣奥古斯丁，等等。这些伟人和名著促他形成了雄辩的口才、深邃的思想以及独特的个性。他是一个由语词建构的人，他已让世人肃然起敬。

我衷心希望您在二月十九日与奥巴马总统会面前先读一下《基列家书》。这是你们的初次见面，没有什么比聊一聊两人都看过的书更能营造融洽、亲切的气氛了。以这种细微的方式了解对方很有意义。

---

① 英语语法中表示有生命物的名词及某些表示时间、距离、星球、世界、国家等无生命物的名词后加 's 来表示所有关系，即名词所有格。

两个人喜欢同一本书，至少意味着大家有相似的情感共鸣，也共享对书中世界的认知。当然，首先您要喜欢这本书。

喜欢上这本书并不难。《基列家书》有很多值得称道之处。这是一部真诚的小说，娓娓道来，充溢着奇珍与惊喜（这两个词常常出现在书中），宗教气息惊人地浓烈，几近虔诚。全书没有章节的划分，只有一项项条目被空白行分开，就像一部日记。叙述轻松悠然，像一段段小曲，给人一种信口漫谈的印象；然而，这其实是一部构思精妙、结构缜密的小说，随着故事的层层推进，力量逐渐增强。既没有轻率随意的讽刺，也没有低俗肤浅的幽默；相反，整体基调严肃冷静、文雅机智。整个故事由一位叫约翰·埃姆斯的老牧师讲述，他患有严重的心脏病，将不久于人世。人到中年，他娶了一位年轻可爱的妻子，她为他生下一子，如今七岁。他希望儿子能够了解父亲的故事，父亲的父亲的故事，和父亲的父亲的父亲的故事——他们都叫约翰·埃姆斯，并且都是牧师——因此他给儿子写了一封很长的家书，希望儿子成年之后能看到。表面上，小说风格自如疏放，用淳朴、诗意的语言讲述上帝和上帝子民以及其中一切真谛，中间穿插了一些关于棒球的情节。极具美国风格呢，如果拉尔夫·沃尔多·爱默生也写小说，人们会以为这是爱默生所写。《基列家书》是一部典雅之作，典雅随处可见，而且散发出深邃的光芒。此书志存高远，如同一座肃穆、简约、白光灼灼的教堂，置身其中，仿佛上帝与你同在。如果说有一部小说能给您带来宁静，一定是这本没错。

我希望您能喜欢它。即使您不喜欢，请记住，它是帮助您进入现任美国总统内心世界的一把钥匙。

您诚挚的

扬·马特尔

玛丽莲·罗宾逊（1943—　），美国作家，已经发表了两部非虚构作品《祖国》《亚当之死》以及三部小说。她的第一部小说《管家》获海明威笔会奖以及普利策小说奖提名；她的第二部小说《基列家书》获普利策小说奖、美国国家图书评论奖、大使图书奖等多个奖项。罗宾逊在华盛顿大学获得博士学位，目前在爱荷华作家工作室任教。

第 49 本书

《老人与海》

欧内斯特·海明威 著

2009 年 2 月 16 日

谨向

加拿大总理斯蒂芬·哈珀

致以美好祝愿

加拿大作家 扬·马特尔

尊敬的哈珀先生：

赫赫有名的欧内斯特·海明威。他的《老人与海》是一部大家耳熟能详的文学名著，即使没读过一定也听说过。尽管它篇幅简短——我给您寄的这一排版不疏不密的版本只有一百二十七页——但是，正如海明威作品的共性特征一样，它对英语文学产生了深远的影响。我觉得，他的三部短篇小说集——《我们的时代》《没有女人的男人》和《胜者无所得》——是他最伟大的成就，尤其是那篇《大二心河》，不过他的中长篇小说《太阳照常升起》《永别了，武器》和《丧钟为谁而鸣》拥有更广泛的读者。

海明威的伟大之处并不在于他说了什么，而在于他如何去说。

他以前所未有的方式看待并书写英语。如果将海明威和亨利·詹姆斯作一比较——前者生于一八九九年，后者卒于一九一六年——您会对中间有十七年的交叠感到难以置信，因为他们的风格如此迥异。就詹姆斯而言，写实，逼真，现实主义——无论您想称呼它什么——是通过繁复的结构、绮靡的语言和新奇的意象达成的。而海明威的风格却完全相反。他剥掉语言浮华的外衣，慎用形容词和副词，如同细心的医生为疑病症患者开具药方。他的这种创新是革命性的，简洁凝练、生动飘逸、素净古朴，令人想到一种古老的文体：《圣经》。

这一糅合并非偶然。海明威对《圣经》的语言和意象十分精通，《老人与海》也可以被解读为一则基督教寓言，但是我不会称它为一部宗教之作，尤其是不同于我上次寄给您的《基列家书》那样的宗教作品。更确切地说，海明威是利用基督的尘世之行来探讨人类苦难的意义。当有人问他在描述众多人物所展现的坚毅时所用的"勇气"一词意指什么，海明威给出的答案是"重压之下的优雅"。这也可以表述为通过失利获胜，我认为这样的解释更符合圣地亚哥（书名中的那位"老人"）基督般的冒险征途。提到基督，这是如《圣经》中使徒保罗一般非凡的洞察力（也有人称为上帝的赏赐）：在毁灭中看到胜利和救赎的可能。这是一种神示、一种信念，完全转换了人类的经历。事业失败，家庭灾祸，突发事故，疾病，老去，这些原本可能成为悲剧终局的人生体验反而成了一道道通向未来的门槛。

当我回味圣地亚哥和那条大马林鱼的传奇邂逅时，我会思考他的故事中是否具有任何政治意涵。我最终的结论是否定的。在政治上，只有节节胜利和节节败退。海明威笔下这位可怜的古巴老渔民传达给我们的启示纯粹是个人的，关涉的是我们每个人的个性，而非我们可能扮演的角色。尽管它设置的外部背景辽阔宏大，《老人与海》其实是一部贴心细腻的心灵之作。因此，我祝愿您，也祝愿所有人：

让我们像圣地亚哥那样堂堂正正地从公海归来吧。

您诚挚的

扬·马特尔

欧内斯特·海明威（1899—1961），美国记者、中长篇及短篇小说家。他凭借作品《太阳照常升起》《永别了，武器》《丧钟为谁而鸣》以及获得普利策奖的中篇小说《老人与海》闻名遐迩。海明威以简单直接、低调节制、结构缜密的写作风格著称。他在一战期间当过救护车驾驶员，是二十世纪二十年代流亡巴黎、被称为"迷惘一代"的艺术家和作家圈中的一位关键人物。一九五四年，海明威获诺贝尔文学奖。

第 50 本书

《简·奥斯汀的一生》 [1]
卡罗尔·希尔兹 著
2009 年 3 月 2 日

谨向

加拿大总理斯蒂芬·哈珀

送来我们的第五十本书

并致以美好祝愿

加拿大作家 扬·马特尔

尊敬的哈珀先生：

在卡罗尔·希尔兹这本精要回顾简·奥斯汀一生的书中，既有温和而锐利的质问，又有轻柔婉软的触抚，既有精确的陈述，又有敏锐的道德意识，以及一以贯之的智慧——只是简·奥斯汀式的反讽付之阙如，不过这是合宜之举，因为一本客观中允的人物传记并非是大肆讽刺的最佳场所。此外，作者没有任何刻意的摹仿或拼凑，却使本书深得奥斯汀的精髓，细致入微地探讨了身为作家的意义，

---

① 本书有生活·读书·新知三联书店出版的中译本，译名为《简·奥斯丁》。

使读者几乎误以为自己读的是简·奥斯汀写的《卡罗尔·希尔兹的一生》。当然，我并不是说作者卡罗尔·希尔兹在文本中喧宾夺主。完全不是。除了简短的序言，表示传记作者的第一人称代词"我"在正文中从未出现。这完完全全是一部简·奥斯汀传记。然而，这两位作家的精神意气——一位是生活在一七七五至一八一七年间的英国小说家，另一位是生活在一九三五至二〇〇三年间的加拿大小说家——是如此亲近相似，使得此书散发出一股惺惺相惜的友情气息，而非单纯对传主的剖析。

读者之所以会有这种两位作者彼此契合的幻觉，是因为尽管简·奥斯汀是一位创作了六部小说的大作家，这些小说也当之无愧地被誉为英国文学的瑰宝，但大家对她本人知之甚少。她一直住在无名的乡下，在那里创作了《傲慢与偏见》《理智与情感》《诺桑觉寺》《曼斯菲尔德庄园》《爱玛》和《劝导》。直到去世六年前，她的作品才得到出版，而且在她有生之年出版的那四部小说均为匿名，作者被称为"一位女士"。在她去世后，即使人们广知这位女士名叫简·奥斯汀，一位汉普郡查顿村的居民，但后人并没有找到更多有关她的生平资料。简·奥斯汀从未接触过其他作家，从未接受过记者采访，除了和她最初也是最忠实的读者——她的家人——交流之外，她也从未进入任何文学圈。我们从她的信件中获取的信息也是不完整的，因为许多信件都被她的姐姐卡桑德拉毁掉了。换言之，生活在简·奥斯汀周围的人不会刻意去"记录"她的点点滴滴，我的意思是，除了家人和朋友对她零星的记录，几乎找不到任何可帮助我们了解简·奥斯汀的资料。因此，给这样一位扑朔迷离的人物立传，更多的是探索她的精神和心灵，而不是纪实录事。这正是希尔兹这本传记的精彩之处：它绝不是史实的叠砌，而更像是对简·奥斯汀创作生涯的凝思冥想。除了这位被视为现代版简·奥斯汀的加拿大作家希尔兹，还有谁更合适来写这本书呢？与简·奥斯汀一样，卡罗尔·希尔兹对女性视角情有独钟，而且也像简·奥斯汀那样长于探究家庭和亲情，由表及里，步步深入，直至揭示出普遍大义。可以说，她以敏锐的洞察力大大弥补了这部传记史料的匮乏。

还记得我寄给您的第十一本书是简·奥斯汀的《沃森一家》，因为这是一部未竟之作，所以并不出名。即便那是您唯一读过的奥斯汀的小说，您也不必担心在读这本传记时一头雾水。毕竟它叫《简·奥斯汀的一生》而不是《简·奥斯汀的小说》。当然啦，其中也不乏对她的作品的讨论，但那只是为了凸显这位作者。读者要想欣赏希尔兹探讨的内容，并不一定要对奥斯汀的作品有细致的了解才行。

我得强调，阅读此书真是一大享受。它机智有趣，引人入胜，不仅能让我们对简·奥斯汀有更好的了解，而且会将读者带入文学创作这一奇妙的"炼金"过程之中。简·奥斯汀冲破现实生活的种种藩篱，创作出一部部小说佳作，这些小说至今依然影响着读者，而读者们的人生，尤其是女性读者的人生，已发生了翻天覆地的变化。于此同时，卡罗尔·希尔兹没有拘泥于有限的史料，写出了一部感人至深的传记，让每一位读者，不论男女，无论是简·奥斯汀的忠实拥趸还是初读她的读者，都能有所斩获。希望您也会喜欢我们这第50本书。

我最近去了巴斯，简·奥斯汀曾在那儿住过几年。对她来说，那是一段悲惨的日子。但这个小镇实在惹人喜爱。我专门拍了一张照片，随信一同寄给您。

您诚挚的

扬·马特尔

219

卡罗尔·希尔兹（1935—2003），加拿大诗人、小说家、教授和批评家。她的作品包括十部中长篇小说和两部短篇小说集。在希尔兹的文学生涯中，她曾在渥太华大学、英属哥伦比亚大学、曼尼托巴大学和温尼伯大学任教授，还曾是温尼伯大学的名誉校长。希尔兹凭借其最著名的小说《斯通家史札记》而为人们熟知，这本小说获普利策奖和加拿大总督文学奖。《简·奥斯汀的一生》获查尔斯·泰勒非虚构类文学奖。

第 51 本书

《凯撒大帝》

威廉·莎士比亚 著

2009 年 3 月 16 日

谨向

加拿大总理斯蒂芬·哈珀

紧急求救（救救我们的莎士比亚）

并致以美好祝愿

加拿大作家 扬·马特尔

尊敬的哈珀先生：

昨天是三月十五日，凯撒大帝的殉难日，因此，这次给您寄一本威廉·莎士比亚的《凯撒大帝》。莎士比亚并不是神，他与神性也没有什么关系，但人们却会在他的作品中迷失和发现自己，一如人们可能在《圣经》中迷失与发现自我那般。《凯撒大帝》和《圣经》是两个丰富完满的世界，只不过前者是世俗的，后者是宗教的。它们已浸润了一代又一代的读者和学者，他们从中大段援引，倒背如流。如果把一个人放在荒岛上，仅给他留下一部《圣经》或者莎氏全集，他完全可以生存；如果两者都留给他，这个人会过得很好。

莎士比亚的作品包罗万象（连历史剧的那种索然沉闷都有）。莎士比亚出道时，大概是一五六四至一六一六年之间，英语以及戏剧就像铁匠铺里待锤打的铁砧，还处于尚未成型的阶段，只有经过莎士比亚"铁锤"的锤炼，英语、戏剧和我们看待世界的方式才真正成型，并影响至今。给您仅举两个小例：在第一幕第二场将要结束时，卡修斯问卡斯卡，对于凯撒的昏厥，西塞罗是否说过什么。西塞罗的确说了什么，不过用的是希腊语。于是卡斯卡面无表情地回答："他说的话就像天书。(It was Greek to me.)"之后，在第三幕第一场中，凯撒为了表明他那坚定的意志，他说："我会像北极星一样永不动摇(constant as the northern star)。"莎士比亚大大丰富了英语的表现力，这只是其中两个例子而已。当然，他的贡献远不止此。他的剧本不仅极为生动，充满戏剧性，而且对人类状况有透彻的卓识。形容词"莎士比亚式的"就包含了这样的意思。如果此人是一泓清泉，那么此时我们无不生活在他的三角洲之中。

《凯撒大帝》是一部关乎政治——更具体地说，是关乎力量——的戏剧。个人潜力、传统势力、原则威力、说服力、群众之力，这一切力量在戏剧中相互碰撞，造成致命效果。莎士比亚没有偏袒任何一方。这是一出悲剧，但不只是凯撒一个人的悲剧，也是布鲁图和卡修斯的悲剧，是波提娅和卡尔普尼娅的悲剧，是诗人钦纳的悲剧，是全罗马的悲剧。

既然《凯撒大帝》关涉力量和政治，我们不妨也来讨论一下这个话题。请容许我就您的政府最近宣布的两大决定发表陋见。

第一点有关社会科学与人文研究委员会。显然，拨给该委员会的新款将专用于"与商科相关的学位"。难道您没觉得，贵党的自由主义、小政府理想与告诉一家独立机构如何花钱之间存在一丝矛盾吗？难道您这样做不是在扩大政府的影响，使它更加好管闲事吗？

非但如此呢。更令人担忧的是加拿大社会科学与人文研究委员会角色的大转变。我始终不解，为什么由纳税人出资创办的公立大学必须开办商学院。赚钱真的算一门学科吗？请不要误会，金钱不可耻，赚钱也不可耻，但是，如果我们把大学变成炮制工商管理硕士生的地方，就是将办大学的根本目的抛于脑后了。大学是社会的智囊团、大熔炉，一个反省自我、反思社会的地方。大学是这个社会的大脑，而不是钱包。商业来来去去，变幻莫测，莎士比亚则永恒不朽。大学打造思想和心灵，而商业则利用思想和心灵。如果是莎士比亚式的人打入商业，而不是商人渗入大学，那这个世界将变得更加美好。我可想象，这番话在您听来就像一阵耳旁风。也许是我误解了。借用安东尼对布鲁图说的一句话：您是一位值得尊敬的人，您一定清楚自己在做什么。

第二点事关加拿大文化遗产部长詹姆斯·摩尔宣布的一项决定：加拿大期刊基金会今后只资助发行量超过五千册的杂志。这项决定必将致加拿大几乎所有的文艺杂志和期刊于死地。"这可是件好事，"您或许暗暗自忖，"这些自以为是的破玩意儿，谁要它们呀？"好吧，我们大家都需要，因为点滴才能成就伟大。我自己就是一个很好的例子。我的第一篇文章发表在《马拉哈评论》上，该杂志社设在不列颠哥伦比亚省维多利亚市，当时我才二十多岁，正是他们的鼓励和支持，才使我有了写作的动力。正是刊登在《马拉哈评论》上的这篇文章为我赢得了第一个文学奖项，才让我遇到了我的文学代理人，才引起了多家多伦多出版商的注意。《马拉哈评论》是我的创作故乡。如果它消失了，下一代作家和艺术家也会随之消失。不过，也许是我误解了。您是一位令人尊敬的人，您一定清楚自己在做什么。

将社会科学与人文研究委员会变成工商管理硕士的资助机构，将文艺杂志期刊赶尽杀绝，对这样的举措我实在难以理解。相对而言，它们花费很少，但发挥的作用却十分重大。难道您是真的要将加拿大变成一个后文学社会吗？实际上，许多年轻人已成为后历史主义者和后宗教主义者。如果文学是下一根将要坍塌的支柱，那么，支撑我们身份认同的还剩下什么？不过，也许是我误解了。您是一位令人尊敬的人，您一定清楚自己在做什么。

在《凯撒大帝》的第三幕第三场中，您会遇到诗人钦纳。他被暴民撕成了碎片，其实这帮暴民误将他认成了另一个钦纳——谋反者钦纳。这不是加拿大人的作风。当今，在加拿大，是加拿大政府在攻击诗人钦纳。不过，也许是我误解了。您是一位令人尊敬的人，您一定清楚自己在做什么。

您诚挚的

扬·马特尔

[复函]

2009 年 5 月 1 日

尊敬的马特尔先生：

我谨代表斯蒂芬·哈珀阁下告知您，您有关社会科学和人文研究委员会以及加拿大期刊基金会的来函已收悉。感谢您随信附寄的威廉·莎士比亚作品《凯撒大帝》。

请您相信，我们已慎重地考虑了您的意见。我已冒昧地将您的来信转发给尊敬的工业部部长托尼·克莱蒙特先生以及加拿大文化遗产及官方语言部部长詹姆斯·摩尔先生，以便他们了解您关注的问题。

再次感谢您致函总理。

您真诚的

S. 罗素

执行通信官

威廉·莎士比亚（1564—1616），剧作家、诗人。

第 52 本书

《燃冰：艺术与气候变化》

艺术家大卫·巴克兰与告别角公益组织

的合作成果

2009 年 3 月 30 日

谨向

加拿大总理斯蒂芬·哈珀

赠送一部有关热点话题的书

并致以美好祝愿

加拿大作家 扬·马特尔

尊敬的哈珀先生：

　　在一封邮件噗地飞入我的收件箱前，我从未听说过"告别角"这个英国非政府组织。他们邀请我参加他们组织的秘鲁之行——感谢加拿大缪萨革忒斯基金会的资助。为了跟我说明他们组织的性质及目标，他们提出要给我寄一本书和一张 DVD。我对这个组织产生了兴趣，就接受了他们的提议。反正我又不吃亏嘛。几天后，该书和 DVD 就如期而至。我读了这本书，看了 DVD，浏览了他们的网站（www.capefarewell.com），然后便立刻写信给告别角表示接受他们的邀请。

许多人都是通过《绝望真相》这部电影第一次听说"气候变化"的。《绝望真相》改编自艾伯特·戈尔①的巡回演讲。告别角的使命乃是引领人民超越那种初级的环保意识，协调各方对气候变化做出文化回应。为了实现这一目标，他们组织了众多考察队，赴气候变化的最前沿，即那些变化最显著的热点区域（名符其实的热点区域）。科学家们也在那儿搞研究，这样就可以帮助艺术家们看清气候变化发生的"剧场"以及参与其中的一些"演员"。然后，艺术家们便受邀做出回应，将自己也变成"演员"。名为《源于北极之变的艺术》的DVD记录了告别角前三次到斯瓦尔巴特群岛的远征考察，而《燃冰》则记录了艺术家们的一些回应。

您会发现，《燃冰》是一本内容五花八门的书，既包含摄影、绘画及雕塑这样的视觉艺术作品，又有关于气候变化概要的科学论文，以及人们面对气候变化反应感受的个人随笔。《燃冰》出版于二〇〇六年，其实已经过时了。在其中一篇论文中，一位科学家申明，到二〇五〇年，北极的夏日将不再结冰。如今，科学家们预言，冰块的消失将提前到二〇一三年。仅仅三年时间，情况就变得越发糟糕了。在沉思气候变化问题时，人们很容易陷入悲观。"面对这一全球性灾难，我能做什么？"《燃冰》的非凡之处就在于它告诉我们能做什么：我们可以顺势应对。当然，只凭一幅画、一帧照片，或一句话是无法拯救我们的星球的，但这意味着我们已开始认真面对这一问题了。在气候变化的自然力量面前，人们深感弱小与无力。而由气候变化所激发的艺术创造是个人所为，是一项纯个人的活动，却能成为创造者和观赏者的力量源泉。

---

① 艾伯特·戈尔（1948—），美国政治家，环境学家，曾在世界各地从事环保宣传工作，呼吁人们积极应对全球变暖。

当我翻阅《燃冰》，看着里面的艺术作品，阅读其中的文章时，我既啧啧惊叹又心神不宁：这是种奇怪的组合，但却超越了单纯的忧虑。告别角组织创作的艺术——或印在书中，或在展览中展出——最终会变成我们向星球告别的挽歌，还是会成为我们生活方式真正改变的开端，只能在将来很多年后才有答案。但有一点是确定的：我们对于气候变化的反应不可能是纯然的政治行为。政客们历来拖拖拉拉，行动迟缓（您是其中的一员），盖因他们对碳燃料驱动的工业综合体情有独钟。所以，公民们必须先行动起来，而艺术就是最理想的帮手。艺术可以全力应对其题材，受众层面广泛，使得每个人，男人，女人，青少年，街上玩耍的儿童，都可以融入其中，与之互动。一旦公民参与气候变化这一至关重要的问题，从政者就得紧随而上了。

您不妨引领浪潮。我希望《燃冰》能打动您，也能警示您。

您诚挚的

扬·马特尔

[复函]

2009 年 6 月 24 日

尊敬的马特尔先生：

我谨代表斯蒂芬·哈珀阁下告知您，我们已收到您 3 月 30 日的来函以及随寄的《燃冰：艺术与气候变化》。

感谢您为总理提供此资料。我们十分感谢您向总理提供这一信息。

　　大卫·巴克兰是英国艺术家、摄影师、肖像家、舞台戏剧背景及服装设计师。他的许多作品都在世界各地的大艺术馆展出，其中包括巴黎蓬皮杜艺术和文化中心及纽约大都会艺术博物馆。巴克兰同时也是告别角项目的创办人，该项目是一个致力于通过回应气候变化来提振其文化关注的艺术家、科学家及传播者团体。

第 53、54 本书

《路易斯·瑞尔》

切斯特·布朗 著

和

《午后曳航》

三岛由纪夫 著

约翰·内森 译自日语

2009 年 4 月 13 日

《路易斯·瑞尔》

谨向

加拿大总理斯蒂芬·哈珀

赠送一本描述加拿大重大历史事件的图像小说

并致以美好祝愿

加拿大作家 扬·马特尔

《午后曳航》

谨向

加拿大总理斯蒂芬·哈珀

赠送一本不同类型的"图像小说"

并致以美好祝愿

加拿大作家 扬·马特尔

尊敬的哈珀先生：

我刚开始给您寄书时，我说过这些书能够"唤起宁静"。每本书都是一件了不起的工具，其实还是一件独一无二的工具，它帮助人们更深入地思考和感受这个世界。要想写出一本好书，不论是虚构还是非虚构，都需要花费大量的时间与精力，不仅要做前期研究，还需要几个星期甚至几个月的思考。我问过一些作家，完成一本书需要多长时间，不少人都回答道："一辈子。"我知道这句话意味着什么。作家将自己的生命注入到了作品中，而真正写下文字的那几年只是整个创作过程的冰山一角。写一本好书，如同酿一坛好酒，酝酿出的佳作值得读者细细品读。

但是，这些书所唤起的宁静并不是说书籍本身是平淡的。"宁静"不等于"安宁"。您或许注意到，之前寄给您的剧本《凯撒大帝》情节跌宕起伏，没有任何"安宁"，却仍然发人深省，不是吗？

那种动乱之中的宁静将继续呈现在本周我寄给您的两本书中。我想您一定很熟悉英雄路易斯·瑞尔的悲剧传奇。"英国"人恨他，"法国"人爱他。当然，我指的不是欧洲的英国和法国。我是说由英、法而来，现居住在南临美国的边境地区的国民。安大略省的英国裔、爱尔兰裔和苏格兰裔开始称自己为"加拿大人"的时候，住在红河居留地、讲法语的梅蒂人却不认可自己的加拿大身份。一个新生国家之中的矛盾和怨恨通过一个人就可以体现。如此棘手的问题，带来的影响直到今天也能感受到。如果当初路易斯·瑞尔和红河的梅蒂人能得到渥太华较为公正的对待，魁北克政党还能在一九七六年赢得大选吗？或者，那会不会导致安大略人选出一个主张与美国结盟的"安大略党"呢？显而易见的是（您通过自身的政治经历也一定深知这一点）一旦人们被偏见和奸诈所蛊惑，那就很难让他们彼此和睦相处。

加拿大漫画艺术家切斯特·布朗创作的《路易斯·瑞尔》是一部严肃的作品，深沉而动情地讲述了一个严肃的故事。书中的图画令人赞叹，故事情节微妙、扣人心弦。在他的笔下，路易斯·瑞尔是一个性格古怪却充满魅力的男人，既狂热地笃信宗教，又深深牵挂梅蒂同胞们的命运。

"性格古怪却充满魅力"也可以用来描述日本作家三岛由纪夫。如果说瑞尔是一个宗教狂热分子，那么三岛就是审美狂热分子。对于三岛的死法您也许也有所耳闻。他的死与他的写作同样出名。作家的生平一般不应与其作品混为一体，然而，一位身健体康的作家，在占领了一个军事基地并鼓动本国军队推翻政府以后——在他四十五岁那年，在他声名日隆之际——选择"切腹斩首"自杀，这不可能不引起人们对他作品之外的关注。就三岛而言，他的生活与写作紧密相联。他结束生命，与其说是与政治以及重振日本昔日的荣耀有关，倒不如说是出于他对死亡和美的个人信仰。他深深沉迷于死亡与美。他的小说《午后曳航》中的人物，母亲房子、儿子登、水手龙二便是明证。他们得到了精心的塑造，不仅被赋予了肉体的质感，还有着丰富的内心世界。每个人都美丽无比、独一无二。然而，他们的故事却充斥着暴力和死亡，撕人心肺。我不想多说了。

我必须承认，当我二十多岁第一次读《午后曳航》时，它让我既爱又恨。只有它和克努特·汉姆生的《饥饿》这两部杰作能让我产生窒息的感觉，让我感受到一种想写书的欲望。我觉得，这两个故事早就存在于我的身体之中，但是一位日本作家和一位挪威作家先我一步将它们写了出来。

我应该解释一下，这周为什么给您寄两本书：我要去度假了，我不想提心吊胆，担心把书寄丢，所以提前将四月的书寄给您，四月十三日的《路易斯·瑞尔》以及四月二十七日的《午后曳航》。

这两本书看上去毫无关联，显得多么奇特啊。我甚至怀疑三岛不曾听说过路易斯·瑞尔这个人，而切斯特·布朗的《路易斯·瑞尔》也没让我觉得他很崇拜三岛由纪夫。这就是书籍一直令我着迷的原因：不管彼此有多么不同，却能在书架上和睦相处。无论是对文学，还是对宁静的希冀，都是希望形形色色的书籍在书架上的那份安宁相处可以改造它们的读者，这样人与人也将能够和平相处。

您诚挚的

扬·马特尔

[复函]

2009 年 4 月 29 日

尊敬的马特尔先生：

我谨代表斯蒂芬·哈珀总理阁下感谢您的来信，以及随信寄来的三岛由纪夫的《午后曳航》和切斯特·布朗的《路易斯·瑞尔》。

对于您寄来的这些书，总理希望我能帮他转达对您的谢忱。请您相信，我们非常重视和感激您的善举。

您真诚的

S. 罗素

执行通信官

切斯特·布朗（1960— ），加拿大漫画家，"非主流漫画运动"干将，创作过几部图像小说及一系列漫画作品。他的漫画风格恐怖狰狞，被归于惊悚、超现实主义及黑色喜剧派别中，主题也较为黑暗，常常关注人类心理问题和同类相食行为。布朗最为著名的作品是《路易斯·瑞尔》，花费了他五年时间才完成。其他作品包括《花花公子》《我从未喜欢过你》以及漫画系列《美味的毛皮》和《在水下》。布朗的故乡是蒙特利尔，现居多伦多。

三岛由纪夫（1925—1970），本名平冈公威，日本中长篇及短篇小说家、诗人、传统歌舞伎编剧。三岛的代表作有《假面自白》《金阁寺》《午后曳航》以及《丰饶之海》四部曲。这些作品不仅确立了他在日本文坛的地位，更让他在全世界享有经久不衰的盛名。三岛在带领他的私人军队占领一个军事基地后自杀，似乎是在抗议日本渐渐偏离其传统价值观。

第 55 本书

《礼物》[1]

路易斯·海德 著

2009 年 5 月 11 日

谨与

加拿大总理斯蒂芬·哈珀

分享一份礼物

并致以美好祝愿

加拿大作家 扬·马特尔

尊敬的哈珀先生：

　　非虚构作品的一大优势，就是可以聚焦在选定的主题上。如果说虚构作品如同人文学科一样宽泛，那么非虚构作品就像理科一样有所专攻。小说家常常听到编辑对他们说："要展示，不要讲述。"他们必须这样做，因为小说要创造一个个崭新、陌生的世界，这一个个世界不仅要被描述，还须被感受。而非虚构作品则是基于现实世界，基于我们生活的世界，这个世界有真正的历史和真实的历史

---

① 该书有电子工业出版社的中译本，译名为《礼物：创新精神如何改变世界》。

人物。当然，要想让这些历史事件和历史人物跃然纸上，优秀的写作技巧必不可少。然而，以真实世界为蓝本，可使非虚构作品的作家免除完全虚构人物和情景这一繁重的任务，给他们更多直抒胸臆的自由。他们获得了深入探究某个话题的能力，却同时失去了广泛的吸引力。若要阅读非虚构类作品，读者需要对作品的主题抱有很强烈的兴趣。比如，同样描写封建时代的日本，虚构类作品会比纪实类作品更受欢迎。至少詹姆士·克拉维尔的小说《幕府将军》是如此，而我认为这并非特例。

这种专攻一门的结果是，非虚构作品的世界变得更加支离破碎。虚构作品之间的相似性远远高于非虚构作品之间的相似性。我们给这些分类冠以的名称即是明证：我们知道何为虚构作品，所以我们便以此称呼，在那一标签下，我们坦然畅快地放进了戏剧、诗歌、长篇小说和短篇小说。可是，非虚构书籍怎么办呢？呃，由于我们不是很清楚它们到底是什么，于是只好以排除法来定义它们——"非虚构作品"。这一缺乏惯例的结果则是，伟大的非虚构作品显示出了高度的原创性。

本周寄给您的这本书，便是非虚构作品原创性的一个佳例。通过《礼物》，路易斯·海德阐述了礼物的意义与重要性：礼物作为人们给予他人的物品或服务是无偿的，也不求具体或即刻的回报。怀着这种单纯的理念，海德描绘了一系列的人物、地域和习俗，把小说中常见的凌杂芜乱整合成一个连贯的整体。您会读到的。美国的清教徒、爱尔兰和孟加拉的民间传说、新几内亚的特罗布里恩群岛居民、新西兰的毛利人、太平洋沿岸美洲印第安人的炫财冬宴、嗜酒者互诫协会、佛陀传说、福特汽车公司、芝加哥贫民区一笔突来的横财、马丁·路德、约翰·加尔文、沃尔特·惠特曼和埃兹拉·庞德的生平，以上只是我记得的一小部分人物和事件——海德将这一切糅合在一起，就交换礼物与交换商品之间的不同提出了他的观点。礼物交换与商品交换中使用的"货币"是迥然不同的。前者交换的是情感，后者交换的是金钱；前者建立亲近，后者导致疏离；前者创建集体，后者释放自由；前者创造无法流通的资本，后者一旦停止流通就会失去价值。书中借助了大量人类学和社会学的实例来一一检验这些观点。

艺术是《礼物》的核心。海德将艺术的方方面面均视为礼物：创造力是上帝赐予艺术家的一件礼物，艺术创作本身也是一件礼物，然而，颇为尴尬的是，在我们当今的经济体制下，艺术竟被作为礼物来交易。在我这里便是如此。我从未用金钱来衡量我的创造力。我对写作一如既往，一无所求。但是，艺术家也要生活。那么，该如何量化艺术的价值呢？该如何将一首诗歌的价值按照货币价值进行换算？我再次强调：这太尴尬了。假如海德推崇赠予礼物而贬低商品交换，那并不是因为他是一个空谈理论的唯心主义者。他的思想十分明晰：在这个商品驱动的社会，我们已忘记了礼物的真谛，而这一遗忘的代价便是我们心灵的日渐枯萎。

《礼物》为枯萎的心灵带来了雨露甘霖。对海德来说，礼物的意义远远超越圣诞节和生日时的你来我往。它其实是一门哲学。在阅读了数百页关于世界各地礼物制作与礼物赠予的记述之后，很难不受感染。也许我们忘了，赠人玫瑰，手留余香；只有将慷慨分享的精神传递下去，礼物才具有了生命，才能像鱼儿一样在人类社会中自由畅游。这就解释了为什么我们最珍视的东西往往都是别人送的，也许这才是最自然的交换方式。读过这本书后，至少您看待"礼物"的方式会有所不同。

最后，本着海德这本书的精神，我还有一点要说。迄今我已给您寄了五十七本不同体裁的书，只要您还是总理，更多的书会源源而至。我猜想，这些书正静静地立在您办公室的某个书架上。但它们不会永远在那儿。总有一天您会离职，会带走您在任时所有的文件。这些文件将被分装到数百个纸箱中，最后，这些纸箱会被存放在加拿大的国家档案馆，到时学者们会打开箱子，钻研里面的东西。如果我送给您的书也是那样的命运，我会非常伤心。小说、诗歌、戏剧的生命不该在纸箱中度过。就像所有礼物一样，它们应当与人分享。我冒昧建议，您不妨将我同您分享的书也与其他人分享。一本一本地，或一下子全部，按您所愿的方式将这些书送给别人，只附带两个条件：第一，它们在读后不应被某个人永久保藏，而应在一人读完之后及时传至他人；第二，永远不应卖掉它们。这样，我们书友会的"赠礼"精神才能永葆生机。

您诚挚的
扬·马特尔

另：可否请您转达我对罗素先生／女士的感谢，感谢他／她上次对我寄给您的两本书的回复。

[复函]

2009 年 5 月 22 日
尊敬的马特尔先生：

我谨代表斯蒂芬·哈珀阁下告知您，您的近函已收悉。

十分感谢您与总理先生分享您的读书心得。请相信，我们已慎重考虑您的意见。如您想了解更多的政府倡议，请光顾总理的官方网站：www.pm.gc.ca。

您真诚的

L. A. 拉韦尔

执行通信官

路易斯·海德（1945— ），美国诗人、翻译家、散文家和文化批评家，曾主编亨利·戴维·梭罗的一部散文集，并将诺贝尔奖得主、西班牙诗人维森特·阿莱克桑德雷·梅洛的诗歌译为英语。创作有文化批评著作《骗子创造这个世界》和诗集《这个错误是爱的象征》。海德曾任哈佛大学讲师、凯尼恩学院教授。

第 56 本书

《化身博士》

罗伯特·路易斯·史蒂文森 著

2009 年 5 月 25 日

谨向

加拿大总理斯蒂芬·哈珀

致以美好祝愿

并祝您的海德先生好运

加拿大作家 扬·马特尔

尊敬的哈珀先生：

有些时候，一个故事仅用一幅图景便可捕捉本来飘渺而无法表达的东西。相信您本人也有过这样的体会：一本书、一篇文章抑或一部电影精辟地说出了原本萦绕您心中的朦胧想法。佐证这一点的最好范例就是罗伯特·路易斯·史蒂文森的《化身博士》了。这本书首版于一八八六年，甫一问世即大获成功，当时几乎每个识字的人都读过它（这当中包括维多利亚女王与格莱斯通首相[①]），它也成

[①] 爱华特·格莱斯通（1809—1898），英国政治家，于 1868 至 1894 年间四度任英国首相。

了一部经久不衰的名著。自人类诞生以来，善与恶的道德区分就早已为人所知。家长与老师的教诲让我们每个人都对善恶有了正式的了解，而在亲身经历之后，我们对此二者再熟稔不过了。但我疑心我们中的大部分人会宣称自己早就与"善"为伴，与"恶"无缘了。也就是说，我们与善恶相处的方式是认定自己是善良的，虽然也许不完美，但已是足够的好，肯定比周围的人都要善良，而且我们粉饰一切来维持这一自我形象。我们认为，恶基本上存在于外界。其他人是罪恶的：罪犯、坏警察、腐败政客、游手好闲的青年等都是如此。我们看到这世界罪恶横行，但认定其中绝不包括我们自己。

史蒂文森这部小说的高明之处就在于他刻画善恶力量的方式：他将善恶塑造成两个鲜活的人物，这两个人物共存于一个具有两面性的人体内。即使您未曾读过这部精短的小说，我确信您也知道，杰基尔博士与海德先生并非两个人，而是同一个人。两个人物不仅性格相异，外表也迥然不同；他们一善一恶，作为道德的两个极端共存于同一个人的内心之中，进行着殊死的斗争。杰基尔博士高大英俊，拥有无可争辩的声誉，同时也是这个备受折磨之人的善良化身；而干瘪、冷酷、臭名昭著的海德先生则是恶的代表。小说的不凡之处是作者让二者进行对话。两者栖居于同一个灵魂之中，清楚地意识到彼此的存在，并且一直处于不间断的争斗之中。我们知道哪一个必将取胜。如果杰基尔博士赢了，如果善永葆善心，那就是励志的布道，而不是精彩的故事。我们需要海德先生有胜利的一日——但不用担心，他的胜利是短暂的——这样我们才能感受恐怖小说那特有的震颤。

小说共有十章。前八章的叙述紧凑有力却流于传统。奇谲、恐怖的事件时有发生，故事遮遮掩掩，悬念迭出，扑朔迷离，令读者欲罢不能——小说涵盖了成功的哥特恐怖故事所需的所有手法。

在之后的第九章，我们从一个次要人物——杰基尔博士的同事——口中了解到邪恶的海德先生，这个冷酷的凶手不是别人，正是完全变了形的杰基尔博士。对于事先毫不知情的读者来说，谜底的揭晓令人震惊。然而，《化身博士》超越普通恐怖小说的高明之处可在第十章中找到，它是小说最后也是最长的一章，由饱受折磨的杰基尔博士本人讲述。小说最精彩的部分也就在这里。这里没有对善恶作出的泛泛之论，没有沾沾自喜，也没有指指点点，所有这些令人厌烦的东西在这一章里统统没有。在第十章"亨利·杰基尔的忏悔"中，我们听到杰基尔博士公开坦承并谈论他那邪恶的一面，以及他行恶的原因。他让躯体屈从于邪恶面，是为了让他身体里善的一面更加高尚，从此免受邪恶诱惑的困扰。也就是说，海德先生的诞生是为了发扬杰基尔博士的善。可是，哦，别忘了邪恶的诱惑啊！杰基尔博士对其第二自我所犯下的种种罪行既惶恐又着迷。渐渐地，这种着迷完全吞噬了他。起初，海德先生服用药水便能轻易地变回杰基尔博士，但是随着时间的流逝，药水的功效逐渐丧失。原本居于支配地位的杰基尔博士开始让位于海德先生，直到这个人的本性变成了海德先生。

聆听一个备受折磨的双面人发自内心地讲述其善恶交战经历，无疑是一种惊心动魄的阅读体验，它将我们每一个人——只要我们拥有明晰的道德观念——都会遇到的善恶挣扎放大到一种骇人的地步。这就是这部小说拥有恒久魅力的原因。我们都是杰基尔博士，摆在我们每个人面前的道德问题是相同的：你会如何对待潜伏在你身上的海德先生？

根据对原著的阅读，我认为让杰基尔博士饱受折磨的邪恶显然是一种性欲的邪恶，即维多利亚时代对同性恋冲动的压制。不知您意下如何？不知您可有发现线索，得出同样的结论？然而，和阅读所有精湛的故事一样，在阅读这本小说时，读者仿佛能看到自己的个性被映照出来。就以从政的您为例，一方面，您想为公众谋福利，另一方面，为达此目的您又非行些恶事不可，这样的内心矛盾想必每天都会困扰您吧。如果对杰基尔博士与海德先生这两个形象生动又形成鲜明反差的形象了然于心，那将对您塑造自己的形象、成为一位"杰基尔总理"大有帮助。

最后一点：此书的书名切合题意，画龙点睛，实属罕见。《化身博士》（原名《杰基尔博士与海德先生》）——这一个个单词是那么自如地滚过我们的舌头，博士（Dr.）与先生（Mr.）这两个称谓的英语发音与字形一一对位，悦耳动听，而杰基尔(Jekyll)与海德(Hyde)这两个名字十分少见却又易记。奇怪的是，作者从未向读者交代海德先生这一名字从何而得。杰基尔博士在实验室吃下药剂，变成另一个人，走到镜子前，于是"我第一次看到了爱德华·海德的模样"。显然，史蒂文森知道他取的这两个名字很出彩。医药本身的意义在于行善，在于救死扶伤，而这位好医生名字的第二个音节（kyll）却和死亡（kill）的发音押了韵。读一下海德先生这个名字，我们不难发现他正是杰基尔博士想"隐藏"（hide）的一个角色。这一切巧妙无比，任何读过这故事的人都会对这书名过目不忘，而这故事也会萦绕心头。

您诚挚的

扬·马特尔

另：我已收到执行通信官罗素的又一封复函，这次是关于本人的赠书——莎士比亚的《凯撒大帝》（参照第51本书回信部分）。继两年的沉默之后，这两封回信时间相隔甚近。在随莎剧附寄的那封信中，我表达了对社会科学和人文研究委员会以及加拿大期刊基金会最新指导方针的担忧。那纯粹是政治事务，是总理办公室通信官的本职工作。然而，对于本人赠送总理的另两本书——切斯特·布朗的《路易斯·瑞尔》（第53本书）和三岛由纪夫的《午后曳航》（第54本书）——的回复倒着实出人意料。不过，我觉得凡是与瑞尔相关的任何东西都事关政治，都值得您回应，无论是多么间接。不知能否有一天收到您的亲笔回信。毋庸置疑，如您愿意来函，我们有许多的书籍可供谈论。

[复函]

2009年6月16日

尊敬的马特尔先生：

　　总理办公室于2009年5月5日将您的信函复印件转发本人，此信有关2009年预算决定将加拿大社会科学与人文研究委员会临时增发的奖学金专门发放给攻读与商科相关学位学生的事宜。本人对延迟复函至为抱歉。

　　加拿大政府认识到，富有才干、技能和创造性的人才是国民经济的最关键因素，且一直致力于以"发动科技，振兴加拿大"的科技战略增强加拿大国民优势。我国政府不仅维持而且增加了联邦政府对加拿大研究生的支持力度。在2007年度预算中，我们扩大了加拿大研究生奖学金计划，每年资助各研究领域的5000名学生。在这些奖学金获得者中，2600名由加拿大社会科学与人文研究委员会支持，1600名通过加拿大自然科学与工程研究会、800名通过加拿大卫生与健康研究所得到资助。

　　2009年度预算宣布，将进一步临时增加加拿大研究生奖励的数目，这些奖励将作为《加拿大经济行动计划》的一部分于2009—2010年度和2010—2011年度颁发。这一资助增长将帮助学生在他们面临劳动力市场疲软时通过进修深化其技能。2009年预算中提供的2500项额外奖学金中，500项将由加拿大社会科学与人文研究委员会授予攻读与商科相关的学位。

科技战略旨在满足在加拿大形成更加先进的商务培训体系的需求，以促进创新和改善国民经济的全面健康发展。我们注重与商务相关的研究，将为有关加拿大未来经济成就的领域深造的学生提供额外的支持和激励。

本政府认可一切社会科学与人文学科都在蓬勃的经济和社会发展中做出了重要贡献。社科与人文研究能够推进知识，增进对个别团体与社会的了解，而知识和了解有助于探讨至关重要的社会、文化、经济、技术和福利问题。它们还给各社区、企业和政府提供了生机勃勃和健康的民主基础。加拿大社会科学与人文研究委员会将继续通过现行的加拿大研究生奖学金项目为一切社会科学与人文学科颁发加拿大研究生奖学金。在以后的三年中，加拿大社会科学与人文研究委员会预计将颁发5700项加拿大研究生奖学金，其中的5200项——超过90%——将颁发给社会科学与人文学科的所有领域。

额外奖学金的颁发将遵循加拿大社会科学与人文研究委员会的指令，支持社科与人文的卓越研究和学术培训。它们将有助于确保商务相关研究领域的优秀研究生为促进加拿大的繁荣做出贡献。

感谢您的来函并请接受本人的良好祝愿。

您忠诚的

托尼·克莱门特

工业部部长

罗伯特·路易斯·史蒂文森（1850—1894），苏格兰小说家、诗人和游记作家。他一生饱受病痛折磨，却游历甚广，羁旅各地，包括法国南部和南太平洋地区。他曾与妻子范妮一同寓居萨摩亚群岛，并安葬于当地的瓦埃山。他的其他著作包括《金银岛》《黑箭》和《诱拐》。

第57本书

《广岛之恋》

玛格丽特·杜拉斯 编剧

理查德·西佛 译自法语

阿伦·雷乃 导演

2009 年 6 月 8 日

谨向

加拿大总理斯蒂芬·哈珀

致以美好祝愿

加拿大作家 扬·马特尔

尊敬的哈珀先生：

　　这是我第一次为您寄送原创剧本以及据此改编的电影。这部《广岛之恋》由玛格丽特·杜拉斯创作、阿伦·雷乃执导。杜拉斯的名字常与法国"新小说"文学思潮联系在一起,而阿伦·雷乃则是法国"新浪潮"电影运动的代表人物之一。"新小说""新浪潮"——这里两次出现了"新"这个形容词。诚然,杜拉斯、雷乃以及他们在二十世纪五六十年代的同侪都试图在各自的领域打破传统,做点"新"的事情,以更好地适应当下的需要。尽管《广岛之恋》上映于半个多世纪以前的一九五九年，时至今日它的新颖性依旧没有销蚀。

关于这一点，您在观看电影后即可感受到。《广岛之恋》似乎沿袭了所有传统电影的特点：黑白胶片拍摄，人物的服饰在今天看来完全是"复古装"，影片中出现的轿车放到现在便是古董车了，诸如此类，不一而足。但是很快电影便完全颠覆了我们的预期。以它的主题来说吧。如今上映的大部分电影仅仅以娱乐大众为己任，它们只负责逗弄观众，却不会真正地让观众坐立不安。《广岛之恋》完全不是如此。这从影名本身就一目了然。作为世界上第一个被原子弹轰炸的城市，广岛长久地被悲伤与混乱笼罩，将永远被人们铭记。"广岛"之后紧跟着"我的爱"①。我的爱？七万男女老幼瞬间丧生，至少十万人罹患核辐射后遗症，这能是我的爱吗？影名提醒您：这不是一部可以边吃着爆米花，边轻松观看的影片。

另一个挑战来自电影的叙事方式。尽管电影没有加入任何特效，但它实在算不上是一部写实电影。表面上，电影讲述的是一位法国女演员来到广岛拍摄一部宣传和平的电影，她邂逅了一位日本建筑师，并与之展开一段短暂爱情的故事。但是，这样概括就像将《威尼斯之死》的情节仅说成是老作家前往威尼斯度假并在那里死去一样错失了核心。《广岛之恋》中的情节，就像在《威尼斯之死》里一样，并不居于重要地位。真正决定这部电影特质的是痛苦、渴望、记忆与时间的力量。杜拉斯的剧本与雷乃执导的电影就像一出歌剧：它们关乎七情六欲。因此，故事是极简主义的，剧中的人物仅仅以"他"与"她"指代，事件发生的次序实难预料。《广岛之恋》是一部促人反应的电影，就像情感本身那样应时而动，它具有强烈情感所固有的特质：任性、固执、别扭，却有着奇异的吸引力。与之相比，如今我们在电影院里看到的那些程式化的陈词滥调毫无价值可言，几

① 原著标题 Hiroshima Mon Amour 直译为"广岛，我的爱"。

乎令人麻木了。

《广岛之恋》既令人警醒，又非同凡响，是一部精妙、睿智、感人的作品。我希望您能奋起迎接它的挑战。

您诚挚的

扬·马特尔

　　另：这次又收到一封复函。虽然此信并没有提到它针对的书名，但依据日期的记载，5月22日，它一定是一封致谢函，以答复我赠送的由路易斯·海德撰写的《礼物》。(请参照第55本书的回信部分。)我觉得您的另一位执行通信官拉韦尔并没有怎么看我的书。请问：您究竟会不会给我写信呢?

　　玛格丽特·杜拉斯（1914—1996），法国作家、电影导演。她是二战期间法国抵抗运动的一员。她的小说《情人》获一九八四年度龚古尔文学奖。杜拉斯安葬于巴黎蒙巴那斯公墓。

　　阿伦·雷乃（1922—2014），法国电影制作人。十四岁时开始制作电影。他的纪录片作品包括赢得奥斯卡金像奖的影片《梵高》（1948）、《夜与雾》（1955）以及《高更》（1950）。他也常常将其他艺术作品改编为电影。

第 58、59 本书

《逃离》

艾丽丝·门罗 著

和

《门》

玛格丽特·阿特伍德 著

以及

《路》

奥利弗·施罗尔的音乐 CD

2009 年 6 月 22 日

谨向

加拿大总理斯蒂芬·哈珀

致以美好祝愿

加拿大作家 扬·马特尔

尊敬的哈珀先生：

　　请问您是否与艾丽丝·门罗通过电话？记得我在获得布克奖时，

接到了克雷蒂安总理①的来电。当时我住在柏林，而总理在渥太华，因此在电话接通前还是稍稍费了点周折。总理的助手先联系到我，记下我的号码，之后我们约定了第二天和总理通话的具体时间。第二天，办公室的电话如约响起，对方正是让·克雷蒂安先生。虽然我早已知道这会是他的电话，但在那一刻，我还是有些错愕：我是在和加拿大总理通电话啊！而且是总理主动要求与我谈话！我们交谈了几分钟，他祝贺我获得布克奖，我也表示很高兴能为加拿大赢得第三个布克奖。他说他觉得写一本书可真难哪，并提及了他曾写过的一本题为《心中的话》的回忆录。我说写一本书确实不易，但一切付出都是值得的。他深表赞同。我们就这样持续交谈了几分钟，并不熟识却相谈甚欢。然后他说他有事必须得挂电话了，我立即对他的来电表示感谢。我对他说，我非常荣幸能与他通话，并祝愿他心情愉快。他也对我表示了同样的感谢与祝福。一位日理万机的政要，竟肯抽出些许时间与我通话，我深为感动。毕竟，他能从中获得什么呢？他给一名加拿大公民打了一通私人电话，顶多可多得一张选票而已。但这不是他的出发点。他是堂堂的加拿大总理，全体加拿大人的总理啊！显然他认为自己有责任亲自祝贺一位刚刚为自己的国家获得殊荣的加拿大作家，即使他并未读过这位作家的获奖作品。

现在艾丽丝·门罗荣获了布克国际文学奖。这一奖项只每两年颁发一次，奖励在小说创作中成就卓然的作家。继二〇〇五年阿尔巴尼亚作家伊斯梅尔·卡达莱与二〇〇七年尼日利亚作家钦努阿·阿契贝获得该奖项之后，我们自己的艾丽丝·门罗也摘得了二〇〇九年度布克国际文学奖。这是多么值得称颂啊，不是吗？

为了向艾丽丝·门罗致敬，这周我向您寄送的是她出版于

① 让·克雷蒂安（1934— ），于 1993 年当选加拿大总理，又于 1997 年和 2000 年两次大选中连续获胜，蝉联总理，于 2003 年 12 月卸任。

二〇〇四年的短篇小说集《逃离》，包括纸质书与由金伯利·戴金朗读的有声读物。给您寄这本有声读物并没有什么特别的缘由，只是因为我碰巧看到书店里有售。想到此刻正值夏天，正是出游的好季节，我想您会愿意将这些 CD 装进汽车的 CD 播放器里（总共有九张），让自己沉浸在门罗那些亲切怡人的故事之中。在集子的第二篇《机缘》中，一桩奇妙的巧合会向您奔袭而来。故事的主人公朱丽叶提到她与同事一起去看了一部电影的重映。您知道是哪部电影吗？正是我上周寄给您的《广岛之恋》。您说出现这种巧合的概率会有多高？（您喜欢那部电影吗？）至于作家艾丽丝·门罗，她早已名扬四海，倍受仰慕，所以我觉得在这里谈论她的作品不免有点傻里傻气，但万一您不太熟悉她的作品，我就啰嗦几句。众多小说——包括我自己的——依赖离奇诡谲的东西，依赖读者不可能遇见的人物或不可能经历的事件。阅读这样的故事仿若踏上一段海外之旅，我们因所见皆为陌生、新奇之物而心旷神怡。门罗可从来不这么干。她的故事讲的可能就是我们身旁的邻居，发生在他们身上的事情也是我们耳熟能详的。这样做是否会使故事显得无聊、乏味或是庸俗了呢？换作别的作家或许会吧，但是一旦到了门罗笔下，一切就不同了。通过细节刻画与心理白描，小说中呈现的人物故事变得妙趣横生，我们也因此饶有兴味地阅读它们，仿佛在读自己的人生经历。门罗的手法并非是化腐朽为神奇，她只是为寻常事物注入了活力。她的小说更多的是展示生活本身的小波小澜，而非摧毁生活的大起大落。总之，她的作品关乎的是生命的质地。就我个人而言，我之所以喜爱艾丽丝·门罗，是因为她让我更喜爱我的邻居。自从读了门罗的小说集之后，我觉得我的邻居个个都能成为她笔下的人物，这也成为他们身上的可贵之处——他们变得如小说般丰富立体了。

《逃离》的纸质书与有声读物算是我为您挑选的第58本书。在给您寄送第52本书《燃冰》的那封信里，我曾提过我将会短暂出游：我将去秘鲁三周，徒步游览那里的高山与森林，去看看气候变化对热带环境的影响。我不确定到时是否还能给您从亚马逊网上邮书，所以我决定在本周的包裹里把第59本书一并送上，我之前也曾干过这样"合二为一"的事。还有什么书比玛格丽特·阿特伍德的作品更契合艾丽丝·门罗的小说呢？这两个名字经常被相提并论，人们甚至会觉得她们是一对连体婴。她们，还有迈克尔·翁达杰，无疑是最享誉国际的加拿大作家。既然说到获奖，不得不提到阿特伍德为加拿大赢得了第二个布克奖，而第一个获此殊荣的加拿大人就是翁达杰。

我此次为您挑选了玛格丽特·阿特伍德的最新诗集《门》。我已有一段时间未给您寄送诗集了。阿特伍德是一位多面手，她的诗歌创作与她的小说创作一样才气过人。在我看来，一本诗集最美妙之处在于它在寥寥数页中便可涵括极其丰富的内容。失而复得的玩具小屋、爱猫之死、渐渐老迈的双亲、罗马皇帝卡利古拉统治下的生活、战争、旧相片以及其他许许多多的话题——每首诗都是一个自成一体的小世界，而这部诗集俨然就是一整个银河系了。《门》中的诗作娓娓道来却不失敏锐，它们题材广泛，既有丰沛的感伤，也有政治的抒怀。我尤其要向您推荐《猫头鹰和猫，几年以后》与《门》这两首诗。前者关涉诗人自己的生活；后者正是整本诗集标题的来源，整首诗精彩绝伦，以摇曳的门作比，在短短两页里道尽了生活、生命以及人生的真谛。此外，我还想向您推荐一个读诗的方式：第一遍默读，理解诗意；第二遍大声朗读，领会真意。

寄给您出自同一国家两个不同作家的作品，让我开始思考所谓的"民族文学"是否真正存在。我们是否能在门罗和阿特伍德的作品里找到某种加拿大的内核？在托尔斯泰和陀思妥耶夫斯基的文笔中，是否有一种俄罗斯人特有的风格？在奥斯汀和狄更斯的小说里是否就能嗅出英国人的气质？依此类推。当然，小说使用的语言及故事发生的背景能为我们提供一点线索。例如，一个场景设置在德国、用德语写就的小说很可能是一位德国作家的作品——但是，这就一定说明这是一个德国特色的故事了吗？如果一个加拿大作家把故事发生地设在印度，好比罗因顿·米斯特里写的《微妙的平衡》，就一定比发生在安大略省的故事少点"加拿大味儿"了吗？您曾经对米哈伊尔·伊格纳季耶夫^①常年居于国外是否还是加拿大人表示质疑。这样的质疑是否也适用于我们分析小说呢？我认为不论是对人还是对作品，这样的质疑都有失公允。我本人也在国外生活多年，但我从不觉得自己因此就少了些加拿大特质。对于加拿大文学我也持相同态度。不妨以作家约瑟夫·史克沃莱茨基^②为例。他的作品以捷克语写就，讲述的大多也是捷克的事情，但他在加拿大已生活了四十多年。我们就能因此否认他身上的加拿大特质吗？如果是，我们依据的又是哪一种标准呢？如果仅仅以使用哪种语言来评判，那么对于由各国作家使用英语和法语写成的作品我们又该怎么评判呢？"民族文学"这个命题既吸引人，又如泥潭般让人却步。如果确实存在这样一种文学，那这样的文学一定是不断变化又极具渗透性的。同时，它又会引发另外一个问题：是国家决定了作家作品的特质，还是作家反过来决定国家的特性？我认为这个问题可以从两方面来论述。有些作家，例如卡夫卡，他的作品显然和他创作的特定时间、地点

---

① 米哈伊尔·伊格纳季耶夫（1947—），2009 年获选加拿大自由党党魁，曾任加拿大国会下议院官方反对党领袖，也是扬·马特尔致斯蒂芬·哈珀第 47 本书的作者。
② 约瑟夫·史克沃莱茨基（1924—2012），捷克作家及出版商。他的作品风格多样，所写侦探小说闻名捷克文坛。1968 年"布拉格之春"事件后流亡加拿大，创办出版社，用捷克文、斯洛伐克文出版捷克斯洛伐克作家在国内被禁的作品。

和文化背景有不可分割的关联。而另外一些作家，如阿特伍德与门罗，她们似乎更趋于国际化，假如生于不同的环境，但个性相似的话，她们同样可能作为英国、法国或美国作家而为人所知。谁知道呢？唉，在这一段里我已数次作了自相矛盾的阐释。不要紧。显然对于民族文学这个命题，我还没有一个现成的答案。

最后，本周为您送上加拿大小提琴家奥利弗·施罗尔的音乐CD《路》，意谓圣地亚哥之路。圣地亚哥是位于西班牙西北部的一个小镇，那里自中世纪以来一直是一处重要的朝圣胜地。几个世纪以来，人们从欧洲各处徒步来到圣地亚哥朝拜。在于二〇〇一年完成小说《少年Pi的奇幻漂流》之后，我曾徒步五个星期、一千六百公里前往圣地亚哥朝拜。这真是一次美妙的体验。施罗尔也曾探访过那里，并因此创作出这张CD。我把它奉送给您，是因为这音乐悠扬动人，余音绕梁。遗憾的是，就在去年夏天，施罗尔因患白血病去世，这也为他的音乐平添了一份悲怆之情。

希望您能喜欢这个颇显拥挤的包裹。

您诚挚的

扬·马特尔

艾丽丝·门罗（1931—　），加拿大短篇小说家。她的小说大多以安大略省的西南部为背景，侧重描写"普通人"的日常生活。就主题而言，她素来被与俄国短篇小说大家契诃夫相比。二十世纪六十年代，她和第一任丈夫吉姆·门罗搬到维多利亚，开了家"门罗书店"，该书店至今犹存。一九六八年，门罗的第一部短篇小说集《快乐影子之舞》问世。这是个吉祥的开端：小说一举夺得总督文学奖，开启了她丰硕的文学生涯，迄今她已出版了十六部短篇小说集（包括获得二〇〇四年加拿大吉勒奖的《逃离》）。门罗现居安大略。

玛格丽特·阿特伍德（1939— ），诗人、小说家、文学批评家和散文家，并以其在政治和环境领域的活动——以及她在推特网上的活跃身姿——而著称。她著有十三本小说，最近的作品为《洪灾之年》。另外，她还出版了二十部诗集。她的作品已获布克奖、加拿大总督文学奖以及三瓣花图书奖。她还是加拿大勋章获得者。

奥利弗·施罗尔（1956—2008），小提琴家、作曲家、教育家和音乐制作人。他为自己灌制了十二张小提琴碟片，并为他人制作或参与录制了一百多张碟片。最著名的唱片当推《路》。

第 60 本书

《锡笛》

加布里埃尔·罗伊 著

汉纳·约瑟夫森 译自法语

2009 年 7 月 20 日

谨向

加拿大总理斯蒂芬·哈珀

致以美好祝愿

加拿大作家 扬·马特尔

尊敬的哈珀先生：

    这周我给您寄的是小说《锡笛》的法语版和英语版（法文书名：*Bonheur d'occasion*；英文书名：*The Tin Flute*）。这本书出版于一九四五年，作者是加布里埃尔·罗伊。我猜想您大概会选择英语版来阅读，但这部小说深植于其语言，因此您若没能时时地探究原文，难免有些遗憾。如果您仍执意阅读英文版，我建议您可以读一读用法语写就的对话部分。不久前我曾给您寄过《他们眼望上苍》，与它的作者佐拉·尼尔·赫斯顿一样，加布里埃尔·罗伊在本书中也运用了两种风格的语言。当作者以全知全能的叙述者口吻讲述时，所使用的法语中规中矩，合乎语法和句法，不受时间与地点的限制；但一旦其中的人物开了口，特定的时间、地点、语言便一一得以呈现，比如一九四〇年，蒙特利尔附近的贫困地区圣·亨利一带人们讲的白话法语。这种法语别处是没有的，所以，假如您不趁此领略一下，那是蛮可惜的。

就字面而言，小说的法语标题意为"二手的幸福"或是"旧日的幸福"。英文标题表达的是相同的意思，但借用了小说中的一个小元素：在拉卡斯家众多的小孩中，孱弱的丹尼尔总是叫嚷着想要一支小锡笛。对于丹尼尔来说，如果能悠悠地吹奏锡笛，那将是多么高兴的事啊。但由于拉卡斯家一贫如洗，丹尼尔一直未能如愿。无论您读的是哪一个版本、哪一个标题，小说要传达的要旨以及它所描绘的画面都是一样的：失意的人生、被剥夺的幸福和无穷无尽的苦难。自一九四五年以来，魁北克已发生了翻天覆地的变化。如今说法语的魁北克年轻一代也许根本无法相信这个省份曾如罗伊描绘的那样存在过。《锡笛》中的魁北克严重分裂，英国裔与法国裔势不两立，休·麦克伦南 ① 创作的《两种孤寂》——该书与《锡笛》同年出版——也以书名捕捉了这两者间的隔阂。英裔是社会的精英阶层，大多有钱有权，居住于韦斯特蒙特一带的高档住宅区；而法裔则是劳苦大众，贫穷、弱势，居住在圣·亨利之类的鱼龙混杂之处。在这部小说中，英裔魁北克人几乎无法被看到和听到，充其量只是提到了他们居住的豪宅。贫穷的法裔魁北克人翻山越岭，进入不属于他们——他们觉得永远也不会属于他们——的城区，目瞪口呆地看着英裔的豪宅，心里满是嫉妒。其中甚至也很少听到英语，仅在只言片语中偶有所闻。除此之外，无论在语言还是社交上，法裔魁

---

① 休·麦克伦南（1907—1990），加拿大作家，曾五次获得加拿大总督文学奖，《两种孤寂》为其代表作。

北克的人都生活在彻底隔离之中。这种隔绝已超出语言的范畴。虽然小说中没有明言，但我们可以判断，拉卡斯一家之所以这样困顿，之所以处于这样的境地，部分原因在于他们信仰的宗教。他们是天主教徒，而那时的天主教徒，尤其是其中那些比较穷困的，往往有个庞大的家庭。他们被称为 La revanche des berceaux，即"复仇的摇篮"。在他们眼里，英裔可能更富有，更有权势，但法裔定要在数量上压倒他们——法裔就是那么想的。所以有些家庭会养十一个、十五个，甚至十九个孩子。这些数字不仅确保了法裔魁北克人已"克敌制胜"，击败了强大的同化势力，而且也意味着这些大家庭辛辛苦苦为那么多人提供衣食，家境也就越发穷困了。

这部小说围绕拉卡斯这个大家庭的各个成员展开，突出描写了长女佛罗伦汀、含辛茹苦的慈爱母亲露丝安娜，以及佛罗伦汀那好心却总是时运不济的丈夫阿扎休。在这个家庭，只有佛罗伦汀靠做服务生赚得一份稳定的薪水，但这远远不够，整个家庭只能无尽地从一处贫民窟搬至另一处更廉价更不堪的地方，永远生活在肮脏的环境、悲惨的境地之中，永远衣衫褴褛、营养不良。他们是那一经济体制下不幸的奴隶，是一群"多余人"。让他们坚持活下去的唯有他们的梦想。佛罗伦汀在爱情里寻找庇护；阿扎休憧憬着似锦的前程，虽然由于能力有限，这样的未来不可能实现；佛罗伦汀的小妹妹伊冯娜则躲进宗教里寻找慰藉。他们软弱无力，一贫如洗，被生活压弯了腰。苦难并未造就天使，而仅仅确证了他们的人性。他们的命运如此多舛，最终只能与战争为友。参军入伍，获取微薄的军饷，成了他们唯一的谋生之道，不论这是否意味着他们可能要送命或者得要别人的命。

小说中有一个自始至终未曾露面的人物，那就是神父。一幅幅粗制滥造的圣像制品装饰着拉卡斯家客厅的墙壁，这家人的声声感叹和句句亵渎本质上也是宗教性的,可是神的真正仆人——神父——却从未在小说中出现。这一点令我困惑不解。小说中诸多的不幸——显然是精神上的不幸——可以归罪于天主教会。天主教会宣扬须得接受此生的苦难才能获得来世的馈赠,这一教诲影响至深,使得教徒们逆来顺受,听天由命。而更严重的是,教会严苛的道德准则意味着女人一旦未婚先孕,她的一生就被毁了;她生下的小孩,即使父母健在,也会被视为孤儿,深受社会排挤。那时的教会,在很大程度上与现在的教会一样,是反女权、反现代、反启蒙的,非常蒙昧和守旧。就在魁北克教徒在物质贫穷、心智呆滞中腐烂之时,教会却给他们喂服腐臭的精神安慰剂。我不明白加布里埃尔·罗伊为何没有在小说里狠狠抨击这一机构。

这只是一个小小的批评意见。《锡笛》虽然是虚构作品,但却坚实地扎根于现实。它既是一部精巧的小说,也是一部回忆录、一段历史文档。作为一个生活在魁北克的法国后裔,当我读到几代之前先辈们的境遇如此不堪,不禁有些汗颜,继而对那些造成此等境况的始作俑者深感愤怒。当您读完这本小说,您会立刻明白是"寂静革命"[①] 背后的力量促使魁北克地区迅速迈入现代化,让这个曾属加拿大最为落后的省份一举跃升为最富进取性的地区。

此刻,我不得不仓促地结束这封信了。我的伴侣艾丽丝的羊水破了,我们第一个孩子即将诞生,他是个男孩,我们给他取名西奥。孩子是一部最好的小说,有着美妙的情节与不断发展的个性。我必须好好照料他。

---

① 寂静革命(法语:La Révolution tranquille),指加拿大魁北克在 20 世纪 60 年代社会迅速变革的一段时期。变革内容包括社会的世俗化、地方福利的建立和分离主义与联邦主义政治势力的重组。在魁北克政府接管之前,教育事务与社会福利均由罗马天主教负责。寂静革命之后,省政府建立了教育与医疗部,扩大了公共事务范围,加大对教育和基础设施的投入,对电力公有化,并加强了魁北克人对本地经济的控制。

您诚挚的

扬·马特尔

另：又收到了两封附函。一封是工业部部长托尼·克莱门特寄来的，对于我就加拿大社会科学与人文研究委员会奖学金发放之质疑的完整回复（参见第 56 本书的回信部分），而另一封是您的通信官 P. 蒙蒂思为我寄去的前一本书简略地表达了感谢（参见第 52 本书的回信部分）。

又及：《锡笛》法文版书的状况稍显破烂，请您见谅。我前些日子在秘鲁亚马孙雨林中读它的时候，雨林的潮湿趁机钻进了书里。

加布里埃尔·罗伊（1909—1983），加拿大作家。首部小说《锡笛》获费米娜奖；该小说的英译版本获加拿大总督文学奖以及加拿大皇家学会洛恩·皮尔斯勋章。罗伊的一段话被摘录到 20 加元纸币的背后："没有了艺术，我们究竟还能否了解任何一个人？"

第 61 本书

《野兽国》和《厨房之夜狂想曲》

莫里斯·桑达克 著及插图

2009 年 8 月 3 日

谨向

加拿大总理斯蒂芬·哈珀

送来一个关于童年奇趣的温馨提醒

并致以美好祝愿

加拿大作家 扬·马特尔

尊敬的哈珀先生：

为了纪念我儿子西奥的诞生（今天已经是他降生的第十五天了，我一直围着他团团转），这周我要向您推荐两本图画书——《野兽国》和《厨房之夜狂想曲》。它们都出自一九二八年出生的美国作家、插画家莫里斯·桑达克之手。两本书都让人爱不释手、过目难忘。您只要读莫里斯的书——更多的时候这些书会先被大人们读给你听——这些故事就会陪伴您一生的时光。对此我绝没有夸张。您不妨这么一试：随意地对您周围的朋友提起"我收到了一本叫作《野兽国》的书"。您将会惊讶于竟有那么多老于世故的成年人立刻绽露笑容，兴奋地叫道："那是一本绝妙的书啊！"

有一句很可爱的名言：儿童是成人之父。这句话适用于成人性格的方方面面，但我认为它尤其适用于想象力。儿时的梦幻会成为成年以后坚持的理想。因此，儿童文学极其重要，功不可没，它最基本的功能是激发孩子的想象力。因为，尽管孩子们身形弱小，他们的想象力却丰富浩大。令人悲哀的是，我们许多人都在反其道而行之：我们的身形在长大，而想象力却在缩小。我们当中有一些成人，头脑迟钝呆滞，思维刻板死直，只认实实在在的事实，他们的想象力已急剧退化，甚至记不得（更别说想象了）做个小孩是怎样的滋味，即使他们曾经有过真真切切的体验。身为孩子，他们的大脑可以不受"地球引力"的牵制，可以天马行空，纵横驰骋。假如原本可以施展的想象未得到施展，那么，当孩子长大成人后，想象力便会日益萎缩，愈发僵硬。想象力匮乏的人，远比一个无趣乏味、心胸狭隘的人更糟糕。这样一个成年人不会对社会有多大助益，因为他或她想不出什么社会所需的新点子或解决问题的新办法。技能仅仅是知识的一个狭窄聚焦，只是一手牌中的一张而已，而创造力则是那只玩牌的手。因此，我想再次强调儿童文学在人成长初期对想象力培养的重要性。

现在作为成人的我们以成人的视角读书，是因为还处在儿童时代的我们曾经带着童心读书；今天我们已是活生生的成年人，是因为曾经的我们是活脱脱的儿童。书本是连接这两种状态的关键纽带。所以，尽管《野兽国》和《厨房之夜狂想曲》这两本书的篇幅都很短，我还是建议您不要囫囵吞枣，企图速速读完。让它们慢慢地起特效吧。您在阅读《野兽国》时，不妨问问自己：迈克斯的心理状态是怎样的，他为何会有这样的心境，那说明了什么？迈克斯与野兽保持那样的关系，出乎您的意料吗？而在读《厨房之夜狂想曲》的绘本时，您也可以这样问自己：那些蓄着八字胡的厨师让您想起了谁？小男孩米奇从面团里逃跑，并从烤箱里飘出来的这个场景又意味着什么？换言之，我建议您不仅要读这两本书（如大声朗读就更好了），而且要遐思畅想。

您诚挚的

扬·马特尔

另：《野兽国》和《厨房之夜狂想曲》为三部曲系列中的前两部。如果您喜欢它们，您可以把第三部《在那遥远的地方》找来看。寻访书籍，其乐无穷。

莫里斯·桑达克（1928—2012），儿童文学作家与插画家。他创作了超过十六本书，也为更多的书画过插图。他的手稿、档案收藏在费城罗斯巴赫博物馆和图书馆中。在北好莱坞还有一所以他名字命名的小学。

第 62 本书

《凡人》

菲利普·罗斯 著
2009 年 8 月 17 日

谨向
加拿大总理斯蒂芬·哈珀
赠一本关于我们所有人的归宿的书
并致以美好祝愿
加拿大作家 扬·马特尔

尊敬的哈珀先生：

在迎接一个新生命进入我生活的同时，我想我也应该看看老去的生命是如何逝去的，所以这个礼拜我给您寄去的是由美国作家菲利普·罗斯创作的小说《凡人》。罗斯生于一九三三年，从事写作多年。他的第一本书《再见，哥伦布》是一部短篇小说集，里面有六个短篇小说。该书出版于一九五九年，其时罗斯二十六岁。从那之后的五十年间，罗斯又出版了三十余本书，其中多数为小说。又因为他的作品大多带有自传色彩，所以其晚年作品的主题逐渐转向衰老与死亡便不足为奇了。

孩子们一直在成长：他们的体格在壮大、力气在增长，他们的心智以及理解周围世界的能力也在不断增强。如果您还记得这种成长的感觉，它是丰富、美好却又混乱的，接触到不同的人、动物、事物、事件、地方、天气以及大自然，获得种种最强烈的感受：时而兴奋得难以抑制，时而痛苦得无以复加，时而好奇心泛滥，时而又出奇地无聊。那些年我们在情感上的体验标记了我们的人生，指引我们成为我们自己，引导我们在成熟的岁月中有所作为。

然后我们开始变老。衰老意味着萎缩。我们的身躯逐渐缩小，日益孱弱。尚且清晰的大脑雄踞日渐衰败的身体，仿佛它是一棵参天大树，而脚下的泥土与树根正在被一弯河流所侵袭。肉体的痛苦逐渐堆积。这是一场永无止境的战役，完全复原已成痴人说梦。紧接着头脑也开始退化，虽说忘记一些人的名字和面孔并不会让人感到肉体的疼痛，但却会带来心灵的苦楚。更糟糕的是，衰老还带来了孤独：工作不再，老友凋逝，家人有了各自的生活。这个世界似乎已经将我们抛弃和遗忘。身体、精神和社会关系将不可避免地走向垮塌，而这意味着我们作为人的完全消逝，意识到这一点会带来无以逃脱的忧郁与深深的恐惧。活了一辈子，现在该放手人生了——难道还有比这更大的挑战吗？

小说《凡人》讲述了一个无名主人公的一生。在他特定的生活里，他并不普通——毕竟他居住在一个特定的城市，一直从事着一份特定的工作，联系着对他而言有特殊意义的家人、朋友和情人们，但他却只能作为一个普通人去面对自己的衰老以及临近的死亡。小说多从生物学与生理学的角度来描绘主人公"凡人"在身体上经历的创伤与磨难，因此在很大程度上它可以被定义为一个医学故事。疾病与急诊、住院、康复、护士、老人——这就是《凡人》里的大千世界。

这是一个阴郁的故事，有着可以预知的结局。事实上，小说正是以"凡人"的葬礼作为开篇的。罗斯吊足读者胃口，"凡人"的死亡就像伊凡·伊里奇之死一样，既令人恐惧又引人入胜。在读这部小说时，我忍不住拿自己想象中的晚年与主人公的晚年相比较。到时我的心脏也会像他那样发生状况吗？或者我的背部是否也会像"凡人"的朋友米莉森特·克拉玛那样，遭受脊柱老化那难以忍受之苦？到时我的社会关系会怎么样？我会被人照顾，还是孤独终老？人生中有许多悲剧是可以避免的，有的是靠细致的关爱，而有些是凭纯粹的运气。我的前半生非常幸运，没有悲剧，没有不幸降临到我头上。但是人的死亡，肉体的瓦解、心智的衰朽，这一悲剧却是无法逃脱的。它既是个人的命运，也是我们共同的命运。

话已至此，但除了痛苦之外，还有许多种面对死亡的方式，这些方式可以改变死亡的意义。我说的当然是精神之道。假如视死亡为一道门槛，跨越它需要抛却人的肉体，那么死亡就不是终点而是起点，是一种转化。当然有些人闻此会大声叫嚷："宗教的胡言乱语！无知的信口雌黄！"然而一个人的死亡以及他对死亡意义的理解终究不关外人的事。那是很私人的事情。正如孩子的脑袋里充塞着各种天马行空的胡言乱语——这构成了快乐童年的色彩和肌理，那么宗教的信口雌黄也可以成为生命行将结束时释然放手的色彩和肌理。我这样说，是在为超然的生死观据理力争，认为它不仅有切实的用处，而且有深深的快乐（以及可能的真实性），我在此其实已偏离了《凡人》的话题。这部小说完完全全是世俗化的。罗斯的小说中没有赎罪，没有上帝的恩典，也没有克服对死亡的恐惧。小说的结局是阴郁的，而走向结局的过程也是阴郁的。小说从世俗角度得出的唯一教益乃是：及时行乐①，把握今天，享受今天，因为明天你就将死去。

① 原文为拉丁文 carpe diem，字面意思即"抓住今天"或"抓住现在"。

假如这是您第一次读菲利普·罗斯的作品，您一定会惊异于他简约朴实的文风。罗斯确实是一个很会讲故事的作家，不然他不会写出这么多屡获殊荣的小说。虽然"凡人"身上的具体细节与您并不相符——例如他对年轻女性身体的迷恋，那让我联想起某些已步入五六十岁行列、落伍而又老迈的男人——但他心理上的敏锐还是会让您觉得亲切。您或许会因为"凡人"在他人生初期所呈现出的傲慢、愚蠢、自私而厌恶他，但他迟缓而煎熬的暮年还是会打动您。就此而言，他就像您，就像我。《凡人》对情感精雕细琢，制作精良，颇像我给您寄去的这一版封面上的象征之物：一只手表。

几天前，我父亲埃米尔刚步入人生第六十八个年头，他给我寄来了一首他自己写的诗。凑巧的是，这首诗描写的也是衰老之痛，我就将它抄录于此，作为这封信的结尾吧。

> 我从来也没有像现在这样老过。
>
> 我或许会老得连自己都无法想象。
>
> 所以我想独自一人在河边逗留，
>
> 看潮起潮落，
>
> 看哪些驶过的船还会返航，
>
> 看哪艘会停下来让我搭乘，
>
> 把我带回过去。
>
> 这就是我现在的处境，
>
> 这就是现在的我。
>
> 让我独处。

您诚挚的

扬·马特尔

菲利普·罗斯（1933—2018），美国小说家。他著作甚丰，著有"祖克曼"系列小说、《波特诺的抱怨》、获美国国家图书奖的《再见，哥伦布》以及获普利策奖的《美国牧歌》。罗斯的作品着重探讨犹太身份和美国身份的认同问题，故事背景常常设在他的家乡新泽西州的纽瓦克市。二〇一一年，罗斯荣获布克国际文学奖。

第 63 本书

《福楼拜的鹦鹉》
朱利安·巴恩斯 著
2009 年 8 月 31 日

谨向

加拿大总理斯蒂芬·哈珀

赠送一本文学性小说的典范

并致以美好祝愿

加拿大作家 扬·马特尔

尊敬的哈珀先生:

　　这周我给您寄的完完全全是一本文学性小说。您或许会觉得这话有些奇怪。您会问,难道我之前寄给您的那些书不具文学性吗?它们当然有文学性了。但是您现在手里的这本由英国作家朱利安·巴恩斯创作的《福楼拜的鹦鹉》,比之前寄给您的那些书更具自觉的文学特质(突然想到一个例外是我寄给您的第 27 本书,由弗吉尼亚·伍尔夫创作的《到灯塔去》)。许多作家总是以惊心动魄的故事情节、有趣的人物形象来吸引读者,他们寻求如玻璃般的写作风格,透过这块透明玻璃,故事可以清楚地直接被阅读、被感受,仿佛不是作者作为中介进行叙述。所有这些都不是巴恩斯小说的显著特点。当然这并不是说在《福楼拜的鹦鹉》中就没有有趣的故事和人物，没有清晰的叙述。这本书当然有这些，只不过它们所占的比例与其他书中的不太一样罢了。在这部小说里，作者并没有低调隐退，也没有卖力讨好读者。

我们不妨尝试给文学性小说下个定义：一部文学性的小说是要让读者费些力气的。非文学性小说或类型小说通常遵循特定的传统，所以在一部探案小说、惊悚小说或是一部爱情小说中会有读者能立即辨认出的人物形象，有令读者产生特定期待的情节发展，作者接下来要做的不外乎是打碎读者的期待（凶手不是那个医生，而是那个你压根儿不会多想起的小个子老太太）或是确认读者的期待（不用担心，那男孩一定能和那女孩在一起）。而文学性小说却较少遵循已有的惯例。在这些小说里，人物性格更复杂、更具层次，很难依照以往的刻版印象去理解，而故事的情节往往有很多意外。读这样的作品是一种更需心力的阅读体验，读者如同搭乘一列座位并不舒适的火车，还无法预知这列火车将开往何处。

对于作者来说，写作一部文学性作品就是一场大胆的赌博，冒着惨败的危险。一部依循传统模式写就的小说，即便写作手法糟糕，人物又单薄得好像一层保鲜膜，但它仍然有可能成为一部极具可读性的作品。事实上，许多在艺术上毫无创新的小说可以卖得非常好，原因很简单——它们可读性很强。而一部文学性小说要是创作得不好，就几乎没有可取之处了，因为它通常犯了一本书可能犯的最大错误：既枯燥无味又缺乏可信度。

所幸《福楼拜的鹦鹉》并没有犯这样的错误。读者在这本书上花的精力是绝对值得的。为什么这么说呢？因为读者在阅读过程中不得不进行思考。这就引出了文学性小说的第二个定义：它是促使读者思考的小说。这事实上延续了文学性小说的第一个定义：假如一位读者在费力去阅读，那就意味着这个读者在思考。这里也蕴含了文学性小说的长处。为什么要冒失败的风险去创作它？因为思考是一件有益且必要的事情。在我们的情感生活里，我们倾向于稳定，寻求并依赖于我们熟悉的事物：例如，即便父母亲早已停止抚育我们，我们仍与他们保持着亲密的联系；与同一个人在同一个屋檐下生活多年；建立一套可以延续整个成年时期的成规。所有这些固定不变的东西都是知性的劲敌。而在我们的知性生活中，我们追求的是变化与革新，我们需要不断学习并且"与时俱进"。在思想领域，舒适与一味追求熟悉的事物都是思想僵化的体现，而非安全感的来源，所以我们需要不断地进行思考，因为新思想只由思考产生。

费了这些口舌，其实我想说的是：请做好准备，登上《福楼拜的鹦鹉》这辆缓缓前行的列车吧。它不是一列呼啸而过的快车。我打赌您会边阅读，边对自己说"那句话真不错！"或者"这个词儿我可是好久没见到了"。我还打赌您会时不时地停下来，就像您在站点下车一样。之所以要停下来是因为您觉得有必要停下来思考，停下来思考自己是否同意小说中的这个或那个观点又或者您是否真的明白其意。但是您一旦回到列车上，便会发现这趟旅程是十分值得的，您也会满心欢喜地到达目的地。小说最后的目的地是哪里呢？这并不由我说了算，但是，《福楼拜的鹦鹉》玩弄言语和形式的游戏给我留下了深刻的印象，我还感觉到书中的某些知识和才智也已将我感染。

天啊，我一味地沉浸在抽象的东西里了。说点具体的吧，《福楼拜的鹦鹉》讲述了一个退休的鳏夫医生，他疯狂迷恋着十九世纪法国小说家居斯塔夫·福楼拜。福楼拜是小说《包法利夫人》的作者，他是伟大的法语文体家之一（别着急，您不必读过福楼拜的任何小说便可欣赏此书）。书里有许多关于福楼拜的介绍。小说的情节发展并不是线性的，其中观点迭出，而每一个观点都期待着读者的回应，这也就是我刚才谈及的思考。这部小说具有与福楼拜本人一样的特质：乖戾，挑剔，高傲，却又极具才智。但是只要您努力思考，它一定是一次愉快的阅读体验。

当然啰，假如您不愿意费力思考，那么您一定会觉得这是一本无聊之书，只想匆匆地回到您原有的思维体系。我倒希望您沉下心来，潜入这部奇特的英国小说，让它载着您度过一段美妙的列车之旅。

您诚挚的

扬·马特尔

朱利安·巴恩斯（1946—　），著有十一部中长篇小说、三部短篇小说集以及两本散文集。他还以丹·卡瓦纳为笔名写了几部侦探小说。他作品的主题常常涉及英法两国的文化和身份。他曾获得的荣誉包括布克奖、萨默塞特·毛姆文学奖、杰佛里·费伯纪念奖以及美国艺术文学院授予的 E. M. 福斯特奖。二〇〇四年他获得法国文学艺术司令勋章。巴恩斯现居伦敦。

第 64 本书

《新秘书和难处的上司》

卡萝尔·莫蒂默 著

2009 年 9 月 14 日

谨向

加拿大总理斯蒂芬·哈珀

提问：1.3 亿人的选择会是错误的吗？

并致以美好祝愿

加拿大作家 扬·马特尔

尊敬的哈珀先生：

在上封信里我提到了"类型小说"，我想这次不妨就给您寄上一本这一类的小说，而在那么多类型小说里，还有什么比禾林公司出版的言情小说更具知名度呢？先来说说禾林出版公司。从它的官方网站上，我们可以看到它是一家加拿大企业，每个月出版"120 多种图书，以 29 种语言版本投放到全球 107 个市场，遍布六大洲"。仅二〇〇七年，禾林公司就售出了 1.3 亿册书。自创立以来，该公司已经创造出令人难以置信的佳绩，至今销售总量已达 56.3 亿册书。这个"亿"字是禾林自己加粗的：这样的成功显然让他们引以为豪，也理应如此。能成就和全球人口数差不多的零售业绩，这在出版业绝无仅有。您只消打开这次我寄给您的这本小说的书名页，就可以对禾林出版公司的辉煌成功了解一二。出版商通常会在那一页提及它们的办事处地址。现在我从书架上随机取下一本书，是《慢人》的精装本，作者是诺贝尔文学奖得主 J. M. 库切[1]，他是所有在世的作家里我最喜欢的一位。这本英国版由塞克与沃伯格出版社出版。翻开书名页，可以看到该出版社的办事处地址：伦敦。仅此而已。而形成对照的是，卡萝尔·莫蒂默的这本《新秘书和难处的上司》附录的办事处地址却形成了一部浓缩版的城市图集：多伦多、纽约、伦敦、阿姆斯特丹、巴黎、悉尼、汉堡、斯德哥尔摩、雅典、东京、米兰、马德里、布拉格、华沙、布达佩斯以及奥克兰。而浏览禾林的网站，我发现这一长列还不是目前最新版的。现在的禾林已经将办事处设到了孟买、里约热内卢，甚至还有一个叫格朗日·帕科的地方（据我查证，这是瑞士的一个城市）。

有那么多人爱读，总不至于他们都是犯了错吧？这本《新秘书和难处的上司》的吸引力又在哪里呢？

显然不在它的写作手法上。看看以下三行：

> "太幸运了，我真是太幸运了。"他拖长调子干巴巴地说道。
>
> "你真是不可救药。"安迪不耐烦地对他说。
>
> 他毫不在乎地耸肩道："人们是常常这么说我的。"

这一个个副词啊。它们就这样凌乱地充斥在小说里，就像一条路上安装了太多的红绿灯。但它们却让文章通俗易懂、简练直白，

---

[1] J. M. 库切（1940— ），南非白人小说家、文学评论家、翻译家、大学教授。库切于2003 年获得诺贝尔文学奖。

读者不必刻意费心去思考。这样做，或许文采没了，但却在某种程度上更加清晰明了。这部小说在其他方面——譬如在人物塑造和情节安排上——也有诸多瑕疵，但这不妨碍以它为代表的作品创造了1.3亿和56.3亿这样骄人的数字。

我认为，禾林浪漫小说的魅力恰恰就在于那些红绿灯。安装了红绿灯的街道是一条安全的街道，在那上面行驶的机动车均得到周密的调节，保证了人人都能平安到家。对于这种安全保障，理应美言几句。毕竟，我们并不总是想行驶在险象环生的道路上，一路穿越沼泽、沙漠和高山。

《新秘书和难处的上司》讲的是一个名叫莱纳斯·哈里森的男人和他的私人助理安德烈娅·巴顿菲尔德小姐之间的故事。男主人公长相俊美，身形健壮，是一位锐意进取的百万富翁；女主人公兼具美丽外表与独立人格。他们一路障碍重重，包括有一次他们在苏格兰遭遇了一场让加拿大育空[1]居民都胆战的暴风雪。这场暴风雪把莱纳斯和安德烈娅困在了一个酒馆里，留给他们的只有一个房间，一张床——但是他们还是找到了完美的爱情。读这本书的时候，我不禁想到了印度电影。通常，宝莱坞的电影节目同样傻里傻气、虚幻缥缈、逃避现实，不过这恰恰是一般的印度观众想看的。他们观看这样的电影，就是想暂时逃避严酷的现实，进入一个魅力无穷的世界，那里皆是俊男美女，人人奢华富有，也必定有一个幸福圆满的结局。类型小说旨在让读者放松心情，重拾信心，而不是再添压力和挑战。类型小说想要传递的是情感上的满足。

难道这是一桩坏事吗？我并不这么认为。所以请您读一读《新秘书和难处的上司》，一瞥亿万民众向往的梦想世界吧。

---

[1] 育空地区位于加拿大西北边陲，约十分之一位于北极圈内，气候严寒。

　　　　　　　　　　　　　　　您诚挚的

　　　　　　　　　　　　　　　扬·马特尔

　　卡萝尔·莫蒂默（1960— ），言情小说家。迄今为止，她已写了近一百九十本书。她和丈夫以及六个小孩现居英国。

第 65 本书

《鞑靼人沙漠》
迪诺·布扎蒂 著
斯图尔特·胡德 译自意大利语
2009 年 9 月 28 日

谨向
加拿大总理斯蒂芬·哈珀
送上一部讲述等待之祸的小说
并致以美好祝愿
加拿大作家 扬·马特尔

尊敬的哈珀先生：

我通常没有引用自己文字的习惯，但这次为了介绍意大利作家迪诺·布扎蒂的小说《鞑靼人沙漠》需要破个例：

这本精湛优美的小说闪烁着海市蜃楼般的微光，让我们把目光聚焦于梦想的沉浮与岁月的无情销蚀上。它讲述了一个叫乔瓦尼·德罗戈的人的故事，然而我们中又有多少人会吃惊地在他身上看见我们自己？

在我寄给您的这版书的封底，您就能看到这几行字。这样的推介在某种程度上昭示撰笔者是个文艺圈中人。当某个作家写下一份推介时，他／她也将自身的荣耀赋予了这本书，因此读者不仅受到这段话的指引，而且也受到其心目中作家的威望的引导。我本人曾受惠于一则佳评：承蒙玛格丽特·阿特伍德读了我的小说《少年 Pi 的奇幻漂流》并表达了她的喜爱，她的嘉言褒誉吸引了不少读者的关注。有时候，简评出自记者之手，而这些简评的分量则取决于刊登该评论的报刊的名望。在帮助书籍走向读者这方面，这种推介机制倒是卓有成效的，而出版商也精于此道，一直在加以利用。当某人写了一部关于冰球的书，出版商就梦想着请韦恩·格雷茨基[①] 来读它，并为之写下推荐语。"假如大佬都喜欢这本书，那我也一定会喜欢。"每个冰球迷无不这样说着，一把从书架上抢过书去。

这部《鞑靼人沙漠》的英国版，正完全体现了这一推介机制。在书的封面，有《星期日泰晤士报》（"一部杰作"）和 J. M. 库切（"一部奇谲而让人难以忘怀的佳作，怪诞作品的经典"）呼吁读者关注此书；而在封底，阿尔伯特·曼格尔、豪尔赫·路易斯·博尔赫斯还有我本人，也都用寥寥数语告诉潜在读者为什么此书非读不可。

这本书真的非读不可。《鞑靼人沙漠》出版于一九四〇年，虽然未能被读者大众所熟知，但它的确是一部杰作。小说讲述了在一个不知名的国家，一名青年军官被派往遥远的城堡服役的故事。在那儿，他一直等待着异邦人（即鞑靼人）的入侵，但是他们始终没有到来。他等了三十年，一生就在等待中逝去，他从初到要塞时踌躇满志的青年变成了行将离开时衰朽的老人。等待，以及伴随它而生

---

① 韦恩·格雷茨基（1961— ），加拿大著名冰球运动员，被认为是冰球史上最伟大的运动员。

的期待落空的恐惧，正是极具二十世纪特色的一大议题。假如塞缪尔·贝克特早一个世纪开始写作，他会写就《为戈多而行动》。但是，由于他生活在二十世纪，一个要为十九世纪的人们对上帝和国家所做的恶行——殖民主义的一片狼藉以及贪婪的帝国构建——付出代价的年代，贝克特写下了《等待戈多》。在此向您重新提起这部剧（之前我曾寄给您过，还记得吗？）并没有什么不妥。《鞑靼人沙漠》和《等待戈多》的写作时间相隔不到十年。前者是写于二十世纪三十年代末的小说，而后者是在四十年代末完成的戏剧，它们表达的是同一个主题。而在这两部作品间隔的十年中，二十世纪已从现代嬗变成了后现代，从行动转变为等待，从怀抱希望变为心生恐惧，而这种种转变在两部作品中均得到了反映。《鞑靼人沙漠》处在传统审美情趣的末端，而《等待戈多》却跨出了离经叛道的一步，浸淫在尖刻的幽默与惨淡的氛围中，较之前者，具有更多的自我意识。

《鞑靼人沙漠》是一部冷静持重又不乏明亮色调的作品。"明亮"是名符其实的：要塞坐落于高山之间，沐浴在纯净的阳光与稀薄的空气中。小说同样显示了哲理的"亮度"：在一个没有任何多余装饰的环境中（毕竟，那是一个军事要塞）关注某个人无尽的等待。如果您想感受这部小说的氛围，不妨设想自己身处一个宽敞、被自然光笼罩的现代艺术馆，在馆内的一个展厅里，只挂着一幅巨大的罗斯科①油画。您明白我的意思吗？小说展现的是惨淡，但那是美丽的惨淡。我一向觉得，较之弗兰兹·卡夫卡，迪诺·布扎蒂更快乐、更温暖。

不知道您会怎么想。请您跟随乔瓦尼·德罗戈一起去探索巴斯蒂亚尼城堡吧。投身于军旅生活中，努力做个合格的军人。最最重要的是：永远睁大双眼，警惕可能来袭的敌人！

---

① 马克·罗斯科（1903—1970），美国著名抽象派画家。

您诚挚的

扬·马特尔

　　另：忘了提一句，《鞑靼人沙漠》还是弗朗索瓦·密特朗[①]最喜欢的小说之一。如果由这位前法国总统来写简评，那该是多么精彩啊。

　　迪诺·布扎蒂（1906—1972），意大利小说家、记者、戏剧家、诗人以及画家。二战期间，他作为一名战地记者在非洲工作。在随后的职业生涯中，他一直效力于意大利报刊《米兰晚邮报》。

[①] 弗朗索瓦·密特朗（1916—1996），法国左翼政治家，曾任法国社会党第一书记和法国总统。

第 66 本书

《斯蒂芬·哈珀在读什么？》①

由众多名家贡献

2009 年 10 月 12 日

谨向

加拿大总理斯蒂芬·哈珀

送上一本献给爱书者的书

并致以美好祝愿

加拿大作家 扬·马特尔

尊敬的哈珀先生：

这本书里的内容我希望您已经都读过了。以书的形式发表这些信件，是出于安全考虑。谁知道我寄给您的这些信会发生什么状况？在把它们寄给您之前，我都再复印了一份，而那些原件，虽然（我期望）它们得到了很好的存档，但是有形的物质终难敌岁月的侵蚀，也容易遗失。至于我们读书俱乐部的网站，尽管现在人人都能上网浏览，但毕竟也不会永存。一个网站可以在同一时间出现在无数电

---

① 即本书原版的雏形。

脑屏幕上，但是它拥有的底层支持却非常有限：网站只是一个虚拟记忆，尽管它有安全保障和备份，仍然可能会受到损害，内容也有被销毁的可能。再则，网站需要维护，关注度需要持续，诸如此类。在您离任之后，我不确定 www.whatisstephenharperreading.ca 这个网站还有什么理由继续运营下去。

因此，我非常欣慰地看到这些信件——至少在加拿大的英语版里已有前五十五封（魁北克法语版里有前六十封）——能够得以出版。书本才是长久的。它们之所以能长久保存，首先是因为它们是经过悉心打造的。这话听上去有点多余，不过书的封面并不仅仅起装饰作用，让书的内容以可视化的形式呈现，它还能对书起到保护作用。如果您还记得我寄给您的第 36 本书———弗兰纳里·奥康纳的作品《上升的一切必将汇合》——您应该知道它已经有四十多年的历史了，而且还是一本封面最薄的普通平装本。可想而知，一本精装本的耐久性就要更强了。这样的书可以保存上百年，甚至上千年。但是书本保存得长久还另有一个原因。文字是口头艺术，最初是从讲话人的口中传到听者的耳朵里，被听到后便顿然消失，就像撞击海岸线后消失的浪潮。而书本之所以具有绝妙的、能锻造文明的功能，原因就在于它们就像冰箱保存食物一样保存了文字的鲜活，从而能让文字通过视觉媒介从作者的大脑直接蹦进读者的大脑。不过，书本的价值仍然在于它的内容，而非形式。当然，有些书是因其自身而受到珍视：例如，仅存不到五十本的《古腾堡圣经》[1]。然而，大部分书仅仅是信使而已，将信息传递给所有想看想读的人。正因为有成千上万的人喜爱阅读，才有了成千上万本书的问世。因此，《斯蒂芬·哈珀在读什么？》这本书也将因在众多书房和图书馆里找到

---

[1]《古腾堡圣经》，《圣经》拉丁文公认翻译的印刷品，由古腾堡于 1454 年到 1455 年在德国美因兹采用活字印刷术印刷。这部《圣经》是最著名的古版书。

了庇护而长存于世。

关于这本书，我仅想说以下几点：虽然您的大名在书里被不断提起，时而出现在书名中，时而出现在题辞里，还出现在每封信的第一行，但其实本书的主角并不是您，而是我谈论的那一本本书。《斯蒂芬·哈珀在读什么？》是一本关于书的书。终有一天，我们会看到它的完整版。当这完整版出版时，里面到底会有多少封信，那就取决于您了。

几天前在蒙特利尔宣传这本书时，我接受了一家电台的采访。当时，主持人提到一位名叫香塔尔·赫伯特的魁北克记者给您寄了一本由经济学家布莱恩·李·克劳利写的《可怖的对称：加拿大基本价值的沉浮》的书，您给她写了回复，感谢她寄来这本书，并且在信中说"我已经读了这本书"！好吧，我并不要求得到她有而我没有的待遇，因为我知道个中缘由：我没有给您寄过一本有关经济学或政治理论之类的书，也没有推荐多少非虚构类作品。喜闻您读了《可怖的对称》这本书，虽然我对它并不熟悉，但还是希望您读得愉快。可是，在您的书单里是否有小说、戏剧、诗歌的一席之地呢？上周您为加拿大人民吟诗诵歌，谁都没料想到您会吟咏《来自朋友们的一点帮助》[1]哇。看看这轰动的效应吧。人们都惊呆了。您上了一份又一份报纸的头版，还配了一幅您坐在钢琴边的特大照片。您看到了吧，这就是艺术所带来的震撼，让人心灵相通、紧紧相连。

您诚挚的

扬·马特尔

---

[1]《来自朋友们的一点帮助》（*With a Little Help From My Friends*），是披头士乐队的一首歌曲。

第 67 本书

《等待野蛮人》

J. M. 库切 著

2009 年 10 月 26 日

谨向

加拿大总理斯蒂芬·哈珀

献上一个完美的警世故事

并致以美好祝愿

加拿大作家 扬·马特尔

尊敬的哈珀先生：

就在几封信前——确切地说是在第 64 封，有关卡萝尔·莫蒂默的小说《新秘书和难处的上司》的那封中——我曾顺便提到 J. M. 库切是在世作家中我最喜欢的一位。在紧随其后的第 65 封信中，在我谈论书籍推荐语时，库切的名字再度出现，因为他喜爱布扎蒂的小说《鞑靼人沙漠》，并为此书写了推荐语。那么，自然而然地，现在我要寄您一本这位卓越作家的小说了。约翰·马克斯韦尔·库切，一九四〇年出生于南非（如今他是澳大利亚公民），曾获得包括两次布克奖以及二〇〇三年诺贝尔文学奖在内的多种文学奖项。库切之所以能屡获殊荣，自有其理由：他是一位最高水准的艺术家，风格简约却富有感召力；小说精雕细琢，颇具道德情怀，又极其引人入胜。为了向您展示他的风采，我挑选了他的第三部小说《等待野蛮人》（出版于一九八〇年）。小说主人公是一位无名治安官，生活在一个同样无名的帝国的边境小镇。在距离小镇较远处，有一群不野蛮的蛮族人——他们大多是温和的游牧民和以钓鱼为生的普通百姓，经常与小镇的人交换物品。双方一直保持着良好的关系，生活平静而美好，直到乔尔上校的到来。乔尔上校是由第三局派到小镇上来的，他告知治安官，蛮族正蠢蠢欲动，一场大规模袭击迫在眉睫，他们必须先发制人。而最近正好抓获了两名蛮族人—— 一个病恹恹的小男孩和他年迈的舅舅——两人被指控偷窃牲口。因此，在乔尔的监管下，他们被立即施以酷刑——酷刑。舅舅被折磨而死。男孩被留了活口，因为他能把乔尔和他的随从带进沙漠去捕获更多的野蛮人。那些新抓来的野蛮人也被带到小镇上遭受严刑拷打。最后，乔尔回到首都汇报工作。治安官在路上遇到一个沿街乞讨的蛮族女孩。她的脚踝受伤，视力部分损坏。她曾眼睁睁地看着父亲受尽折磨，惨遭杀害。而现在，她的狱友都被释放返乡了，只有她还留在这里。治安官收留了女孩。然而，他的道德（以及肉体）沦落才刚刚开始，因为乔尔上校带着大批新锐部队再度回到了这里……

接下来的故事会如何发展，还是留待您自己去发掘吧。但您是否已经察觉小说的场景似曾相识呢？边境小镇，蛮族人，等待他们预期中的入侵——是的：这颇似《鞑靼人沙漠》的故事背景。这并非巧合。库切正是从布扎蒂的小说里获取了灵感，也因此才有了他对这部意大利小说的嘉褒之语："一部奇谲却让人难以忘怀的佳作，怪诞作品的经典。"当然，这两本小说差异非常大。《鞑靼人沙漠》是一部哲理小说，浸淫在阳光、静谧与孤寂之中，而《等待野蛮人》则是一部社会小说，扎根于体制之中，充斥着民众、政治与痛苦。库切的创作之旅也许始于布扎蒂，但他的目的地则完全是他所独有的。

在这里，我们不妨谈一谈作家会从何处获取灵感的问题。与库切一样，我也常常从书籍中获得启迪。例如我的小说《少年 Pi 的奇幻漂流》，它的创作灵感在一定程度上来自一篇关于巴西作家莫瓦西尔·斯克利亚的中篇小说《马科斯与猫科动物》的评论文章。而其他关于宗教、关于动物在野外与囚禁环境中的行为、关于海上生存的书籍为我提供了更进一步的想法与必要的背景知识，让我最终写出了这个故事。当然，对有些作家来说，最重要的灵感来源是他或她自己的生活，但是相较于自传，小说里有些东西更为宏大，即使某个作家的生平已足够精彩，平铺直叙也能让它读起来如同小说，也不能与之等同。小说，甚至整个艺术范畴，是所有可能性的集聚，各种思想观念的汇总。一个善于思考的人有必要时常将自己浸润于艺术之中，因为，在艺术里，生命得以全方位的探讨和展现，从最寻常的到最邪恶的甚至最理想化的。艺术展现的不仅是生命应该成为的样式，也还原了生命本来的面貌，将其中展示出的广阔天地交予读者思量，如同播撒智慧的种子。因此，规避艺术，也就等于规避自身狭隘经验之外的人生。相反地，纵身潜入艺术，也就等于活出了多种多样的人生。艺术是一台显微镜，或是一架望远镜，它使得别样的现实、别样的世界、别样的选择更夺目、更清晰、更贴近我们。艺术是孕育现实的梦想。

灵感和创造力的本质与其所属的事业息息相关。创造力在不同领域里展现出不同的价值。在艺术、科学和商业领域，创造力受到高度重视，而在政治领域，我敢说，创新的价值就低很多。一个政治家如果想要宣称他有了好的构想，这些构想并不一定非要是他的原创。诚然，某些政治家有幸提出了既好又新的思想——汤米·道格拉斯提倡的全民公共卫生保健计划就是原创性公共政策的一个典型案例——但我认为，更普遍的观点是，在政治领域中过多的原创是很危险的。毕竟，政治，尤其是民主政治，属于最具社会性的活动。政治基本上是由会议和委员会推进的；换言之，是人们通过集思广益、群策群力而推动的。那些孤立的原创性政治观点往往愚侠[①]、简单、轻率而危险。我相信，您本人的职业生涯便可证明我说得确凿无疑。请您不妨回顾一下您在改革党的早期岁月，再看看现在的您。您认为改革党的创造力如何？改革党所提出的解决加拿大问题的那一切新举措、新方案，其成效又如何呢？它们早就被摒弃、被遗忘了，就是这么回事嘛。作为一国总理，您一直在慢慢地向中心靠拢，采纳那些历经几十年积累起来的可靠思想，这些思想也许并非独创，但经过了实践的考验，并被证明是正确的。

这么说来，一部小说的价值并不在于读者读完以后拍拍脑门，大笔一挥，草就一份新提案递交给议院。绝非如此。小说的独创性在于其与读者个性化的对话。而读者与他人的交往——换言之，获取政治性的行为——将削弱那原创性，增进对他人习俗与情感的尊重。这是理所当然的。我们必须与他人和睦相处。然而，缺乏艺术的生活是要付出代价的，一旦失却了原创性的滋养，一个人的个性意识就会受到销蚀。这样的人生不仅是悲哀的，也是危险的，因为如果一位公民的宝贵个性未得到滋养，他就很容易被那些蛊惑人心的政客和暴君引入歧途。

回到 J. M. 库切的《等待野蛮人》：毋庸置疑，这是一部优秀的小说，有道德关怀却又不刻意说教。读完小说，我们很难不对罪恶的当权者以法之名滥用法律的行径感到愤慨。对一位政治家来说，

---

① 愚侠式的，即"堂吉诃德式的"，指异想天开、不切实际的想法或行为。

它显然是一个完美的警世故事。

您诚挚的

扬·马特尔

J.M.库切（1940— ），南非小说家、文学批评家、大学教授、翻译家，现定居澳大利亚。他以《迈克尔·K 的生活和时代》和《耻》两本小说两度获得布克奖，二〇〇三年获诺贝尔文学奖。此外，他还是一位动物权益的倡导者。

第 68 本书

《A 世代》
道格拉斯·柯普兰 著
2009 年 11 月 9 日

谨向
加拿大总理斯蒂芬·哈珀
送来一粒时间胶囊
并致以美好祝愿
加拿大作家 扬·马特尔

尊敬的哈珀先生：

　　有时，一本书犹如一粒时间胶囊，会将一个特定时代的智力面貌与道德状况、欢笑与焦虑、趣味与潮流尽数浓缩其间。在我看来，道格拉斯·柯普兰专长于写这样的书。不妨以这周我向您推荐的他最新的小说《A 世代》为例。从第一页起，这一切扑面而来：从语言、成见、政治与技术指涉到笑料——都是那么富有当代气息。我们可以将这本小说与托尔斯泰的《伊凡·伊里奇之死》作一对照。如果您还记得的话，在《伊凡·伊里奇之死》里，语境是无关紧要的。时代背景、人物的名称、阶级、服饰以及他们玩的游戏等，所有这些对读者来说都无足轻重。不费吹灰之力，人们便可想象由一位二十世纪五十年代的美国作家（比如威廉·福克纳），一位二十世纪六十年代的日本作家（如三岛由纪夫），或是一位二十世纪七十年代的非洲作家（或许是沃莱·索因卡[①]）讲出完全相同的故事。无论出自哪一位作家之手，小说中的细枝末节或许会有差异，但中心情节将是相同的。像这样的伟大小说通常被称为传世之作，因为它们冲破了时间的藩篱，仿佛永远不会变老。事实上，传世性正是文学杰作最常规的属性。如果一部小说既老且佳，那么它必定是一部传世之作。但是，应时又何错之有呢？难道所有的作家都必须志存高远，锐意追求永恒性，而将世俗性、质朴性、本土性、时尚性、此时此地性统统抛诸脑后吗？难道考古学所做的事情就不值得我们在文学上效仿吗？

当然值得啰。道格拉斯·柯普兰的《A 世代》即是一个灼灼的明证。我必须承认，我是带着嫉妒心读完这部小说的。啊，作者竟然能写出如此聪慧、俏皮、真挚而又新奇的小说！故事设置在离现在不远的未来世界，分别由来自美国的扎克、新西兰的萨曼莎、法国的朱利恩、加拿大的戴安娜和斯里兰卡的哈尔吉叙述。他们因为同被蜜蜂蜇伤而有了关联。在那个未来世界里，蜜蜂被认为早已绝迹，它们的出现显然是个反常现象。最终，他们被一位名叫瑟奇的法国科学家聚拢到一起——好吧，之后的故事，还是您自己来读吧。在这部小说里，故事的叙述层层推进，有些段落风趣幽默，有些段落睿智机敏，语言自始至终都极富张力。这是一个关于阅读与讲故事的故事，阅读会增强个体的力量，而讲故事则让一个团队具有凝聚力。

---

① 沃莱·索因卡（1934— ），尼日利亚剧作家、诗人、小说家、评论家。1986 年获诺贝尔文学奖，是第一位获此殊荣的非洲作家。

《A世代》是一个带有特定时代特色的故事。语境即一切。在这部小说中，语境是一大特质。假如未来的人们想要了解我们这个时代——二十一世纪早期——的生活呈何等模样，他们不妨读一读道格拉斯·柯普兰。

您诚挚的
扬·马特尔

道格拉斯·柯普兰（1961— ）出生于德国的一个北大西洋公约组织驻军基地。他著有国际畅销书《J氏游戏设计师》以及其他十三本小说，包括《口香糖小偷》《你好，占卜师》《家家都患神经病》《X世代》《玩家一号》（根据梅西讲座改编的小说）等。此外，他还是一位视觉艺术家、雕塑家、家具设计师、服装设计师和编剧。他的新作是一部文集，《年轻人不宜读的故事》，由格雷厄姆·鲁密欧绘制插图。

第 69 本书

《财产》

瓦莱丽·马丁 著

2009 年 11 月 23 日

谨向

加拿大总理斯蒂芬·哈珀

赠送一部关于腐化的小说

并致以美好祝愿

加拿大作家 扬·马特尔

尊敬的哈珀先生：

恐怕这将是一封内容芜杂的信。首先还是来谈谈书。之前曾有人向我力荐美国作家瓦莱丽·马丁创作的这部《财产》。上周我总算抽出时间阅读了这部小说，也很庆幸自己这么做了。这真是一场忘我的阅读体验。从小说的开篇，我就被玛侬·戈代道德腐败的生活所吸引。玛侬是个美国南方女人，她的故事发生在一八一〇年前后。玛侬与她可憎的丈夫占有着奴隶，但也可以说是奴隶制占据了他们的身心。《财产》揭示了不公正制度的隐袭性，讲述了腐朽的体制是如何毁了受害者，又戕害了施害者，尽管后者可能对昭昭不公熟视无睹。所以在故事里，虽然玛侬拥有一位名叫莎拉的美丽女奴——而莎拉同时也是玛侬丈夫的情人——但玛侬无法既真正**拥有**莎拉，又快快乐乐地过**自己的**生活。我将两个 own[1] 加了粗体，前一个 own 是动词，意谓对另一个人的人生享有所有权，第二个 own 是一个形容词，指玛侬对自己生活的所有权，因为前者妨碍后者，动词"拥有"钳制了形容词"自己的"。玛侬不可能在拥有莎拉之后仍过着道德无瑕的生活。奴隶们让她心神不宁，使她堕落腐坏，她的丈夫以及内战[2]前美国南部的整个白人阶级也莫不如此。其实，不仅在战前，战后亦然。至今，美国南部仍在抚平奴隶制所带来的伤痛。小说的标题可谓十分贴切：奴隶莎拉是玛侬的财产，但是身处男权社会的玛侬又何尝不是她丈夫的财产？而夫妻两人又同是奴隶制这一可怕制度的财产。

小说的精彩之处在于叙述者睿智的声音。玛侬自始至终都对她自己以及她周围的人的虚伪深恶痛绝，但她却从未试图自行改进。她显然已腐化堕落，心灵受到荼毒，生活痛苦不堪。这使得故事引人入胜。它极具当代性，甚至百世不朽，因为制度的本质正在于隐秘力量的行使，无论这力量是好是坏。教育制度可以提升我们，而经济制度则可以让我们堕落。

我在渥太华推广为您所写的这本书信集期间，我在埃尔姆街一间名叫"帕特里克·戈登设计"的工作室进行了一次作品朗读。我赶到那里时，惊喜地发现这间工作室已筹办了一场以我们的读书会为主题的绘画作品展。有超过二十五位艺术家从我送给您的书中汲

---

① 前文的"拥有"和"自己的"在原文中都用英语词 own 表示。
② 美国内战即南北战争，参战双方为北方的美利坚合众国和南方的美利坚联盟国。战争之初，北方为维护国家统一而战，后来演变成一场消灭奴隶制的革命战争，并以北方的胜利告终。

取了创作灵感。这是一场了不起的展览。我随信附了一份开幕式邀请函。展出将一直持续到十二月十九日。此外，您还可以从下列网站找到相关信息：www.patrickgordonframing.ca。

在这些作品中，有一件特别让我震撼。艺术家米歇尔·普罗沃斯特截取了我推荐给您的第一本书《伊凡·伊里奇之死》的第一行、第二本书《动物庄园》的第二行、第三本《罗杰疑案》的第三行、第四本《我坐在中央车站旁哭泣》的第四行，依此类推，直到第六十五本，她将这些句子串在一起组成了一部作品，取名《经典烩》。这种将词或句随意拼排起来构成新文本、使其具有惊人新意的游戏是由法国超现实主义者发明的。他们称其为 cadavre exquis，即随机接龙，这个杜撰的新词就是在他们最初的一次游戏中产生的。让某些凑巧拼排在一起的语句引发疯狂的效果正是玩随机接龙这个游戏的乐趣所在。而普罗沃斯特的随机接龙尤其成功。她参加了我在渥太华的作品朗读会，并赠送给我两套精美的、手工制作的有声版《经典烩》，一套是给您的（12 号里的第 1 号），另一套是给我的（12 号里的第 6 号）。她还附送了一本小册子，册子的最后几页印有这些书籍封面的一幅幅小复制品，色彩缤纷。这些成排的封面不仅赏心悦目，也大大有助于我们找到有声书里每句话的出处。琳达·克罗宁的朗读令人折服，她用她的嗓音编织出了一个托尔斯泰、乔治·奥威尔、阿加莎·克里斯蒂、伊丽莎白·斯马特以及其他我向您推荐过的作家都无法想象的故事。以下是故事的开头，供您先睹为快：

在梅尔文斯基一案审理的庭间休息那会儿，就在法院的那幢大楼里，陪审员和检察官聚集到了伊凡·叶戈罗维奇·歇贝克的私人办公室。在那里，大家开始讨论著名的克拉索夫案件。琼斯先生一步三晃地穿过院子，他手里提的那盏灯的环状光影也跟着晃来荡去。一跨进后门，他就踢掉了脚上的靴子，还从后厨房的啤酒桶里给自己舀了当天最后的一杯酒，接着才往卧室跌跌撞撞地走过去；琼斯太太已经在那儿打呼噜多时了。在那儿没有什么事情可做。有那么一瞬间，在那种凝视下，我觉得我会乐意抛弃自己的前程，无期限地推后那神奇之火熄灭的时间。"哦，我的老师！瞧瞧那些由般度国王的子孙组成的军队！在您那聪明的弟子猛光的调教下，那支队伍已是秩序井然。"

那时，"其他人"指的是我的父亲和他的情人艾尔莎。男爵夫人有三百五十磅重，自然不容小觑，她接见宾客时的那副威严，越发显得她可敬可佩。

故事就这样继续着。它确实是一个奇特的、让人耳目一新的故事。

您诚挚的

扬·马特尔

瓦莱丽·马丁（1948— ）著有十二部小说、四本短篇小说集以及一本圣方济各的传记。她的小说《玛丽·莱莉》获卡夫卡文学奖并被改编成电影；《财产》获二〇〇三年度橘子小说奖。

第70本书

《曲棍球回归线》
大卫·比迪尼 著
2009 年 12 月 7 日

谨向
加拿大总理斯蒂芬·哈珀
送上一本给曲棍球迷的书
并致以美好祝愿
加拿大作家 扬·马特尔

尊敬的哈珀先生：

或许您早已读过这本随信寄给您的书。很难想象在我之前会没有人向您推荐过它。因为众所周知您是一位曲棍球迷，而这本由大卫·比迪尼创作的《曲棍球回归线：我对那些非常地带的曲棍球运动的探究》从头至尾写的都是曲棍球。在我看来，这部作品远胜于大多数写曲棍球的书，因为它的作者不仅酷爱这项运动，而且难能可贵的是他还知道怎么很好地写出来。书里自然有大量关于曲棍球的知识，各种趣闻逸事、曲棍球历史上发生过的各类事件俯拾皆是，此书还介绍了许多选手，都是我不太熟悉的，但我想您肯定对他们了若指掌。当然关于曲棍球的内容还将由表及里，更有深意。这本书不是一部学术著作，也非新闻报道。比迪尼狂爱曲棍球。正如他在书中所述，他从十几岁就开始打曲棍球，之后由于压力过大而放弃。成年以后，他参加了多伦多的娱乐健身联盟，重新开始了他的曲棍球生涯。曲棍球成了他生活中的一个中心部分。总之，这既是一本学识广博的书，也是一本很个人化的书。

更为关键的是这个人还很会写。我们看看以下这一段，写的是比迪尼和他的太太刚刚搭乘火车离开香港，前往北京：

> 仅仅出城两个小时，在香港所见的闪耀明亮、璀璨辉煌，就被眼前的乱石林立、尘土飞扬以及生活困窘的人群所代替，几个世纪的进步像被橡皮擦拭过一般了无痕迹。

这是作者对当时活力十足的香港与尚且萧条的内地之间差异的描绘，您觉得如何？此外，比迪尼还非常风趣，这从他对卡里姆的特殊才能的描述便可见一斑。卡里姆是世界舞台上第一位来自苏丹的曲棍球选手，他效力于阿拉伯联合酋长国的艾恩猎鹰队。

> 在所有艾恩猎鹰的球员中，卡里姆的击射是最有力的，这在某种程度上是因为他的挥臂动作是从他的后脑勺后方开始的。但这可带来了一个问题：卡里姆不知道球会飞向何方。他在进攻区域挥臂的时候，猎鹰队球员躲的躲，闪的闪，好像他在向他们猛烈地投掷餐盘。贝尔教练只得提醒他："投向守门员！卡里姆，守门员！"

《曲棍球回归线》讲述的是一个人对曲棍球的热爱，以及他对这项游戏之魂的探索。这样的探索引领他去往天南海北，去往人们不会期望在那儿看到冰上曲棍球的地方。那些地方大异其趣，但在比迪尼看来，这项游戏的精神在哪里都与在多伦多娱乐健身联盟一样发出熊熊光华。在中国北部的哈尔滨、在迪拜、在罗马尼亚中部的米耶尔库雷亚丘克，比迪尼发现了曲棍球清新脱俗的纯粹性，它已不仅仅是一项娱乐，而且是人们会友与存在的方式。曲棍球已然成为一种文化，而不是一门生意，正如他曾所言："体育有纯洁的灵性，体育乃是生活。"比迪尼将这样的曲棍球运动与他认知中当今美国全国曲棍球联合会炮制的、作为商品的曲棍球产业做了鲜明对照。

人们钟爱的运动绝不可仅仅归结为娱乐，或仅仅归结为任何东西。因此，正如我十分推崇文学，对有些人将艺术仅仅视为一项娱乐而义愤填膺，更无法理解一个美好、多思的生命如何能将阅读排斥在外，对于大卫·比迪尼来说，曲棍球也让他产生了与我一样的想法。而我们中的每一个人，面对自己喜爱的事物，又何尝不会在意、捍卫，并义正辞严地维护它呢。也只有汇聚起这样的热情，才能衍生和维系社会、文化和国家。最后，关于《曲棍球回归线》，我还想再说一句：它是我寄给您的最具加拿大特色的一本书。

您诚挚的

扬·马特尔

大卫·比迪尼（1963— ），音乐家，电阻乐队 [1] 的创始人之一，也是比迪尼乐队的领队。此外，他也因他的作家身份声誉鹊起：他不仅在新闻业获得成功，还出版了《你可命名的最好运动》《棒

---

[1] 电阻乐队，加拿大国宝级乐队，最初在 1980 年由吉他手大卫·比迪尼和贝司手蒂姆·威斯利组成。

球》《走在冰冷的道路上》和《曲棍球回归线》等作品。比迪尼根据《曲棍球回归线》主持改编的电影《曲棍球游牧民》获得了双子星奖。他的最新作品聚焦加拿大著名歌手兼作曲家戈登·莱特福特与一九七二年的马里波萨民间音乐节。比迪尼现与他的妻子及两个孩子居住在多伦多。

第71本书

《金融专家》

R.K.纳拉扬 著

2009 年 12 月 21 日

谨向

加拿大总理斯蒂芬·哈珀

致以圣诞和新年良好祝愿

但愿我们真的是专家

加拿大作家 扬·马特尔

亲爱的哈珀先生：

谢天谢地，作家拉西普拉姆·克里希纳斯瓦米·耶尔·纳拉亚纳斯瓦米有一个简短的笔名 R.K.纳拉扬。纳拉扬是印度人，生于一九〇六年，卒于二〇〇一年。如果您从未听过这个名字，您可以看看这个礼拜我给您寄的小说《金融专家》的封底，那里有对他的推荐，您可以看到他已跻身以下作家的行列：托尔斯泰、亨利·詹姆斯、契诃夫、屠格涅夫、康拉德、果戈理、简·奥斯汀。有一位评论家提到了诺贝尔文学奖，尽管纳拉扬未曾获得过该奖项，但他确实担得起这一殊荣。记得我第二次造访印度，在一份当地报纸上读到了一篇纳拉扬的访谈录，霎时我觉得无比荣幸，因为我在他尚在世时就来到了他的国度。纳拉扬是英语文学世界中一位温文尔雅的巨人。

就像威廉·福克纳虚构了约克纳帕塔法县，托马斯·哈代半虚构了威塞克斯郡一样，纳拉扬创造了一个叫作摩尔古迪的小镇并在此基础上编织出了各种故事，但他讲述的却是真真切切的生活。他笔下的人物是再普通不过的常人，他们的生活既非一成不变，也非一直动荡，但这样的生活无疑具有强烈的存在感，他们的荣耀与他们的悲苦全都跃然纸上，历历在目。此外，还请您关注《金融专家》中的语言。除了个别不常用的词与短语，诸如腰布、神线、槟榔叶、十万卢比之外，在这本小说里英语语言的运用堪称一流。纳拉扬在描绘印度时既不轻信道听途说，也不夸大其词。他讲述的不是个别人的印度，而是整体性的印度。

《金融专家》讲的是一个名叫马戈亚的人的故事，他也就是标题中的"专家"。马戈亚是摩尔古迪镇银行业的边缘人物，他帮助村民填写各种银行表格，也帮助他们申请贷款。他的办公室仅仅是榕树树荫下的一小块草坪，而他所需的工具仅用一个小盒子就能容纳。马戈亚虽然雄心勃勃，不过好像没有成功的可能。他向财富女神拉克希米祈祷并禁食了四十天，终于女神决定赐福于他，马戈亚的境遇渐渐有了好转。但这是需要付出代价的：马戈亚腰缠万贯了，但他与妻儿及他人的关系却变得糟糕透顶。您可以想象，这便是必须付出的代价。

马戈亚的人生受命运的轮盘掌控，如同中彩票一样不可计算。例如，他的第一桶金来自一本书的出版。写书的人不是马戈亚，而是一位帕尔博士，后者出乎意料地将手稿给了他，并且没有提任何附加条件。后来，马戈亚和妻子收到了一封信，信中说他们疏远已久的儿子巴鲁去世了，而这个消息后来被证明是一场恶作剧：镇上有一个疯子随意地选择寄送明信片的对象，告知他们捏造的噩耗。我认为命运无常正是《金融专家》的主题。因此"金融专家"这个标题也颇具反讽意味：我们哪里是什么专家呀。纳拉扬所表达的是，我们只能听从诸神的摆布，而我们拥有的掌控感只是幻象而已。这样阐释这部小说，您意下如何？

圣诞节马上就要来临，紧接着就是新的一年。祝您和您的家人健康幸福，并拥有宁静的心绪，接受二〇一〇年的馈赠。

您诚挚的

扬·马特尔

另：哥本哈根会议——一幅乱象。鉴于那意欲拯救世界的会议[①]走向了灾难性的发展，现在来读一读这本《金融专家》将会是一件非常有趣的事情。该书出版于一九五二年，当时人们远未探测到全球性气候变化。

R.K. 纳拉扬（1906—2001），印度小说家。他的大部分故事都设置在他所虚构的一个位于印度南部的摩尔古迪镇里。他创作了多部长篇小说、短篇小说集、神话故事和非虚构作品。

---

① 哥本哈根会议，指 2009 年 12 月 7 日至 18 日在丹麦首都哥本哈根召开的联合国气候变化大会。来自 192 个国家的谈判代表与会，商讨《京都议定书》一期承诺到期后的后续方案，即 2012 年至 2020 年的全球减排协议。但此次会议组织混乱，最终也未能出台一份具有法律约束力的协议文本。

第72本书

《书：回忆录》

拉里·麦克默特里 著

2010 年 1 月 4 日

谨向

加拿大总理斯蒂芬·哈珀

分享一个以书为生的人的一生

并致以美好祝愿

加拿大作家 扬·马特尔

尊敬的哈珀先生：

　　自从我们的小型读书会开办以来，我很少向您推荐非虚构类的书，但是上周逛麦克纳利·鲁滨逊书店时，我邂逅了一本名叫《书》的书，这一名称怎能不引起我的注意？（或许您听说过麦克纳利·鲁滨逊——一家颇有品位的独立连锁书店——最近申请了破产保护。听言外之意，他们在温尼伯市的总店以及在我们萨斯卡通市的分店还将继续运营，而在多伦多郊区的那家店让他们损失惨重。经营独立书店的艰辛是题外话了，不过这个话题与给您寄的这份礼物并非毫无关联。）《书》记录的是一个与书为伴的人的一生，作者是拉里·麦克默特里。如果您认为自己从未听过这个名字，我敢打赌您对他作品要比您自己意识到的更熟悉。麦克默特里是一位很自律的作家，每天早晨必须写十页，写作经年，从未间断。他著述颇丰，假如您翻到《书》的第二页，就可以看到他的作品列了长长一栏。迄今为止，拉里·麦克默特里已经出版了三十六本小说、一部短篇小说集和三部散文集。除了《孤独之鸽》——我记得我是在他获得一九八六年普利策奖时听说这本书的——其余作品我都不熟悉。当然，也除了那些改编成电影的作品。还记得保罗·纽曼主演的《原野铁汉》吗？这部电影就是根据麦克默特里的第一部小说《过路的骑马人》改编的。小说《最后一场电影》与《母女情深》都被拍成好莱坞电影，叫好又叫座。最近，麦克默特里还与人合作改编了安妮·普鲁的的中篇小说《断背山》。

所以这是一位在好莱坞卓有建树的小说家。但是此刻在您手里的这本书叫作《书》，而不是《电影》。事实上，麦克默特里的一生是与书为伴、为书而生、靠书而活的一生。他写书、读书、卖书。用他在回忆录里屡次提及的一个词来形容，他就是一个书虫。他的私人图书馆里藏有大约两万八千册书，他自己的位于德克萨斯州阿彻城的二手书书店"满座"有超过三十万册书。麦克默特里从事二手书交易超过五十年：从最初只是一名搜寻孤本善本的书店店员到开设自己的二手书书店，从华盛顿的乔治敦区到后来的德克萨斯州。搜书卖书只是托词，在从事书籍交易的整个过程中，麦克默特里已经阅读、重读过成千上万本书。在《书》的其中一个章节里，他提到了一位名叫詹姆斯·里斯·米伦的"三流英国文人"（您不妨试着把这个名字连续说上十次），此人创作过好几部"有关建筑的平庸之作、几本劣质小说、多部尚可一读的传记以及洋洋十二卷颇受称道的日记"。麦克默特里评价道："这十二卷日记我已经读了数遍，在余生中我肯定还会不断重读。"我不知道在这星球上是否还有第二个人敢宣称他也把詹姆斯·里斯·米伦的十二卷日记读了好几遍。尽管麦克默特里对詹姆斯·里斯·米伦其他作品评价不高——"平庸之作""劣质""尚可一读"，但是显然他逐一通读了这些作品。此外，当麦克默特里谈到他对二十世纪两次世界大战的兴趣时提及他读过温斯顿·丘吉尔的二战回忆录，足足有五百万字啊。诸如此类，无论作者成就大小，无论是单册作品还是浩浩数卷——它们都被一颗对文字有强烈渴望的心悉数吸纳了。

这样的心灵会创造出怎样一本充满智慧的传记？对于读者，对于一位从未听说过詹姆斯·里斯·米伦这个名字，更遑论读过他作品的普通读者来说，是否会就此感到自己愚昧无知或是粗俗鄙薄？只要您打开这本《书》，您就会发现答案是否定的。因为一旦您潜心阅读，书也会滋养您的谦卑，而不会助长您的傲慢。书里讲述的是人生，而人生使人谦卑。只要问问任何一位长者，他们都会这样说。

《书》写的是麦克默特里与书相伴的一生（这些书大多是他读过或交易过的），以及古书书商的亚文化圈——和他们阴晴不定的命运。书中流露的智慧平易自然，且每章几乎都非常短：有些甚至不足一页，也很少有超过三页的。我个人立即喜欢上了这种风格。这个人读过这么多书，写的却是这么短小精炼的篇章。而文中的语调同样平易近人。麦克默特里出生于德克萨斯州的一个牧场，他的父母亲甚至从未拥有过一本书。我在阅读这本回忆录时，分明感觉到此人让我想起了萨斯喀彻温省草原上的兄弟们最好的品质——聪慧却谦逊。

阅读一本书通常会让人反躬自省。书能与人建立一种互相比较、对照的关系。假如对照得明了，这可以是一种自我界定，读者可以从中更加清晰地认识自己，还可变得更为聪慧。读了《书》后，我发现自己并不像拉里·麦克默特里那样为书痴狂。他对书的喜爱显然不仅仅停留在书籍所传达的信息本身，还包括这些信息所传递的媒介，如墨水、纸张、卡纸板的质地，以及它们的悠久历史和技术行话。与他相比，我更像是一个游牧民，我不愿自己负重累累地与书亲近。麦克默特里回避电子书，而我不会。他喜爱收藏各种旧书以及孤本善本，我则不。于我而言，书就是一阵绵绵的耳边絮语，无论是由廉价的企鹅版平装书，还是由罕见的古版书来传达都无关紧要。一本书假如成了一件艺术品，它就溢出了文学范畴，就属于博物馆，而不是图书馆。话虽如此，我还是非常乐意参观麦克默特里的私人图书馆和他的二手书书店，而且我也喜欢在萨斯喀彻温大学图书馆的藏书架前徘徊。相信我与拉里·麦克默特里一定会在以下观点上有共识：书，无论自有还是借阅，无论新的还是旧的，都在滋养、维护我们的心灵。

我衷心希望您在这新的二〇一〇年里能尽情享受这场书文化的盛宴。

您诚挚的

扬·马特尔

拉里·麦克默特里（1936—2021），美国小说家、散文家、编剧，同时也是一名书商。他在他的家乡德克萨斯州阿彻城拥有一家名叫"满座"的书店，专卖古书和学术型书籍。他已出版四十余部作品。

第 73 本书

《这个世界土崩瓦解了》

钦努阿·阿契贝 著

2010 年 1 月 18 日

谨向

加拿大总理斯蒂芬·哈珀

赠予一部来自非洲的巨著

并致以美好祝愿

加拿大作家 扬·马特尔

尊敬的哈珀先生：

我的荐书活动不像议会那般有休会期。我认为，艺术与政治间的区别之一就在于，政治是可以暂停的，哪怕只是停一小会儿，而艺术的生命力则永远不会停歇。

这周我为您准备的是尼日利亚作家钦努阿·阿契贝的作品《这个世界土崩瓦解了》（下称《瓦解》）。您可能对他并不熟悉：阿契贝一九三〇年出生于尼日利亚东部，是那里的伊博族人。阿契贝从小学习说伊博语与英语，并选择用英语写作。《瓦解》是他写的第一部小说，出版于一九五八年，一问世便大获成功，至今长销不衰。

在我给您寄去的这本一九八六年版的封面上，标注当时的销售量已达二百万册。当然，这个数字早已过期：迄今为止，这本书已售出八百多万册。它是第一部来自非洲大陆的用英语写作的经典作品，在世界各地的中高等学府里广为阅读。理应如此。《瓦解》绝对是一部无与伦比的小说。小说看似简单质朴，倚赖于简短的描述性场景，但是它所描绘的整体画面却宏大而繁复，摄人心魄。十九世纪末期非洲社会受到英国社会的剧烈冲击，随之而来的是殖民主义的创伤，小说对此有史诗性的刻画。这一评价或许会让《瓦解》听上去像是一部彻头彻尾的政治小说，仿佛作家在磨快他的斧子，因摩擦而发出的尖锐刺耳声在读者耳畔响起。事实并非如此。《瓦解》的前三分之二部分更像是一部人类学著作。阿契贝描绘了乌姆奥菲亚部落居民的生活方式、他们的宗教信仰和习俗、他们的农业经济以及社会交往等。

小说的主人公名叫奥贡喀沃。读者们跟随奥贡喀沃经历他人生的四季，聆听那些标记并影响他人生的大小事件。奥贡喀沃生性骄傲，在处理家庭与邻里的事务上大体能做到公平公正。作为一个农夫，他操持农务娴熟自如。而一旦有需要，他也会化身一名威猛有力的勇士。奥贡喀沃当然谈不上完美，就像他所置身的社会远远够不上"理想"一样，但两者彼此影响，相互渗透，日子也就这么一天天过去了。

然而白人来了，最先踏上这片土地的是一些传教士。这些新来者本质上不坏。事实上，第一个到来的传教士布朗先生是一个极富同情心的人。他当然是一位热心的基督徒，但并非一个盲目的信徒。他企图让周围的这些非洲异教徒皈依基督，但在这过程中细心体察了他们的感受。他真诚地想与他们沟通。可是呢，他的继任者史密斯先生就不及他这般包容开明了。至于那位打着传道的幌子、实则为殖民主义爪牙的地区行政专员，就更是不如他开通了。白人不理解非洲人，非洲人不理解白人，这种互不理解逐渐占据上风——于是一切开始土崩瓦解。

小说体现出惊人的中立性。在白人踏足之前，非洲人的生活方式并不是一幅伊甸园般的美好图景。完全不是如此，小说将这一点阐述得很清楚。书中记录了一些非常野蛮的非洲宗教风俗，例如笃信双胞胎的诞生是邪恶的，并且要把已出生的婴孩丢弃在丛林中，任其暴露于自然而夭亡。阿契贝对乌姆奥菲亚人的艰苦生活有坦诚细致的描绘。也许有时生活很困苦，但村民们依旧勉力度日。他们清楚自己是谁，知道他们属于何处。他们是一个民族、一种文明，其实与白人民族以及他们的文明并没有太大的差别。非洲人与欧洲人直面相遇，境况便急转直下，这并非由于一方劣于另一方，而是因为他们互不理解，最终导致互不尊重。这一点在小说中得到了极妙的阐发。举例来说，村民们身处父权制社会，比如奥贡喀沃就有三个妻子。简直骇人听闻。但是再看看维多利亚时期的英国人，他们不也是处于父权社会吗？乌姆奥菲亚人的宗教繁文缛节众多——但这与白人的繁文缛节真的又有多大区别呢？村民们期望厄运会降临到那些藐视当地神灵权威的传教士身上，而村民们如果持续违抗上帝的意旨，传教士们也期盼厄运降临到他们头上。诸如此类，不一而足。乌姆奥菲亚人身上有他们的伟大与渺小之处，白人身上也同样是伟大与渺小并存。为什么两个种族不能和谐相处，逐渐融合呢？故而，小说的核心乃是一桩绞人心碎的悲剧：世界并非一定要"土崩瓦解"不可。假如派出更好的使者，付出更多的努力去伸出双手，非洲也许就不会如此衰败，欧洲也不会这样声名败坏。

我很少读到一部如此洞见迭出、充满理解又愠怼激愤地描绘异域现实的小说。《瓦解》是一部精妙绝伦的小说。哈珀先生，我衷心地将它推荐给您。

有必要提及的是，此刻我正在一个特殊的场合写这封信。通常，我会在自家寓所安静的办公室里给您写信。但是今晚没有。现在我正坐在萨斯卡通孟德尔艺术画廊正中的升降舞台上，当着众人的面写下这封信。我正在参加一个名叫"卢戈"的跨学科、类似狂欢的大型活动。活动以艺术之名网罗了众多舞蹈家、音乐家、演员以及其他人士。我也借此机会征求各方的读书意见。我得赶在那一摞纸片从我书桌上飞走前把它们记录下来。那么，我们开始吧，下面是我周围这些人开具的书单，是加拿大读者为您推荐的书：

《亿亿万万》卡尔·萨根　著

《我的以实玛利》丹尼尔·奎恩　著

《谋杀希望》威廉·布鲁姆　著

《因为我是女人》琼·乔丹　著

《石头天使》玛格丽特·劳伦斯　著

《红发拉——雪地里的女王》玛瑞·路意丝·盖　著（推荐这本书的人说："此书将回答许多紧迫的人生问题，并让你满面春风。"）

《两种孤寂》休·麦克伦南　著

《红帐篷》安妮塔·戴蒙德　著

《期待抵抗》克莱姆斯公司前工人团体　著

《三日路》和《走出黑云杉林》约瑟夫·博伊登　著

《黑奴之书》劳伦斯·希尔　著

《漫漫自由路》纳尔逊·曼德拉　著（通常我推荐给您的都是比较薄的书，而这本不是，但我强烈推荐您能在有更多空余时间时读一读这本曼德拉的自传。例如，不开议会的时候，等等。）

《灵魂的渴望》罗恩·罗海瑟　著

《生存》诗集，尼尔·阿斯特利　主编

《你的整个家庭都是肉造的》瑞安·诺思 著（我喜欢这个标题。）

《忧郁的女牛仔》汤姆·罗宾斯 著

《神秘的河流》凯特·格伦维尔 著

《小镇艳阳录》斯蒂芬·里柯克 著

《白捡的钱》P.G.伍德豪斯 著

《切·格瓦拉传》没有标示作者（我猜，他指的是不是那本史蒂文·索德伯格的电影？）

《牧羊少年奇幻之旅》保罗·柯艾略 著

《耻》J.M.库切 著（推荐得好——不知您是否记得，我已给您寄过一本库切的书，《等待野蛮人》。）

《街头狮子》戏剧，朱迪斯·汤普森 著

艾米莉·狄金森的诗歌（这让我想起自己已经好久没有给您推介诗歌了。）

《紧张状况》特西提·丹格瑞姆加 著（我刚上网查了查这本书——名字听上去倒还不错。故事发生在二十世纪六十年代到七十年代的罗德西亚，即现在的津巴布韦，是一个半自传体的成长故事。）

《五号屠场》库尔特·冯内古特 著

《生而向善》达契尔·克特纳 著

《中庸之道》安娜贝尔·里昂 著

《驱魔人》威廉·彼得·布拉蒂 著

《所有的名字》若泽·萨拉马戈 著

《仁者无敌》多丽丝·卡恩斯·古德温 著

《善心女神》乔纳森·利特尔 著

《姐妹们》米歇尔·特伦布莱 著

《百年孤独》加西亚·马尔克斯 著

《男士指南》马多克斯 著

《美国众神》尼尔·盖曼　著

《小熊维尼之道》本杰明·霍夫　著 [推荐的人补充说："这本书会教他（当然，这里指的是您）拥有广阔的胸怀，以及珍惜周围和这个世界上所有的人。要像小熊维尼学习，而不是小兔和小猪！"]

《智利之夜》罗贝托·波拉尼奥　著（以后，在另一封信中，我会多多介绍他。目前我打算给您寄《护身符》。）

《半轮黄日》奇玛曼达·恩戈济·阿迪契　著（又一本尼日利亚小说。）

《三杯茶》葛瑞格·莫顿森　著

《伏尔泰的私生子》约翰·拉尔斯顿·索尔　著

《微物之神》和《听蚱蜢怎么说：民主的田野笔记》阿兰达蒂·洛伊　著

《大师和玛格丽特》米哈伊尔·布尔加科夫　著

《提嘉娜》盖伊·加夫里尔·凯　著（"讲的是为了与暴君对抗，有时候会需要令人心碎的长期斗争。"）

《资历过高》乔伊·科穆　著

《午夜之子》萨尔曼·拉什迪　著

《维护》诗歌，克拉克·柯立芝　著

《战争与和平》列夫·托尔斯泰　著（几乎达到了小说长度的极限，我已经寄给您两本托尔斯泰的作品了，但这是一本有生之年必读的书。）

《一条没有名字的街》没给作者名

《狐火》乔伊斯·卡罗尔·欧茨　著（"为了帮助自己记起为何写作，我重新读了一遍。"）

《用具有潜在危险的办法预测下一个大的广告突破》诗歌，丹尼尔·司各特·泰斯达尔　著

《死在午后》欧内斯特·海明威　著

《基本微粒》米歇尔·韦勒贝克　著

《梦男孩》吉姆·格里姆斯利　著

《被吞噬的女性》雷让·杜拉姆　著

《一个土著人的生活》理查德·瓦格梅斯　著

《昨天，在克拉伦登酒店》妮可·布罗萨德　著

《十个手指头和十个脚指头》梅·福克斯　著

《迷途知返》雷·安德森　著

《故事的终结》莉迪亚·戴维斯　著

《眼睛的故事》乔治·巴塔耶　著

《湖之国：通往加拿大灵魂的旅行》亚伦·凯西　著

《双面镜》C. S. 刘易斯　著（我找了刘易斯所有的书名，都没有这本，只发现一部一九五八年的法国电影和一九九六年由芭芭拉·史翠珊重拍并主演的美国同名电影。我不确定这位读者脑子里想的是哪一本书。）

《流浪者之歌》赫尔曼·黑塞　著

《猜火车》欧文·威尔士　著

《日式绑缚的艺术》作者不明（！）

《卡瓦利与克莱的神奇大冒险》迈克尔·沙邦　著

《钟形罩》西尔维娅·普拉斯　著

《时代新闻》特里·普拉切特　著

《一个女人在柏林》不知名

《嫌隙人生》朱迪斯·汤普森　著（现在正在萨斯卡通上演，从三月四日至七日，以及十一日至十四日，特此邀请。）

《匹诺曹》卡洛·科洛迪　著

《微妙的平衡》罗因顿·米斯特里　著

《弗兰妮与祖伊》J.D.塞林格　著

这是一份了不起的书单，它也包含了一份好书单该有的特质——国际化、多体裁，是萨斯卡通人最新的推荐。

您诚挚的

扬·马特尔

钦努阿·阿契贝（1930—2013），小说家、教授、诗人以及批评家。他是布朗大学的教授，从事非洲研究。他写过五部中长篇小说、四部短篇小说集、六本诗集，以及众多其他书籍。二〇〇七年阿契贝获布克国际文学奖。

第 74 本书

《奇思妙想》

克里斯汀·布克 著

2010 年 2 月 1 日

谨向

加拿大总理斯蒂芬·哈珀

赠送一部为昂扬地超越局限而讴歌之书

并致以美好祝愿

加拿大作家 扬·马特尔

尊敬的哈珀先生：

　　不知您是否有过受制于语言的经历？我想您肯定有过。举个寻常的例子：当您跟某人交谈时，想表达某个意思，却一时忘了那个合适的词儿，它一直就逗留在您的舌尖，于是您搜肠刮肚，拐弯抹角地解释您想说的话。另一个常见的表达受制于语言的事例发生在说外语的时候。例如您付出了卓绝的努力学习法语，但它仍然是一门您不能运用自如的语言。当您用法语演说时，我敢肯定您情愿照读一份已经由母语是法语的人润色过的演讲稿；而当您必须即兴演讲时，我猜想您一定会选用那些您已经学过的固定词组和用语，从而确保万无一失。否则，您势必死挨活撑，尽量用您有限的语言知识表达出您的意思。比较而言，您在使用英语时肯定就不会有任何束缚感。我能想象，这时候您会与所有使用母语的人一样，可以轻轻松松地表达所想，没有任何迟疑，也无须搜索枯肠。

当然，这种自由感，这种思想与表述的完美结合，是平时的游刃有余和熟稔于心造成的假象。当我们面对全新的体验时，无论它是令人欢欣喜悦抑或毛骨悚然，我们往往会失去表达能力，会变得哑口无言。而表达不仅仅关乎词汇。那些情感上不见得澎湃而理性上却复杂繁复的经历，也会让我们绞尽脑汁才能说出有意义的话语。在这样的情形下，阻挡我们的并非话语，而是导向词语选择的初步理解。也就是说，有时我们的舌头会不听使唤——我们当然不希望出现这种情况。我们重视表达。所以，我们哼哼哈哈、支支吾吾、语焉不详，挖空心思，直至将我们的想法与经历诉诸言词。

这次我寄给您的书——由加拿大作家克里斯汀·布克创作的诗集《奇思妙想》，同时附上该书的 CD（由作者倾情朗诵）——讲的是语言的诸多局限以及对它们的昂扬超越。布克是法国实验作家团体"乌力波"①的狂热崇拜者，他也把他们至爱的一项技法——漏字文（Lipogram）——推向了至高的境界。漏字文指的是令某一个特定的字母在其中从头至尾都缺失的文章。其经典范例是乔治·佩雷克的小说《失踪》：小说通篇都没有出现法语里最常用的元音字母"e"。如果您认为漏字文听上去仅仅是一个噱头，不妨请您再想一想。就佩雷克的小说来说，字母"e"在法语中的发音与单词"eux"（即"他们"的意思）相同，因此《失踪》里消失的不仅仅是"e"这个字母，还有"他们"。"他们"指的是谁呢？嗯，首先是指佩雷克的

---

① 乌力波（Oulipo）是一个致力于打破文本界限的松散的国际写作团体，1960 年首倡于法国，最为知名的成员有卡尔维诺、乔治·佩雷克等，直接或间接地影响了众多作家。

父母：他们是犹太人，在大屠杀中惨遭杀害。在《失踪》里，字母表里缺失的关键字母暗喻了大部分的犹太文明在欧洲的消失。这可不是噱头，我绝不认为是噱头。

而布克发起了更大的挑战。在《奇思妙想》里，他写了一系列的诗，在这些诗里，省略的不只是一个而是数个字母，不只是许多个辅音字母，还有元音，而每首诗里省略的不止一个、两个或三个元音，而是四个。也就是说，每一首诗里仅剩下一个元音字母。以下是诗集的开篇几行，它们预示着整本诗集的风格：

Awkward grammar appals a craftsman. A Dada bard as daft as Tzara damns stagnant art . . .

主角元音字母"A"指代的是阿拉伯人哈桑·阿卜杜拉·阿尔哈撒德，而元音字母"E"特指希腊神话里的海伦公主。再来看看描写海伦的选段：

Restless, she deserts her fleece bed where, detested, her wedded regent sleeps. When she remembers Greece, her seceded demesne, she feels wretched, left here, bereft, her needs never met.

有谁能够想到荷马的巨作《伊利亚特》可以这样只用一个元音字母加以重述？元音字母"I"让作者有了谈论与辩护他的计划的机会：

I dismiss nitpicking criticism which flirts with philistinism. I bitch; I kibitz—griping whilst criticizing dimwits, sniping whilst indicting nitwits, dismissing simplistic thinking, in which philippic wit is still illicit.

元音字母"O"的部分我们可以读到的是：

Porno shows folks lots of sordor—zoom-shots of Björn Borg's bottom or Snoop Dogg's crotch. Johns who don condoms for blowjobs go downtown to Soho to look for pornshops known to stock lots of lowbrow schlock—off-color porn for old boors who long to drool onto color photos of cocks, boobs, dorks or dongs.

除此之外，我们还有机会感受一下前段时间寄给您的安东尼·伯吉斯的小说《发条橙》：

Crowds of droogs, who don workboots to stomp on downtrod hobos, go on to rob old folks, most of whom own posh co-op condos.

元音"U"是一个让拼字游戏玩家胆寒的字母，但是它也有它的漏字文：

Kultur spurns Ubu—thus Ubu pulls stunts.

如此这般。才智与创意跃然纸上，英语中只有一个元音字母的单词被悉数搜罗来探讨各色话题：从黄色笑话到抒情讴歌，从田园风光到历史篇章，五彩纷呈。

那么，这一切的目的何在呢？或许对于您来说，这仅仅是一个游戏，缺乏严肃性，只能与玩乐联系在一起。对此，我有两大回应：首先，在游戏与玩耍中，因机缘的巧合能够衍生出新的发现；其次，语言永远不会仅仅关乎它本身。布克这一语言游戏是因其对世界的评点而令我们欢愉，因为每个词，无论是一个元音还是五个元音，最终指向的还是具体现实。所以，虽然他使用的全是只有一个元音的单词，但他说的话却意味深长。《奇思妙想》是一部视野不宽却堪称完美的作品，标题 Eunoia 更直接的翻译是"美丽的思想"，这个词也是英语里囊括五个元音字母的最短的单词。这是一场语言嬉戏，但如果仅将其视为玩笑（*facetious*）——看哪！这个词包含了全部五个元音字母，且按其顺序排列——那将是个多么令人遗憾的错误呀。而经历过这样的文字游戏，我们的舌头一定会变得更灵巧，表达就更加流畅自如了。

您诚挚的

扬·马特尔

克里斯汀·布克（1966— ），实验派诗人。曾在加拿大卡尔加里大学英语系任教，现居澳大利亚。

第75本书

《低地》

赫塔·米勒 著

西格林德·卢格 译自德语

2010年2月15日

谨向

加拿大总理斯蒂芬·哈珀

赠送一本来自遥远之地的书

并致以美好祝愿

加拿大作家 扬·马特尔

尊敬的哈珀先生：

　　每隔几年宣布诺贝尔文学奖得主时，都会引发一阵惊讶与错愕。几乎在全世界都能看到有人倒抽口气的画面，他们问："花落谁家？"我记得，这正是二〇〇四年我在获知诺贝尔文学奖结果时的反应。在那之前我从未听过埃尔弗里德·耶利内克这个名字，它属于那位获得当年诺贝尔文学奖的奥地利作家。当然，德语国家的读者肯定对她有所耳闻，无疑也会为她的胜出鼓掌喝彩。诺贝尔评奖委员会具有足够的智慧与洞见广撒罗网，发掘出知名度不高或是处于英美主导世界边缘文化之中的实力作家。例如，早在一九八一年宣布诺贝尔文学奖获奖者是埃利亚斯·卡内蒂[①]——一位了不起的作家——时，我也同样产生过"这是谁？！"的疑问。

这次，斯德哥尔摩[②]再度出乎我们意料之外。就在几个月前，二〇〇九年的诺贝尔文学奖揭晓了，得主是——埃尔弗里德得腾些位置出来——另一位"籍籍无名"的女作家，用德语写作的赫塔·米勒。鉴于冬奥会此刻正在温哥华举行，大批外国运动员到访我国，因此我想我总得听取诺贝尔委员会的褒言嘉誉，为您推荐一部赫塔·米勒的作品。赫塔·米勒的处女作《低地》是一部短篇小说集，也是我在麦克纳利·鲁滨逊书店里能够找到的唯一一本她写的作品。这是一本奇异的书。开卷一读，我立刻就感受到小说的陌生疏离。我们通常不用英语这样写作。这无关翻译。我不知道是不是这样，因为我不懂德语，不能将译著与原作作一比较，但我猜测此书的翻译没有什么问题。事实上，让我觉得怪异的毋宁说是她的情感：小说读来毫无个人感情，几近机械呆板，语言极端简洁，甚少致力于营造美感。除了偶尔爆出奇闻逸事，一个个故事几乎毫无情节可言，充斥其间的是大量细节，而大部分细节又让人觉得很不真实，如坠噩梦之中。

故而，了解一下赫塔·米勒颇有助益：她来自罗马尼亚一个叫作巴纳特的德语区。出生于一个贫穷的国度，作为少数民族使用与主流不同的语言：这或许可以解释她的情感为何会与我的如此不同。有时，我会被中欧和东欧作品中的人物那奇异的内心世界所震

---

① 埃利亚斯·卡内蒂（1905—1994），保加利亚出生的犹太人小说家、评论家、社会学家和剧作家，1981 年诺贝尔文学奖得主。
② 诺贝尔文学奖颁奖典礼于每年 12 月 10 日，即诺贝尔逝世周年纪念日，在瑞典斯德哥尔摩举行。

撼。一些来自世界某些地区的小说理应让我觉得陌生——例如，我一个月前给您寄去的尼日利亚作品《这个世界土崩瓦解了》——然而，我对那部作品并未感受到多么浓重的疏离感。我悄然隐遁于奥贡喀沃的黑色肌肤下，怡然自得。而欧洲，是我的祖先生活的大陆，我曾在那里生活过十年，会说三种欧洲地区的语言，即使现在不再身处欧洲，我也笃信那里大多数人信奉的宗教，在外貌与穿着上也与那里的人相似，但是在那里创作出的故事却让我很难理解。或许这是欧洲特有的文化多元、经济混乱、政治动荡等元素交融的结果。不论是什么原因，在阅读《低地》时，我忍不住会想："天哪，那帮德国人真是懂得怎样才能变得无趣。"

尽管如此，这仍旧是一本值得一读的书。它提醒我们，伟大的文学不仅可以将我们带往奇乡异邦，也可以让我们少一些狭隘。

您诚挚的

扬·马特尔

赫塔·米勒（1953— ），小说家、诗人、编辑和散文家。出生于罗马尼亚，现居柏林。

第 76 本书

《伊凡·杰尼索维奇的一天》

亚历山大·索尔仁尼琴 著

贝拉·冯·巴洛克 译自俄语

2010 年 3 月 1 日

谨向

加拿大总理斯蒂芬·哈珀

赠送一部有关烂政的小说

并致以美好祝愿

加拿大作家 扬·马特尔

尊敬的哈珀先生：

上周发生了一件可了不得的事。我的邮箱收到了一枚硬邦邦的中等尺寸的信封。我收到的信函当然没有您那么多，但确实也不少（并且我也没有工作人员帮我处理信件）。这是一封什么信呢？会提些什么请求或要求吗？我注意到这封信来自美国。我将它打开。在两张卡纸板中间，一枚略小些的信封滑落了出来。在它正面的左上方印有回信地址：白宫，华盛顿，邮编是 DC20500。这立刻引发了我的好奇心。白宫？拆开信封，它便出现在里面——白宫的信笺纸，是奥巴马总统亲笔写的便条。

我确信，那一刻我的心脏漏跳了一拍。即使一周以后，我仍会小心翼翼地取出这张短笺，对着它大为惊叹。美国总统竟然写信给我——给我！毫无疑问我会将它装裱起来。如果有办法能把它刺到我背上，我肯定会这么做。让我惊讶的其实是总统先生的慷慨大度。正如您所知，公众人物行事往往会有诸多"算计"。但在这件事上，他又能得什么利呢？我不是美国公民，也不能给奥巴马总统任何助益。显然，他写这封信是出于个人原因，作为一名读者、一位父亲，他写下了这封信。而在信中，他仅仅用了两行就表达了他对《少年Pi的奇幻漂流》的真知灼见。愿上帝保佑他！愿上帝保佑他！

并不是所有的政府领导人都这么英明大度。这周我给您寄去的俄罗斯作家亚历山大·索尔仁尼琴的作品《伊凡·杰尼索维奇的一天》便是一个例证。约瑟夫·斯大林 [1] 在他漫长的执政时期（1922—1953）给苏联人民带来了深重的灾难。这让我想到了那句谚语"人对同类竟如此残忍"，但在此不妨做些变动："俄罗斯人对俄罗斯人竟如此残忍。"我一直纳闷，俄罗斯人在艺术与自然科学方面贡献出一个个光彩夺目的天才，却怎么会给他们自己（以及不幸生活在他们帝国阴影下的欧洲人）带来如此深重的灾难。而这个国家从来没有被其他国家殖民过，因此它所受的苦难不可能归咎于其他人。

小说《伊凡·杰尼索维奇的一天》的第104页上有这样一段可以概括我所说的俄罗斯人的态度：

他几乎再也站不住了，但他仍然坚持着。舒霍夫（即伊凡·杰

---

[1] 约瑟夫·斯大林（1878—1953），1922年当选联共（布）中央总书记，1924年列宁去世后逐步成为苏联党和国家的主要领导人。斯大林的领导使苏联快速成为重工业和军事大国，军事上获得卫国战争胜利，但他发动的"大清洗"运动饱受批判。

尼索维奇）曾经有一匹这样的马。他十分珍视这匹马，但还是将它活活骑死了。然后他们将他剥了皮。

"他十分珍视这匹马，但还是将它活活骑死了"——没有解释原因。这就是人们的行事风格。而节选开头的那个"他"指的并不是另一匹马，而是一个人，一个狱友，一个伊凡·杰尼索维奇曾非常尊崇的人，他也将漠然地看着狱友被活活折磨而死。看到这里，人们不禁要大声追问："人道哪里去了？仁慈呢？悲悯呢？"好吧，这些珍贵的特质在《伊凡·杰尼索维奇的一天》里已所剩无几。这部精短的小说讲述了古拉格劳改营里一名普通犯人平凡的一天。劳改营的体系几乎与营外无异。至多，当恐惧与匮乏暂时减轻时，最粗粝的兄弟情谊得以闪现。而在其他任何时候，每位劳改犯只能全心为自己打算。索尔仁尼琴清晰地记录下了这骇人听闻的监牢生活，这也是对戕害自己国民的严厉控诉。

差不多三年前的这个时候，我曾给您寄去英国作家乔治·奥威尔的小说《动物农场》。将其与《伊凡·杰尼索维奇的一天》作一对比会很有意思。两部作品题材相同，却风格各异。前者以寓言的形式揭露了恶行，后者则采用现实主义的手法来实现这一目的。您更喜欢哪一种呢？

需要告知您的是，我们这个小型读书会即将做一临时变更。迄今为止，读书会只有我与您两人。但我即将踏上为期四月的旅程，去推广我的下一部小说，而我担心一边奔波一边每两周为您搞一本书、寄一封信会成为太过沉重的负担。因此，我决定邀请其他加拿大作家加入我们的文学之旅。我很高兴自己做了这个决定。虽是不得已为之，但也有诸多好处。毕竟在为您推荐书籍这件事情上，我怎么能孤军奋战呢？毕竟我个人的阅读视野有限，为何不涉猎一下其他作家的文学领域呢？

　　所以，为您准备的下一本书与下一封信会在两周后寄到，具体时间是三月十五日，星期一。它们将寄自另外一位加拿大作家，但是我不会告诉您这位作家是谁——且让它成为一个惊喜吧——事实上，我对下一本是什么书一无所知，而这也将是一个惊喜。

您诚挚的

扬·马特尔

亚历山大·索尔仁尼琴（1918—2008），小说家、剧作家、历史学家。他最著名的作品有《古拉格群岛》和《伊凡·杰尼索维奇的一天》。索尔仁尼琴因被控进行"反苏宣传"被判处在古格拉劳改八年，两部作品均以该段经历为蓝本。索尔仁尼琴于一九七〇年获得诺贝尔文学奖，一九七四年被驱逐出苏联，一九九四年重返俄罗斯。

第77本书

《李尔里王》

保罗·夸灵顿 著

斯蒂文·高勒威 推荐

2010年3月15日

谨向

加拿大总理斯蒂芬·哈珀

致谢

我希望此书让您欢笑、铭记并向前看

加拿大作家 斯蒂文·高勒威

尊敬的哈珀先生：

但愿您不会失望。我知道，一段时间以来，您一直收到扬·马特尔所寄的信件与书籍，我猜想您已习以为常。虽然他尚未收到您的亲笔复函，但我还是乐于想象您在一早披着睡袍，趿着拖鞋，边喝咖啡边阅读这些信件的样子。这样想象自己的总理是否有些古怪？也许是吧。如果对您有任何冒犯，请您原谅。不管怎么样，您是我国领导人，领导人固然是血肉之躯，但也同样存在于我们的想象中。

我想现在您已经料到我不是扬。我叫斯蒂文，一位温哥华作家。

扬曾给您寄过一本我写的书——《萨拉热窝的大提琴手》。希望您喜欢它。假使您不喜欢，也感谢您没有透露给他人。我们的朋友扬此刻正在外宣传他的新书《标本师的魔幻剧本》，因此他请我暂时代替他来为您荐书。我很高兴能担此任，因为我觉得自己是个乐于助人的人，而且也因为，即使很多作家认为扬给您寄这些书是徒劳枉然，我倒是觉得或许您看到了其中几本，会读或者已经读了几本。毕竟，没有人会认为收到一位享誉世界的作家寄来的七十五本免费书以及随书附寄的信件是一桩坏事。在某种程度上，即使您有些不乐意，您已加入了世界顶级读书会。我打赌，奥巴马先生嫉妒得不得了呢！

有一支来自温尼伯的乐队叫作维克森，我非常喜欢。他们有一首名叫《夜晚的窗》的歌曲，由约翰·K.萨森姆创作。这首歌传递了这样一种感觉：当某个人已经死去，而在你意识到这个人不在人世之前的某一瞬间，你能感到他还活着，你能看到他还活着，在那个瞬间你认为他从未死去。这种感觉珍贵美好，不免让人伤感，而它正是我喜爱阅读的原因，也是我选择把保罗·夸灵顿的小说《李尔里王》寄给您的原因。

《李尔里王》是一部关于曲棍球的小说，是我们这个时代关于曲棍球的最好的小说之一。我记得曾在某处读到过您喜欢曲棍球，而最近我也在电视上看到您与韦恩·格雷茨基比邻而坐，一同观看金牌赛。那一定是一次很有趣的经历。我是在自己家里观看这场比赛的，身边相伴的是我的姨母和一个叫杰伊的家伙，我们同样看得很带劲。在这部小说里，珀西瓦尔·"王"·李尔里曾经是"北美职业曲棍球联盟"的最佳球员。在一九一九年的比赛中，他成功避开了纽赛·拉隆德并打进了制胜的一球——一个完美的圣路易斯回旋球——捧得当年的奖杯。李尔里这一辈子滴酒不沾，却在那一刻灌下了一杯香槟酒。他每次挑选的饮料都是姜汁汽水，并且坚称姜汁汽水比其他任何东西都更能使他喝得醉醺醺的。在小说开篇，李尔里已经是一位老人，他与他的老伙伴——报社记者布卢·赫尔曼——一同待在一所养老院里。这时一家姜汁汽水公司开出巨额费用，邀请李尔里前往多伦多拍摄一支汽水广告。故事就此展开，但是我不想毁了您的阅读兴致，我还能说的是我们的"王"此时已年迈体虚，在他的一生里出现过许多恶魔，他一直设法避开它们，不料却被它们缠得更紧了。他也曾有许多直面亡魂的时刻，对他而言，他们对他的生活方式倒是颇有微辞。这是一本风趣却让人悲伤的小说，只有加拿大人才会写这样的小说。

保罗·夸灵顿不久前死于癌症，年仅五十六岁。他是个了不起的人。当我阅读他的作品，有时会有那么一瞬感觉他尚在人间。大多数人并不知道保罗，也不认识任何在世或亡故的作家，但是当您读一本书的时候，您会常常经历萨姆森所描述的那个时刻——我打赌德国人会赋予这个时刻一个专属名词——会有一个声音出现在你的人生，或所有人的生命中。我猜想，一个愤世嫉俗的人会称之为怀旧，但我宁愿将它视为警示，警示我们过去曾经怎样，现在是何如，将来又可能会怎样。

有时，这样的警示会耗费亿万美元。例如奥林匹克运动会。虽然我并不是奥林匹克传统友谊的发烧友，但我认为奥运会所创造的故事、对我们加拿大人共同纽带的展现，都让不菲的花费物有所值。不过，也还有别的方式可做到这点，就像即使克罗斯比没有在加时赛进球，也不会令人失望一样。书就是最佳范例之一，而且书要省钱得多，有时甚至是免费的呢。我希望您喜欢这本《李尔里王》。

您真诚的

斯蒂文·高勒威

保罗·夸灵顿（1953—2010）出版过十本小说，包括《鲸鱼之歌》《李尔里王》《加尔维斯顿》和《沟壑》。他也是一位音乐家（最后效力于"猪肚期货"乐队）、获奖编剧、电影制作人以及倍受推崇的非虚构小说作家。

斯蒂文·高勒威（1975— ），加拿大小说家，作品已被翻译成二十多种语言。除了《萨拉热窝的大提琴手》，他还著有小说《范尼·沃尔什》和《升华》。高勒威曾在西蒙弗雷泽大学和英属哥伦比亚大学教授创意写作课。

第 78 本书

《世纪》

雷·史密斯 著

查尔斯·福伦 推荐

2010 年 3 月 29 日

谨向

加拿大总理斯蒂芬·哈珀

赠送一本仍在耐心等待读者的书

并致以美好祝愿

加拿大作家 查尔斯·福伦

尊敬的哈珀先生：

　　书，与人一样，也是会被冷落的。我想借扬慷慨赠予我的这个机会向您介绍一本了不起的加拿大小说，一部尚待真正被发掘的虚构作品。雷·史密斯的《世纪》于一九八六年问世，但并未引起多大反响。小说的出版商有着良好的口碑，史密斯当时也已经出版过两本书，为他赢得了一小群叽叽喳喳的书迷：《纳尔逊勋爵酒馆》和标题低调的《布雷顿角岛是加拿大的思想控制中心》。这两部小说光怪陆离，妙趣横生，荡人心腑，颇有当时美国沿海地区涌现的那种恶作剧色彩。史密斯本人就是从布雷顿角岛背井离乡来到蒙特利尔的，他有他自己的海边情结，不同于投石者或冲浪者的酷劲十足，更像是午夜的调频收音机，冷峻阴郁，离经叛道，戏谑主流品味，但并无恶意。

然而，《世纪》并没有应时推出。这本书耗费了雷·史密斯相当长的时间，较之其此前的作品，这部小说在文学表现上体现了他更深的功力：更大的情绪起伏，更多的忧心忡忡，对光明战胜黑暗不再保持乐观。小说中的大多数场景设在欧洲，在一百六十五页紧凑、类似点彩画风格的记叙里，故事横跨将近一个世纪。在《世纪》创作期间，加拿大文化与文学都发生了巨变，而史密斯的回应是在某种意义上远离陆地，甚至走得比他的家乡小岛（如今，退休后的他又回到了那里居住）还要远。无论将《世纪》怎样归类，它都不能算作"加拿大文学"，尽管它会因其中体现出冲动或勤奋的特质被冠以这样的称号。

我将之称为"虚构作品"自有原因。整本书共有六个部分，由一个人物贯穿始终，而且基调规整重叠，可以被归入——真讨厌！——后现代小说范畴。但是，抛开干枯乏味的学术辞藻，书中的故事全都独立成篇，就像是一部短篇小说集。甚至史密斯唯一可辨的主题——在一个腐化世界里艺术为何必须体现已普遍缺失的道德——也没有为了便于读者清楚领会而得以凸显。《世纪》很难分类，很难满足特定的期待。看哪，原文说，这当然不是生活；它当然只是一本书而已。请允许这些排列雅致的文字一一飘落在您跟前，就好像在婚礼上向新人身上撒花，然后再决定婚姻由什么构成。

"事实上，"一位史密斯的推崇者最近这样评价道，"（文章的）肌理构造也许就是意义所在：史密斯尊崇语言，却对阐释主题缺乏耐性，他无意于用音韵铿锵的字眼来描绘重要的事情。有时他甚至还把文字的乐感当作媒介与传递信息的渠道。"这其实是我对《世纪》的评价，并且将其写进了该书二〇〇九年新版的序言。安大略南部比布利奥西斯出版社的编辑丹·韦尔斯一直在重版发行史密斯的旧书，并且支持他的每一部新书。我可不会说比布利奥西斯也受到了冷落，但他们两人都是极具原创性和胆略的文人，他们要么从文学圈的边缘（如果您非要这么绘制文学地图的话）、要么单纯地从他们各自的领域（作为艺术家与出版商）出发，去考量他们每日——或者一生的——工作是否值得。在这里，我非常乐意把我最后一本比布利奥西斯出版的《世纪》随此信一同寄给您。

您真诚的

查尔斯·福伦

雷·史密斯（1941—2019），长篇及短篇小说家，出生于加拿大新斯科舍布雷顿角岛，曾在蒙特利尔教授英语。史密斯的作品还包括《布雷顿角岛是加拿大的思想控制中心》《纳尔逊勋爵酒馆》和《爱上简·奥斯汀的男人》。

查尔斯·福伦（1960— ）已著有十本书，包括小说《告别卡罗兰》和《着了火的屋子》，人物传记《莫迪凯·雷切勒》和《莫里斯·理查德》，前者还获过奖。另外，他还有一部获奖纪实文学作品《阿尔斯特最后的家》。福伦出生并成长于多伦多，先后在多伦多大学和都柏林大学学院获得学位，并在中国内地和香港以及加拿大任教。他曾在蒙特利尔生活多年，现举家移居安大略省彼得伯勒。

第 79 本书

《夏洛的网》

E.B.怀特 著

艾丽丝·凯珀斯 推荐

2010 年 4 月 12 日

谨向

加拿大总理斯蒂芬·哈珀

赠送一本提醒您人生以及文字乐趣的书

并致以谢忱

作家 艾丽丝·凯珀斯

尊敬的哈珀先生:

　　大约三年前,扬突然冒出每两周给您寄送一本书的想法。我还记得当时的情形。那天我们一同沿着萨斯卡通的一条河道散步,他刚从渥太华回来,眼见加拿大政治家们那么不重视加拿大文化艺术委员会的年庆,他深为不安。和大多数作家一样,扬为书而生,靠书而活——他既读书,也写书。他想与您共同分享那份对书的热忱。

　　我们沿着河道漫步,那天的阳光与萨斯喀彻温省往日的阳光一样明媚耀眼,就在那时扬萌生了一个念头:如果每隔两周给您寄一本书，您或许就会读上其中的一到两本。他为此激动不已，而我却不以为意。在我看来，这将耗费太多的时间。出于您时间有限的考虑，扬决定挑选篇幅较短的书给您，并随书附信一封，说明他为何选择此书。每一本寄给您的书，他都一读再读；每一封写给您的信，他都字斟句酌。

一路走来，我发现扬重拾了博览群书的乐趣。作为一位功成名就的作家，他通常只有为做研究而读书的时间，而现在我看到他挑灯夜读，时而被赛珍珠所俘获，时而又被佐拉·尼尔·赫斯顿搞得目眩神迷。就在最近，他还向您推荐了我个人最喜欢的一本书——瓦莱丽·马丁的《财产》。现在我自己的书架也几乎被疯狂觅书的扬搜罗一空了。

为了弄清该挑选什么样的书送给您，我着实花了不少心思，因为大多数两百页以下的书（我跟扬逐一讨论过这些书）早已弃我家而去，抵达了渥太华您那里。不过我注意到，扬迄今很少向您推荐儿童文学，所以我心想 E. B. 怀特的作品《夏洛的网》也许会让您感兴趣。我猜想您已读过此书，但这本书完全值得我们重读。我敢说，E. B. 怀特的文字大多经得起反复阅读。

埃尔文·布鲁克斯·怀特生于十九世纪的最后一年。他是一位钢琴制造商的儿子，就读于康奈尔大学，师从威廉·斯特伦克教授。多年以后，怀特编辑、修订、增补了斯特伦克的著作《文体的要素》——这是一部夏夏独造的书，作家们应该人手一册。在该书里，作者以不容置疑的语气教导人们如何写出好文章。我有幸拥有一本插图版，多年来它一直挺立在我的书架上。给您写信的这当儿，我又想着要再去读它一遍。阅读的乐趣之一就在于，它们将不可避免地把你引向更多的书，就如同地图将带你奔赴更远的旅程。《夏洛的网》让我想着要去读《文体的要素》，所以我希望它也能把您引向另一本书。

怀特到底是何时立志成为一名作家，这尚难定论，但可以确知的是，他在二十出头的光景，为了追求这一目标毅然拒绝了明尼苏达大学的一份教职。到一九二七年，他已经是《纽约客》的特约编辑，从此他一辈子都与该杂志有了不解之缘。他的妻子也是《纽约客》的一名编辑。怀特写下了许多光彩耀人的散文（一部散文集正躺在我的床边），继之他又写了《夏洛的网》等一系列书籍。完全可以说，写作就是他的生命。它贯穿了怀特的家庭、工作和思想。对某些人来说，写作确有此功。怀特曾写道："我希望在书中表达的是我对这个世界的爱。我想，如果你着意搜寻，就能找到它。"

我爱他写的这段话，因为它直截了当地言明了您将从《夏洛的网》中获得的乐趣。这本书以简单、欢快的笔触描绘了农场的生活（以及死亡），怀特曾一度担心对于大多数孩子来说它过于低调平和。然而，它的每一个精心排布的词语（请注意斯特伦克在《文体的要素》中提出的要求：省略一切不必要的用词！）都孜孜展现了怀特对生活的热爱。

在这则故事里出场的有小猪威尔伯、八岁女孩弗恩，还有他们的一群动物朋友：老鼠坦普尔顿、一只鹅、一头羊，当然最重要的就是一只名叫夏洛的蜘蛛。威尔伯是一只天真快乐的小猪，他发现人们把他喂胖的最终目的是要将他宰杀，可他不想死。正如他所说："我多想一直待在谷仓里……我热爱这里的一切。"于是夏洛开始想办法拯救她的小伙伴。她用自己的网织出了一个个文字——比如"了不起"或"王牌猪"——好让威尔伯周围的人看到。一位农场工人在倒脏水时，惊奇地发现沾着露珠的蜘蛛网上写着"王牌猪"几个字，这幅画面清晰地镌刻在我的脑海中，就如同蛛网上的这些字深深印刻在那些掌握威尔伯命运的人的意识里。

但是，千万不要被迷惑了。简朴的语言、田园的风光、友善的动物，所有这一切构成了夏洛最后的绝唱—— 一首献给她的朋友威尔伯的绝唱，同时也是怀特用他最优雅的语言写就的献给某种生活方式的绝唱。夏洛用尽气力以网织字，让我想到了文字无比的重要性。而无论是故事本身还是它的讲述方式，《夏洛的网》无疑都向读者证明了语言的力量。

这也是扬写信给您的原因。他和蜘蛛夏洛一样，相信文字可以塑造生命、拯救生命。我希望您能在了解 E. B. 怀特，尤其是在读了他的书之后，能想到就像人们需要政治家与总理一样，我们同样需要书与作家。

假如阅读《夏洛的网》不能让您感受到这些，我还是由衷地希望它能带您回到那个从未离您远去的时空。在那里，您将陪伴威尔伯尝试——可笑地——织网；陪伴夏洛做出最后的牺牲；陪伴费恩从她父亲手中抢夺斧子；而且，陪伴 E. B. 怀特第一次向我们展示威尔伯：

> 在那儿，就在里面，有一只新生的小猪正望着她。那是一头白色小猪。晨光穿透它的耳朵，把它们变成粉红色。
>
> "他是你的了。"阿拉布尔先生对她说。

而现在这本书是您的了。
希望您喜欢它。

您忠诚的

艾丽丝·凯珀斯

E. B. 怀特（1899—1985），美国作家，《纽约客》重要撰稿人，著有《夏洛的网》和《斯图尔特鼠小弟》以及家喻户晓的写作手册《文体的要素》（又名：《斯特伦克和怀特的英文写作指南》）。

艾丽丝·凯珀斯（1979— ）著有三本青春小说：《冰箱门上的生活》《她做过的最糟糕的事》和《四十件我想告诉你的事》。她的第一本插画书《书虫的书》于二〇一四年出版。凯珀斯现居萨斯卡通。

第 80 本书

《谁猎杀了伤者》

大卫·亚当斯·理查兹 著

斯蒂文·高勒威 推荐

2010 年 4 月 26 日

谨向

加拿大总理斯蒂芬·哈珀

赠送一部伟大的加拿大小说

并致以诚挚的问候

斯蒂文·高勒威

尊敬的哈珀先生：

　　这次又轮到我了。希望您喜欢上次我寄给您的《李尔里王》。即便您还不曾读过它或者没有读它的打算，我仍然希望您至少是高兴地收下了它。鉴于圣诞老人与复活节兔子①的礼物都不再神秘，对我来说，不期而至的免费书已成为为数不多的能让我满心喜悦的礼物之一了。

---

① 根据美洲的传统，复活节兔子会在复活节当天早晨给乖孩子一篮子的礼物。

这次随信寄给您的是另一本我非常喜欢的书。第一次读这本书的时候，我还在上大学，是它连同另外几本书让我萌生了想当一名作家的念头。大卫·亚当斯·理查兹的小说《谁猎杀了伤者》，它的书名毋庸置疑是整个加拿大小说界或者说是所有小说中最佳的标题之一。

我之所以选择把这本书寄给您，主要有几个原因。首先，这是一本了不起的书。很少有作家描绘工人阶级生活能像理查兹那样精确到位，也很少有人能将平凡的人生写得如此出彩。迄今为止，理查兹已著有十三部小说，故事背景大多设在新不伦瑞克省①。他最近还被授予加拿大勋章，并摘取了几乎所有的文学奖项。

在我看来，加拿大有一大优点，那就是国人可以畅所欲言，充分地讨论异见。明天一大早我就将动身从温哥华飞赴新不伦瑞克，参加蒙克顿的弗莱文学节。在加拿大，文学节通常以所赚无几或是非营利的形式筹办，持各种政见的读者均来参加，他们心甘情愿地交出辛辛苦苦赚来的钱，耗上一个下午或是晚上的时光谈书论思，即使他们并不喜爱作为讨论主题的那本书也在所不惜。而最成功的文学节便由最为热情畅旺的读者参与，在穆斯乔、坎贝尔里弗以及锡谢尔特举办的文学节就是其中典范。这些文学节往往得到联邦政府的部分赞助。对此，我深表谢忱。我们的国家会因此变得更加美好。

虽然参加文学节并不是为了去见作家，但的确有人喜欢这样做。不过，见作家常常是一件让人无比失望的事情，因为他们通常不是你期望的那个样子，没有他们写的书那般睿智，只会说一些没那么精彩的话。而有时，之所以会发生这种情况，错不在作家而在读者身上。几年前有一天，出于某些原因我正在多伦多的出版商办公室里，这时有人告诉我，大卫·亚当斯·理查兹恰巧也在同一幢楼，问

①新不伦瑞克省，是加拿大三大沿海省份之一。

我是否想见他。我当然想见了。我们见面时，他刚吃完午餐从餐厅里走出来，他的一只手里端着一杯咖啡，于是我握了他的另一只手，由于用力过猛，把他的咖啡都晃了出来，洒在了他的鞋子上。这完全是我的错，我觉得自己就像个大傻瓜。从那以后，我一直小心翼翼地避免再次撞见他，希望他没有记住我的名字，并且希望在下一次见面时，我已经老得他完全认不出来了。

为什么我要在给我们国家民选领袖的信里提这件事呢？我拐弯抹角说了一通，只是为了向您说明作家并不是精英人物。通常我们讲话像精英，偶尔甚至行事也像精英——当人大部分时间都是独居一室的时候，误解就必将产生。但是，从根本上讲，我们是普通人，只是碰巧擅写故事而已。而我认为我们写的故事是这个国家的重要组成部分。只要您去参加蒙克顿的或者别处的文学节，您会发现很多人都是这么想的。

您忠诚的

斯蒂文·高勒威

大卫·亚当斯·理查兹（1950— ），加拿大小说家、诗人、纪实文学作家和编剧。他著有小说"米拉米希三部曲"和《孩子间的仁爱》，后者与迈克尔·翁达杰的小说《菩萨凝视的岛屿》共享二○○一年度加拿大吉勒文学奖。他有关米拉米希河谷垂钓的作品《水上垂钓》获加拿大总督文学奖非虚构类奖项。

第 81 本书

《狂人日记》

鲁迅 著

威廉·A.赖埃尔 译自汉语

查尔斯·福伦 寄送

2010 年 5 月 10 日

谨向

加拿大总理斯蒂芬·哈珀

赠送一本由中国的托尔斯泰、中国的雨果所写的书

致以谢忱

加拿大作家 查尔斯·福伦

尊敬的哈珀先生：

我在报上读到一篇关于由中国最大的网络媒体公司发起的民意调查的报道。该调查通过中国人自己的投票，评选出了二十世纪这个国家最具影响力的十位文化偶像。[①] 其中，五位是作家，三位是

---

① 2003 年新浪网与国内十七家媒体共同推出了大型公众调查——"20 世纪文化偶像评选"，该评选由于将鲁迅、巴金、钱锺书等文化大师，同张国荣、周星驰、王菲、赵薇等明星并列为六十名候选人而引起极大争议。根据投票结果，综合统计出了十大（接下页）

歌手兼演员，让人奇怪的是还有一位火箭科学家，而最后一位文化偶像生前是一名默默无闻的士兵，但后来成为了媒体宣传的焦点。

十五年来阅读和撰写关于中国的文章、共计五年在北京和香港居住的经历让我对名单上的名字非常熟悉。他们中的三位——作家金庸、歌手兼演员张国荣和王菲在这项民意调查结束前仍然健在。其他几位，如作家鲁迅和京剧演员梅兰芳，虽然已过世几十年，但仍然有着巨大的影响力。我注意到在这种选择背后有固定的模式：被选中的人们都经历过艰难困苦又非同寻常的生活。在我看来，这份名单虽然远谈不上权威，但仍具有一定的合理性，透过这扇窗户，我们可以一窥中国人的价值观与情怀。

我还怀揣着这样一个想法：假如把这些名字换作西方文化里相对应的人物，他们又会是哪些人？比如王菲，可以用麦当娜代替她；又比如张国荣，只要稍加变动就可以用猫王来替代；梅兰芳被世人称为中国的保罗·罗伯逊[1]；而科学家钱学森对中国的影响近似于罗伯特·奥本海默[2]之于美国。再来说作家：老舍的小说《骆驼祥子》与约翰·斯坦贝克的作品《愤怒的葡萄》具有相似的道德力量，而钱锺书的小说《围城》可以被比拟为 F. 斯科特·菲茨杰拉德的《了不起的盖茨比》的上海版。金庸那民粹主义的武侠小说与赞恩·格雷的西部小说以及约翰·福特的电影相似。至于这十位中，出生最早、地位也最高的鲁迅，几乎没有可与他对应的人物。为了能领会他的重要意义，有必要检视一下托尔斯泰对于十九世纪的俄国或是维克多·雨果对于他那个时代的欧洲的举足轻重的影响力。

（接上页）文化偶像排名，他们是鲁迅、金庸、钱锺书、巴金、老舍、钱学森、张国荣、雷锋、梅兰芳、王菲。

[1] 保罗·罗伯逊（1898—1976），美国著名男低音歌唱家、演员、社会活动家。

[2] 罗伯特·奥本海默（1904—1967），美国犹太物理学家，曼哈顿计划的主要领导者之一，被誉为"原子弹之父"。

这样的类比让我开始思考，我们中的大多数对中国到底有多少了解。假如一个人从未看过西部片，也未曾听过《愤怒的葡萄》，假如一个人不知晓猫王与麦当娜所引发的流行文化的巨大变化，他能说自己了解美国吗？我们对中国的认识仍顽固地停留在那些死板的标签上：蓬勃的经济与特有的政治制度，惊人的人口规模与人们的殷切期望。然而，一个国家最重要的就是它的文化，而文化是所有居住在这个国度的人的价值观与奋斗、梦想与期望的总和。要了解一个国家，必须了解这个国家的梦想以及其中那些怀抱梦想的人。

自我开始思考中国以来，鲁迅就一直是我衡量中国文化的一大标准。而鲁迅之所以能作为一位杰出人物被西方社会所知晓，是因为他创作的短篇小说。这些作品真正孕育了二十世纪二十年代中国的现代文学，生动而忧心地审视着那个摇摇欲坠的社会和坚忍倔强的灵魂。我希望您能喜欢鲁迅的这一部经典力作。

祝好

查尔斯·福伦

[复函]

2010 年 5 月 20 日

尊敬的福伦先生：

我谨代表斯蒂芬·哈珀阁下告知您，您的两封近函以及随信附寄的小说——雷·史密斯的《世纪》以及鲁迅的《狂人日记》均已收悉。

总理希望通过我转达他对您的谢忱。请相信，我们十分感激您周到的善举。

您真诚的，

S. 罗素

执行通信官

鲁迅（1881—1936），中国杂文家、短篇小说家、诗人、教师、编辑和翻译家。他的作品深入人心。他被公认为二十世纪中国最重要的作家之一。

第 82 本书

《格雷岛》

约翰·斯特夫勒 著

唐·麦凯 寄赠

2010 年 5 月 24 日

尊敬的哈珀总理：

现在约莫人人都已知道，扬·马特尔正忙于宣传他的新书，就邀请了其他作家暂时接替他向您荐书。今天我很高兴能担当此任，为您以及扬的网站读者们推荐一部加拿大文学的经典之作——约翰·斯特夫勒的《格雷岛》。

当我用到"经典"这个词，我是将它与其他几部描写自然环境的杰作——梭罗的《瓦尔登湖》、奥尔多·利奥波德的《沙乡年鉴》以及加里·斯奈德的《荒野实践》——相提并论了。它采用了一种极端的方式来描绘蛮荒之地，从而也改变了我们观察荒野的方式。与上述作品不同的是，《格雷岛》严格地说来应算作一部小说，不过它是根据约翰·斯特夫勒自己的亲身经历写就的：斯特夫勒曾只身踏上距离纽芬兰北方半岛海岸不远处的一座名叫格雷岛的无人岛。小说囊括了极其生动、多样的写作形式，例如叙事散文、抒情诗（以细致的特写方式描绘格雷岛的方方面面）、荒诞故事、鬼故事、随笔、梦境片段、地图、人口普查表和歌谱。书中呈现的是遥远的海岛终日接受暴风洗礼的难忘画面，以及一个人在荒野中的艰辛历程。除此之外，《格雷岛》还逐渐将焦点集中于往日的岛民以及如今仍然上岛的渔民，随着故事的推进，这些人的声音也慢慢加入到了多线交织的叙事之中。

假如有人问我，喜欢这本书是因为它的故事情节（主人公从一位城市规划师转变为一名朝圣者），还是因为它精妙的细枝末节，我实在很难作答。它的语言简练，且斯特夫勒似乎有一种笃定的乐感，这让每一个段落——无论是出自纽芬兰渔民之口的话语还是叙述者兼诗人的旁白——读来都铿锵有力。八十年代，我第一次读到这本书时简直难以相信，作者竟然能写出这样一部书来，竟然能将如此繁复、如此迥异的部分构建成一个有机的整体。就像不可思议的四省联盟①一样。同样让我觉得不可思议的是，其中还有一种结构——正如加拿大人一再发现的那样——其神秘力量就存在于多样性之中。

我觉得送您这份礼物或许会有点多余——多年前约翰·斯特夫勒就已被封为加拿大议会桂冠诗人。（如果您已经有了这本书，或许您不会介意将我所寄的这本转赠给其他国会议员。）《格雷岛》应是加拿大人的必读之书，就像边境以南的人必读《瓦尔登湖》一样。《格雷岛》是一部圣书，以其异常的丰富性和复杂性呈现在我们面前，书中哲思与娱乐性并举，是一场艰辛而又不可或缺的与荒野的邂逅。

此外，我还一同寄去了由珍妮特·罗素有声出版公司推出的《格雷岛》有声书。这位勇敢无畏的纽芬兰出版商曾推出诸如玛丽·达尔顿的《梅丽博格特》和迈克尔·克拉米的《强光》等名著——这

---

① 四省联盟，1867 年英国将几省合并为一个联邦，成立最早的加拿大自治领，后陆续又有六个省参加。

两本书也应列入加拿大人必读书单。在这张由约翰·斯特夫勒亲自朗读的 CD 里，您还会听到弗兰克·霍顿为一个名叫卡尔莫·丹尼的角色配的音。这是一位已死的岛民，他生前被认为是个疯子。这个章节不容错过，其中还包括一段写得最好的洗浴场景。在这一场景面前，好莱坞也会相形失色。我知道您的时间有限，所以我的建议是您不妨现在就挤出时间听听这张 CD，而书呢，就留待您有闲暇的时候再读吧。

雄文佳作能让我们既脚踏实地又充满遐想地生活；它可拓宽人生视野。当它关涉荒野主题时，还可增进我们对自己作为一国之民甚或世界之民的认知。当然，这样的认知既肯定着我们的刚毅和勇气，也反思着我们对荒野价值的肆意无视。这种无视一方面固然是过去的殖民经历所致，另一方面仍旧体现了当下一些可悲可叹的思想观念，这些思想观念往往根植于政府的政策之中。最后我想说的是，阅读《格雷岛》这样的书，可以让我们成为更好、更体贴的地球居民。

我希望您会觉得此书能为您那包罗万象、精彩纷呈的图书馆锦上添花。

您忠诚的

唐·麦凯

约翰·斯特夫勒（1947— ）成长于安大略。在从事了诸多工作——包括木匠、甲板水手和鞋匠——以后，他成了一名英语教授。他著有诗集《那一晚我们饥肠辘辘》和《格雷岛》。他的小说《乔治·卡特赖特的来生》入围加拿大总督文学奖，获托马斯·黑德·拉得尔大西洋小说奖。斯特夫勒为二〇〇六至二〇〇八年加拿大国会桂冠诗人。

唐·麦凯（1942— ），加拿大诗人、教授和编辑。他的诗集通常以描写生态为主题，包括获加拿大总督文学奖的《夜草原》和《另一个重力》，以及获得加拿大格里芬诗歌奖的《走向／滑距》。麦凯是加拿大布利克图书出版公司的合作创始人之一和加拿大勋章得主，也是一位鸟类观察者。

第 83 本书

《卡里古拉》

阿尔贝·加缪 著

贾斯丁·奥布赖恩 译自法语

勒内－丹尼尔·迪布瓦 推荐

2010 年 6 月 7 日

谨向

加拿大总理斯蒂芬·哈珀

赠送《卡里古拉》

一部有关痛苦、权力追求和人类气概的非凡剧作

并致以敬意

加拿大勋章获得者

勒内－丹尼尔·迪布瓦

尊敬的哈珀先生：

今天，我满怀激情地给您寄送阿尔贝·加缪的作品《卡里古拉》。

您会注意到，我给您寄去了两个版本：一本自然是法语原著，而另一本则是英译本，由斯图尔特·吉尔伯特翻译，译笔甚佳。

我的想法是——想法可能有误，如果有误，请您指正——如果

您对这位作家还不熟悉，那么有机会比较同一本书两种不同语言版本的形式与内容，将会给您颇多启发。

选择推荐这本书给您有多项原因。

以下是其中的两项：

首先，二〇一〇年是二十世纪最重要的作家之一，阿尔贝·加缪逝世的五十周年。

通常，我不会将作家划分为"重要的"或"次要的"：我一向认为，文学是宝藏，每一份贡献都弥足珍贵。年岁越长，我看得越发明晰。一部作品或有其自成一派的风格，或无风格可言；或有娓娓心声，或静默无语。若有娓娓心声，便有文学；否则，便算不上是文学。

然而，加缪——与他相仿的作家寥寥无几——显然是一个例外。他不仅直抒己见，且沉浸其中，悉心探查人类灵魂与其反叛之间千丝万缕的联系。从这一沉潜中，加缪捞回了诸多非凡之作，特别值得一提的是《反抗者》，一篇感人至深、激情洋溢地论述反抗起源与历史的文章，当然还有剧本《卡里古拉》，它无疑是《反抗者》的变奏曲，但《卡里古拉》不仅是一幅简单的素描或是对话式的再现，而更像是反抗者的化身。

假如我们将《反抗者》比作一张由工程师绘制的机械装置图，那么《卡里古拉》则构成了机车本身，带动机器一路向前，永不偏离轨道，将路上的一切碾个粉碎。

我选择此书的第二个原因与其中的人物卡里古拉皇帝有关。对于加缪来说，卡里古拉这一人物也许极好地展现了他那个时代——第二次世界大战之前——风起云涌的神话。当然我们不妨说，在我们这个时代，这一神话仍然十分盛行，已变得……无所不在了。至少在西方公共领域，它已成功地镇压了任何企图与之对抗的势力。当今，满目皆是对生活及其必然结果的反抗，对纯粹而盲目的力量的膜拜。放眼四望，它们一统天下，胜利的旌旗猎猎飘扬。

阿尔贝·加缪给我们留下了一大批非凡而激荡人心的作品，它们无疑有助于我们更好地定义自己，更好了解是什么在驱动我们前行，更好地认识我们的同胞以及我们这个时代。

这批作品的核心便是《卡里古拉》。

阿尔贝·加缪成功地塑造了卡里古拉，就像西格蒙德·弗洛伊德在他那个时代刻画了俄狄浦斯一样：依托一个古老的故事，他为所有时代的所有人开创了一个终极神话并亲自为之命名。

您想了解故事情节吗？情节再简单不过了。

深受众人爱戴的罗马皇帝卡里古拉刚刚失去了他的妹妹兼情人德鲁塞拉，随后，他成了怪物。何以如此？那是因为德鲁塞拉的去世让他认识到——简单来说——"人总有一死；人活得并不快乐。"

德鲁塞拉的死唤起了卡里古拉心中对于"不可能"的渴望。于是，在这样的追寻中，他终将变得暴戾无情。

总理先生，希望这部既令人惊骇又宏伟壮丽的剧本能给您带来启悟，令您豁然开朗，正如它曾带给我的一样。

您真诚的

勒内－丹尼尔·迪布瓦，加拿大勋章获得者

阿尔贝·加缪（1913—1960），作家、记者、散文家、戏剧家，因其创作的"荒诞哲学"作品被看作二十世纪最重要的哲学家之一。他出生于法属阿尔及利亚，二战期间参加了反法西斯的抵抗运动。一九五七年，加缪获诺贝尔文学奖。

勒内－丹尼尔·迪布瓦（1955— ），魁北克戏剧家、演员和导演。创作有戏剧《不要责怪贝都因人》——曾获加拿大总督文学奖，以及被改编成电影的《和克劳德一起在家》。

第 84 本书

《尼克尔斯基》

尼古拉斯·迪克尔 著

拉泽·莱德亨得勒 译自法语

埃米尔·马特尔 寄赠

2010 年 6 月 21 日

谨致

加拿大总理斯蒂芬·哈珀

一部最有趣的魁北克小说的精彩译作

加拿大诗人、翻译家 埃米尔·马特尔

尊敬的哈珀先生：

在民主国家，公民与国家领导人的直接对话是一项应受珍视的特权。大家心中都明白，回应民众的进谏是领导人义不容辞的职责。公民所关心的重要议题或许需要这样的沟通途径，而妥善的回应往往能够平复对话发起者的内心，也可让领导人借机了解民众的心智与想法。

当扬邀请我加入"斯蒂芬·哈珀在读什么？"这一读书会时，我不禁满心喜悦，因为它给了我一个以诗人与译者的身份参与这项活动的机会。您也许已了解，此项活动已引起多国的关注与赞赏，也符合本人一贯珍视的对于国际文化关系的信念，而您领导的政府竟荒唐地抛却了能够促进国际文化关系的外交政策，这不仅是加拿大艺术家和创作者的巨大损失，也是对加拿大海外形象的莫大打击。

今天我寄给您同一本小说的两个版本：法语版于二〇〇七年出版于蒙特利尔；英译本曾于二〇〇九年获得加拿大总督文学奖。因此您将从中感受到两位艺术家—— 一位小说家与一位翻译家——的非凡才华。

这本由尼古拉斯·迪克尔创作的《尼克尔斯基》在魁北克地区和法国都广受好评；它曾荣获多项大奖，已由拉泽·莱德亨得勒精心移译成英文。

翻译是一种审慎、谦卑的职业。作为译者，我们很少受到关注，几乎少有人相信我们干得很在行。译本与原文之间总有些细微的差别，总有一缕细小的情感被我们忽略，或是其中的一丝况味被我们夸大或低估。我们深知，无论我们何等努力，若干年后，定有别的译者会译出不同的版本，甚至可能比我们译得更好，就像精通两种语言的读者或作者可能会说原著要比译本出色得多。当然，在大多数情况下，原著确实更好！

但是，译者偶尔也会施以某种报复。下面我想讲一件趣事：莎士比亚在十六世纪末创作了《哈姆雷特》。大约一百年以后，伏尔泰降生于法国。毋庸置疑，他们是欧洲文化与世界文化的两位泰斗级人物。伏尔泰自然知道莎士比亚，也读过他的作品。一天，他想要和他的法国读者分享哈姆雷特最著名的一句台词：

生或死，这是个问题。

(To be or not to be, this is the question.)

这十个英文单词应该如何翻译才能既重现原文中那种孤注一掷的紧张感，又符合伏尔泰时期法语诗节中惯用的十二音节"亚历山大体"押韵诗行？应该是这样的：

Demeure, il faut choisir, et passer à l'instant
De la vie à la mort, et de l'être au néant.

如若在不知道莎士比亚原文的情况下，把伏尔泰的法语诗文译回英语，会是一件很有趣的事情。翻译如同一个魔法洞穴，里面藏匿着连作者都并不知晓的美景……

回到《尼克尔斯基》，无论您先读的是哪个版本——法语原著或是英译本，您都将会被封面的图案所吸引：三条鱼，事实上是三条一模一样的鱼，却朝着或水平或垂直的不同方向游去。我相信这里传递着某种微妙的信息，但是我并不确定这个信息是什么。您怎样认为呢？

小说精彩纷呈，构建了种种扭曲与惊险的人生，各色人等因机缘巧合纠缠在一起。故事大多发生在蒙特利尔的马尔凯·让－塔隆地区，当然，也有一些发生在加拿大其他区域——诸如大草原与圣劳伦斯河北岸区——以及遥远的加勒比海国家。海盗在这本书里占了很大的篇幅，还有航海。还有一个鱼贩，还有……还有……一旦您开始认识诺亚和乔伊斯以及在圣－劳伦街贩卖二手书的叙述者，您一定会爱上这群人的。

法语版的《尼克尔斯基》上有尼古拉斯·迪克尔写给我家的孙女凯瑟琳的题赠献辞，鼓励她"重返小说"。而她告诉我们，她已经有一段时间没读小说了，不过这本书她已有一本。所以请允许我也鼓励您重返小说，以完成尼古拉斯·迪克尔的心愿。

向您致以最美好的祝愿

埃米尔·马特尔

尼古拉斯·迪克尔（1972— ）出生于里维耶尔－迪卢，在魁北克长大，大学专修视觉艺术和文学。此后，他遍游欧洲和拉美，最后定居蒙特利尔。他的第一本小说《尼克尔斯基》在魁北克摘得三项奖项，在法国摘得一项，并且是二〇一〇年度"加拿大阅读"的获奖作品。

埃米尔·马特尔（1941— ），作家、翻译家。一九六七年至一九九九年为加拿大外交官，其中十二年供职于加拿大驻巴黎使馆，四年任文化部部长。至今已出版十七本诗集和小说，翻译三十本西班牙著作和十三本英文著作，译作大多与妮可·佩龙－马特尔合作完成。一九九五年，作品《只为管弦乐和诗歌》获加拿大总督文学奖。他曾任国际笔会中心魁北克分会主席。

第 85 本书

《我的生存之道》

梅格·罗索夫 著

艾丽斯·凯珀斯 寄赠

2010 年 7 月 5 日

谨向

斯蒂芬·哈珀

赠送一本焕发您想象的书

作家 艾丽丝·凯珀斯

尊敬的哈珀先生：

　　有时候，书会因为某些机缘而与人相遇。对于我来说，与梅格·罗索夫小说《我的生存之道》的偶遇恰好发生在我在英国乡村度假的那几个礼拜。这是一部精彩纷呈的小说。故事的开头，十五岁的戴西来到英国的一座农庄，她将在那里与表亲们共同生活。他们的母亲离家出走，旋即爆发了一场战争。罗索夫从头到尾没有交代战争爆发的原因，戴西对此也毫无兴趣，因为她狂热地爱上了她的表兄——仪表堂堂、让人无法抗拒的爱德蒙。然而，他们很快就被战事所分离，戴西为之一变。

今年复活节，英国发生了一件不同寻常的事情：冰岛火山爆发导致大量灰云产生，人们只得实行航空管制，所有航班因此取消。当时我正在德文郡达特穆尔高地的一处农庄里。在数个没有飞机从头顶掠过的日子过去之后，我注意到天空有一种奇异的静谧。我懒懒地坐在鲜花繁茂的院子里，荒野在我眼前绵延不尽，我抬头仰望空旷的蓝天，罗索夫的小说在我手中晃荡着。此时那个异乎寻常的故事仿佛渗出纸面，为我的想象染上了色彩，我似乎看见戴西和她的表兄们漫步在乡间小道上，而此时整个乡村正饱受定量配给与暴力之苦。天空异样的安静与小说中飞机的停驶遥相呼应。尽管我悠闲地待在花园里，却似乎能感受到戴西和她的表兄在我身后向谷仓狂奔。我起身穿过眼前的荒野，却仿佛能看到戴西正在疯狂地寻找爱德蒙。

梅格·罗索夫在二〇〇四年出版了这部《我的生存之道》，不久之后她就放弃了自己的广告生涯。这是她的第一本书，之后她又出版了更多本（她还有诸多作品可供阅读是一件让我雀跃不已的事情）。她也会定期更新她的博客 www.megrosoff.co.uk。关于她最新出版的小说，她是这么写的：

> 在过去两年的大部分时光里，这本书一直和我在一起，它会啜泣、会延宕、会拒绝合作。而我对它也曾爱过、恨过、忽视过；采取过威胁、劝诱、恳求等手段对付它，还曾用洗澡水将它泼出门外，然而我又将它捡了回来，企图以严苛之爱与贿赂讨好来感化它，或是索性让它自生自灭。有一次，我甚至不承认自己是它的亲生母亲。

在某种程度上，罗索夫将她的书看作有生命之物。不知她在写

《我的生存之道》时是否有同感。我斗胆一猜,当时她定是这样的吧。作家对自己笔下人物及其故事往往会有那样的感受。而对于像罗索夫那样才华横溢的作家作品,读者能从字里行间感受到生命的阵阵脉动。

罗索夫的文字既大胆又感人。她描写了一位因有自我毁灭倾向而被送往英国的十几岁少女——我们发现,她在身心这两方面都在毁灭自己。虽然为时已晚,但当戴西身处战争中的英国,她终于发现自己是个远比想象中更好的人。这是一个有关磨难与救赎的经典故事,也是一个爱情故事,一个关乎生存与渴望的故事。这是一部活力四射的小说。它仿佛会离开纸页,浸入您的想象,就像一滴蓝色染料便能将水染上颜色。

这一年,空中没有飞机,眼前的荒原充塞着戴西和她的故事,生命仿佛溢出了罗索夫的纸页,来到了我的身上,让我觉得自己更加生机勃勃。

我希望这本小说也能在一个恰当的时机进入您的生命(虽然,碰到整个国家实行航空管制这样的戏剧性事件似乎不太可能!)。希望它能为您的想象染上瑰丽的颜色。

艾丽丝·凯珀斯敬上

[复函]

2010 年 9 月 3 日

亲爱的凯珀斯女士:

我谨代表斯蒂芬·哈珀阁下告知您,您的来信以及随信附寄的小说《我的生存之道》已收悉。

感谢您向总理寄送此书。我们十分感激您的善举。

您真诚的

T. 路科威茨

执行通信官

梅格·罗索夫（1956— ），美国作家。二十世纪八十年代，她在纽约从事出版业与广告业，后移居伦敦。她为儿童、青少年和成人写作，已出版数部著作。

第 86 本书

《被爱刺伤：诗篇与断章》

萨福 著

亚伦·蒲圻根 译自希腊语

2010 年 7 月 19 日

谨致

加拿大总理斯蒂芬·哈珀

穿越了时光沙漠的诗歌

并致以美好祝愿

加拿大作家 扬·马特尔

尊敬的哈珀先生：

　　我回来了，而您还在原地。那么，让我们继续这段我阅读、我思考、我写信寄给您，而您啥也不说、啥都不做的"不平等二重奏"吧。您的沉默并不特别困扰我。如果说有谁会为此讨厌您，或者更有可能的，为此嘲笑您，应是后人吧。我？我觉得自己就像西部片里的牛仔，即将穿越一片令人生畏的沙漠。为了给自己壮胆，我总是大声说话。我的坐骑会回答我吗？不，它不会。我是否因此就要撇开它呢？不，因为要是没有它，我就不能被定义为一个"牛仔"——

而且我就必须靠双脚走过这片沙漠了。您就是我那匹民主的坐骑，有了您我得以作为一个民主的牛仔而存在。即使您面带愠色，但我骑在您背上总比被独裁者踩在脚下要好。至于这多舛的时局——我们所面对的这片沙漠呢？不管怎样，我坚信我们会穿越它。那些我读过的书、见过的人都将指引我。而您，我们的领导人呢？我不知道。盲马能穿越过沙漠吗？它们不会被沙尘所吞没吗？

在我继续之前，我应该问问您：当我为我的新小说四处奔波时，一些优秀的加拿大作家同行为您推荐了书籍，这些书您读得开心吗？我很感激斯蒂文·高勒威、查尔斯·福伦、艾丽丝·凯珀斯、唐·麦凯、勒内－丹尼尔·迪布瓦以及埃米尔·马特尔，他们为您那迅速壮大的图书馆做出了贡献。他们发给您的书名都很有趣。

可怜的希腊！最近几个月里，她一定遭受了巨大的打击。由于金融管理不当，这个国家——连同好几家欧洲银行——付出了沉重的代价。对于他们遭受的灾难，我并不完全同情。据消息称，希腊的问题主要是希腊人自己造成的——他们成了贪婪银行的猎物，这些银行为他们提供简单贷款，企图从中渔利。国家无力偿还债务，使她在未来多年里都将蒙羞受损，这真是糟糕。

然而，看一个国家不能光看她的衣袋，无论它是深厚鼓囊还是千疮百孔。贫穷的希腊，富足的希腊，管理不当的希腊，复苏中的希腊——对于"希腊"这个坚如磐石的专有名词来说，所有那些形容词都只是嫩枝。希腊就是希腊就是希腊，它本身就大有深意。首先，它的语言和字母表，可爱而引人注目。我认为希腊语是我们这个物种所创造的最悦耳动听的发音工具之一。邻国使用的意大利语或许在形式上更为柔软、流畅，但是希腊语在内容上具有断奏的张力。西方哲学以及后来的西方文明——因为我们必须先有思想再有行动——都由古希腊人开创，特别是那些生活在小亚细亚爱奥尼亚地区（今土耳其）的古希腊人。他们以"前苏格拉底学派"为世人熟知，因为他们分量不够，尚不足以用自己的名字立名，所以人们便用后世那位杰出的哲学家为他们冠名。尽管这样，这些前苏格拉底学派人士——泰勒斯、阿那克西曼德、阿那克西美尼，还有令人敬畏的爱利亚的巴门尼德，以及其他人等——十分重要，因为他们是第一批尝试依据理性而非神话去了解世界的哲学家。他们观察世界，这在西方历史上前所未有。那种卓越的理智取向给古希腊带来了火焰般耀眼的名望，它是一项如此非凡的成就，以至近两千年后，当意大利人重新发现被遗忘的希腊哲学家柏拉图和亚里士多德，在某种程度上受到启迪并发起同样的行动时，它被称作文艺复兴，以纪念由古希腊人带来的最初的"文艺诞生"。

不过，当古希腊人思考世界之际，他们中的一些人也在感知世界。萨福便是如此。我有好长时间没向您推荐诗歌了。萨福是大约公元前六三〇年至公元前五七〇年间生活在莱斯博斯岛上的一位女性。她被认为是文学史上的第一位女诗人。她之前的女诗人已经湮没在时间中。萨福的诗作本身——据估计，总共大概有九千行——也几乎未能逃脱时间的魔爪，只有少量断简残篇遗世。十九世纪末，人们在埃及俄克喜林库斯城发现了一处古代垃圾场的遗址，里面保存着大量莎草纸，大部分都被古埃及人用来填充棺材和木乃伊。在一具鳄鱼木乃伊的腹内，人们找到了萨福的诗歌残篇（那肯定是一只幸福的鳄鱼，因为几个世纪以来，它一直在消化萨福的一小部分诗歌）。

萨福的诗歌虽然题材广泛，但她最有名的还是爱情诗。这些诗歌简单而动人。看看这节片断：

亲爱的母亲，我无法拿起织梭。

我遇见了一个男孩，然后情欲
便击碎了我的灵魂——就好像
温柔的阿佛洛狄忒安排的那样。

　　编织是当时女性的活动。一个贞洁的女孩在体面地出嫁之后，
会作为她新家里的一家之主继续从事编织。但如果她被引入歧途……
在这一节片断中流露出了女性意识的觉醒，这一点很有意思。诗中
的女孩意识到了她所拥有的选择：是继续拿起梭子，全神贯注于她
的编织，还是投入诗中男孩的怀抱，这完全由她自己做主。从另一
节片断里，我们可以大致了解她的选择：

　　　　签已抽过，求求你，头戴金冠的
　　　　阿佛洛狄忒，让我赢得这一轮！

　　这里还有出自两千六百年前的一声深情呐喊：

　　　　那个无所不能的掠夺者，
　　　　教人解衣宽体的爱神啊，
　　　　悲喜交集地重新开始
　　　　蹂躏我的肉体。

　　　　就像暴风摇撼橡树，
　　　　在绵延的群山中，
　　　　爱神啊，就一记，
　　　　便打碎了我的头脑。

但一股奇怪的渴望传过，

它抓住了我，而我要看

阿克隆的湿岸上盛开的莲花。

阿克隆是冥界诸河中的一条河流，而河岸边的莲花意味着忘却。诗人苦于相思，以至想一死了之，吃下忘却之花。

有些诗则惊人地直白：

我们一次次采撷美妙的鲜花，

编成一股又一股花束，缠系在

你绵软的脖颈上；你为你那头

光滑的鬓发浸染没药浓香——充分滋润

豪华享用——然后躺在

铺有羊毛床单和柔软靠垫的床上，

满足了你的渴求……

正是"柔软靠垫"让这首热辣的诗篇不同凡响。萨福也哀叹年华易老：

你是我珍贵的爱人，去找一张

更年轻的床吧，如你所愿。

我再也受不了自己这张旧床，

还和你在一起。

她也把目光投向或可称为政治性的话题，而诗中所言于今日亦不失中肯：

　　缺乏实际价值的财富

　　对我们没有任何好处；

　　但这些财富适当混合

　　便会成为至高的福祉。

最后我来引用一节残诗，它带有先见之明：

　　我宣布

　　在将来，

　　即使处于和我们不同的时代，

　　也总有人会记得我们是谁。

的确如此。萨福周围的人大多是文盲。她的诗歌最初通过大声朗读的方式被大家接受，随后被大家牢记——这些诗能够不以书面保存的方式流传至今，让人叹服。没错，它们还只是断简残篇，谁知道还有哪些珍宝被时间抹杀掉了（或者仍然静静躺在埃及沙漠下一具动物木乃伊的腹内）。然而，幸存的断章仍在传递萨福的心声——对于一首诗而言，还有什么比这更高的要求吗？萨福的诗歌饱含着火山般的激情：纸上的文字或许又薄又黑，但在字句之下却涌动着熔化的岩浆。

　　因此，当您的脑海里浮现出希腊的时候（我敢肯定您最近会有这种浮想），我希望您的目光长远一些。经济是人们短期关注的对象。艺术才是永恒的。您不妨任选一只鳄鱼，问它如何在沙漠中生存，它会告诉您：在肚里装一首诗，要比在脑中装一个数字好得多。

您诚挚的

扬·马特尔

萨福（约公元前 630—前 570），古希腊抒情诗人，出生于莱斯博斯岛。她的诗歌多以爱情与友情为主题，保存至今的大多为残篇（陶器碎片和莎草纸）。

第 87 本书

《甜蜜的家乡芝加哥》

阿什顿·格雷 著

2010 年 8 月 2 日

献给扬·马特尔

阿什顿·格雷

谨向

加拿大总理斯蒂芬·哈珀

送来一个从瓶子里逃脱的精灵

并致以美好祝愿

加拿大作家 扬·马特尔

尊敬的哈珀先生：

　　几周之前，我参加了萨斯喀彻温省文字节，这是一个在草原地区的怡人小城穆斯乔举办的庆祝文学的友好节日。我想您一定去过（我指的是，去过那个城市）。那天，我去参加活动，正当我要离开举办文字节的公共图书馆时，一位坐在公园长椅上的男士向我打招呼。他坐在另一位男士的旁边，怀里还有一个婴儿。我本只会挥挥手，然后继续前行，但那天有那个婴儿在场。我也有一个婴儿。于是我走近了他们。事实上，另外那位男士才是真正的父亲，而友善地跟我打招呼的是他的朋友。我们三个聊了好几分钟。就在我准备离开的时候，那位抱着孩子的男士问我是否可以买一本他的书。我注意到在他身前的地上摆着半圈薄薄的书。"节日特价，每本7加元。"他说。我递给他10加元，他在我那本书上签了名，于是，我怀揣着阿什顿·格雷的这本小说《甜蜜的家乡芝加哥》离开了。第二天，我又见到了阿什顿·格雷，这次他是在靠近梅·威尔逊剧院的主街上，依旧在向过往行人兜售他的作品。有人告诉我，看上去有三十几岁的格雷先生没法支付从温尼伯到穆斯乔的路费，只能设法搭了顺风车来，为的就是能够在文字节上卖自己的书。太敬业了，我心想。昨天他抱了婴儿，善有善报，他的书这会儿卖得不错。

我下决心读了他的书，现在我把它转送给您。《甜蜜的家乡芝加哥》有四十九页。我记得格雷先生曾坐在公园长椅上告诉我，他不喜欢叫它中篇小说。我并没有问他为什么排斥这个术语，但出于对他的尊重，让我们姑且称它为一篇长短篇小说吧。如果您翻到版权页，就会看到"二〇〇九年第一版"的字样，然后是安大略省汉密尔顿市的宾德尔·斯第克出版公司于二〇一〇年再版。在这些信息下面可以看到数字"3"。我的猜测是，《甜蜜的家乡芝加哥》即将重印第三版。现在，情况是宾德尔·斯第克出版公司是属于格雷先生自己的自助出版机构，他住在安大略省的汉密尔顿（他又是怎么从汉密尔顿搬到温尼伯的），或是格雷先生居住在温尼伯，他与宾德尔·斯第克出版公司这家在安大略省汉密尔顿的无名小出版商合作——对于所有这些问题，您我都不得而知。

《甜蜜的家乡芝加哥》是一本瑕疵颇多的长短篇小说。书中有不少拼写错误。打开书的第1页，您就可以读到这样一句话："他越过吧台，终止（ceased）罗纳德的衣服，想把他摇醒。"罗纳德的衣服更有可能是被"抓住（seized）"。另外，书中但凡出现对话，标点符号就会统一出错：

"I guess you should call the police." He said with a voice that expressed his sorrow that nothing else could be done.

（"我猜你该打电话给警察。"他的嗓音里流露出悲伤，仿佛这就是唯一的办法了。）

"警察（police）"之后应该是一个逗号，而且紧接着的人称代词"他（He）"应该以小写字母开头，因为这些都在一句话里面。从更广的视角看这本书，有一些阐述显得比较别扭，许多细节是多此一举，整个故事也让我觉得有些凌乱，闹不明白主题到底是什么。尽管如此，它的叙述极具吸引力，人物各有魅力，有些情节很有趣，而且在所有文字下涌动着一股并不愤世嫉俗的脉脉温情。这个故事里充斥着酒精，因此要想挑刺儿就是因清醒而不得要领了。要读《甜蜜的家乡芝加哥》，人最好处在一种微醺状态下，心不在焉，满腹幽默。故事的无名主人公在酒吧里发现，身边有一个翻倒在地、濒临死亡的倒霉蛋，而故事就将这一惨祸与主人公联系在了一起。我们的主人公将要面对这个醉酒世界的困境。

这个故事和《火山下》不一样(您知道这本小说吗？马尔科姆·劳瑞呢？它是在加拿大写成的。酗酒促成了该书最伟大的文学表达)。但那是另一本书。吸引我向您推荐这本《甜蜜的家乡芝加哥》的原因并不在于它的文学品质有多高，我看重的是这位作者为之倾注的心血。我被阿什顿·格雷那种想要讲述自己故事的强烈欲望打动了。

这股欲望如此强烈，竟使得他自费出版并自我推销这本书，甚至从温尼伯搭顺风车赶到穆斯乔，与大家分享它，尽管所有这些都不会给他带来任何评论或商业上的成功。可故事就是会这样影响一个人，并作为整体影响到一个民族。故事就像阿拉伯神话中的精灵：正如精灵想从瓶子里逃脱一样，故事在男人、女人或小孩的身体里发现了自我，然后也想从他们体内逃脱。一个被人分享的故事便是一个活生生的故事。故事通过家庭和历史流传下来，即使说故事的人死了，故事还会持久地存在。既然阿什顿·格雷把他的故事全放进了书页里，它们就会一直活下去。这是一件好事。我们需要故事，各种各样的故事，因为如果没有了故事，我们的想象力就会衰竭，而没有了想象力，我们就不会真正欣赏生活。《甜蜜的家乡芝加哥》印数很少，而您有幸获得其中一本。我希望您能明白，这是何等罕见的优待。

您诚挚的

扬·马特尔

阿什顿·格雷（1983—2011），加拿大作家，中篇小说《甜蜜的家乡芝加哥》的作者，同时也是《至尊》杂志的投稿人。

第 88 本书

《红的自传》
安妮·卡森 著
2010 年 8 月 16 日

谨向
加拿大总理斯蒂芬·哈珀
送上让您思考和感受的诗歌
并致以美好祝愿
加拿大作家 扬·马特尔

尊敬的哈珀先生:

　　我的摄影师舅舅文斯曾经说过:"艺术即内心。"他的意思是,没有植根于情感或不能唤起情感的表达就不是艺术。当然,艺术还可以引人思考。旨在恒久的艺术至少应该在部分程度上达到这一点,因为情感往往汹涌泛起却又随即消退,而思想则能驻于脑中一辈子。只要回想一番,思想便能被完全唤醒,而回想起来的情感则比直接感受到的冷淡许多。一个激情饱满的故事,比方说,爱情小说,或许能打动人心,但它很快就会被人抛到脑后,因为它没有给人留下斟酌思考的空间。然而,尽管情感易逝,思想长存,最能深入我们内心的还是情感。没什么能比情感更刻骨铭心，只有在体验情感之后，我们才在更浅显的层面上进行思考。深邃的思考也有可能触发情感。想想阿基米德的那声大喊"找到了！"（强烈情感），是源于当时他发现了物体浸没后会排出与其体积等量的水（伟大思想）。情感与思想，我们记得最牢的是哪个呢？我认为是那声大喊，还有那幅图景——一位欣喜若狂的男子跳出浴缸，在叙拉古的大街上裸奔。

该谈谈安妮·卡森的《红的自传》了。安妮·卡森是一名加拿大学者。她持有多伦多大学的博士学位，并作为一名古典文学教授先后在加州大学伯克利分校、普林斯顿大学、麦吉尔大学等高校任教。这样的履历令人肃然起敬，但是，我必须要说，对于一个诗人，这样的背景算不上理想。大学对已故的诗人确实是片福地，这里教授他们的诗歌，让他们流传于世，但对于在世的诗人们，大学却是致命之地。想要纯粹靠写诗谋生几乎是不可能的，所以许多诗人在大学里寻求庇护，在那里混个文凭，接着在那儿教书。我不明白情况为何如此。诗人为什么不能靠做管道工或者农民谋生呢？有人规定过诗人就必须拥有一双柔软娇嫩、没有老茧的手吗？在大学这种机构里，为了要获得高质量的学术成就，就要求必须养成缜密、系统、客观的思维习惯，这种在诸多高校滋生和蔓延的学术态度却戕害了诗人，从而阻碍了诗歌的发展，因为过于刻板的思考方式会扼杀诗人那随兴自在的活泼天性。大学都在教惠特曼的诗，但惠特曼本人绝对无法在大学生存。

《红的自传》中展现出了学术智慧。书的前五个部分——"红肉：斯特西克洛斯改变了什么？""红肉：斯特西克洛斯的残篇"，然后是三个附录——以及最后一个部分的访谈，虽都十分有趣，但文风冷漠机智，调皮滑稽，让人困惑。首先你得知道斯特西克洛斯是谁。我可从没听说过他。其次你还得去在乎。我并不怎么在乎。相对于我之前向您推荐过的一些诗歌——比如特德·休斯的《生日信札》或是史诗《吉尔伽美什》——这几节并没给我留下多大印象。谢天谢地，它们的篇幅还算短。

但在它们之间就是本书的主体部分，即这封信所推荐的《红的自传》，它是最长的一个部分，也尤其出色。它是一部诗体小说，讲述了红色怪兽革律翁的悲伤故事，以及他与赫拉克勒斯（或许您对他的另一个名字海格力斯更熟悉）之间不愉快的经历。革律翁爱着赫拉克勒斯，而赫拉克勒斯也很爱革律翁，只是他的爱变化无常，让革律翁难以适应。因此，革律翁爱并痛苦着，而赫拉克勒斯一边爱着革律翁，一边又和他的秘鲁情人安卡什嬉戏，安卡什则和革律翁一样，被赫拉克勒斯玩弄于股掌之间，爱并痛苦着。这本书里用的人名都取自古典文学，但是故事背景、语言以及意象都颇具当代性。而且情感表现得淋漓尽致。让我们看几行诗，感受一下革律翁和赫拉克勒斯并排躺着时的画面吧：

没有触碰
在震惊中就像同一块肉上的两道平行切口。

整个故事以一幅震撼人心的画面结尾，让人难以忘怀。我不想在这里断章取义，毁了原文。您必须通过自己的阅读来感受这幅画面。这样它才会给您带来情感冲击，或许也会让您有所思考。

您诚挚的
扬·马特尔

安妮·卡森（1950—），加拿大诗人、古典文学教授。她的写作风格跨越了体裁和形式,融合了诗歌、翻译、散文、小说以及评论。她的许多作品都从古典希腊文学中获取灵感。卡森已有诸多著作问世,并获得了包括格里芬诗歌奖和古根海姆学者奖在内的多项荣誉。

第 89 本书

《帕洛马尔》

伊塔洛·卡尔维诺 著

威廉·韦弗 译自意大利语

（外加《三个女人》

格特鲁德·斯泰因 著）

2010 年 8 月 30 日

《帕洛马尔》

谨向

加拿大总理斯蒂芬·哈珀

赠送一本充满洞见的宁静之书

并致以美好祝愿

加拿大作家 扬·马特尔

《三个女人》

谨向

加拿大总理斯蒂芬·哈珀

赠送一本几乎是我读过的最糟糕的书

并致以美好祝愿

加拿大作家 扬·马特尔

尊敬的哈珀先生：

　　或许您已经注意到，在我上次寄给您的那本《红的自传》里，诗人安妮·卡森引用了格特鲁德·斯泰因的一句话作为书的开头。它让我陷入了沉思。每一个有文化的人都听说过格特鲁德·斯泰因：她在法国定居了四十年；她是欧内斯特·海明威和舍伍德·安德森的朋友，也是帕布洛·毕加索和亨利·马蒂斯的朋友；据说是她创造了"迷惘的一代"这个术语，以指代那些出生于一战后对现世感到幻灭的美国作家；她说过"玫瑰就是玫瑰就是玫瑰"，以此揭露文学中浮夸矫情的作风……此人身上的标签还有很多，而这一切都让格特鲁德·斯泰因这个名字流传至今。在我的印象里，她是一个聪明、亲切、思想开明的女性，喜欢成为各种场合的焦点。所有的艺术家都需要赞助人和支持者，要是能让格特鲁德·斯泰因来扮演那个角色，让自己被她那藏满惊人现代艺术品的巴黎艺术沙龙所接纳——对于流浪异国、年轻而穷困的作家和画家来说，这样的艺术殿堂里不仅有吃有喝，还有与大家交流思想的机会——那该有多好啊。海明威曾将巴黎比作一席流动的盛宴，如果是这样，那我想，格特鲁德·斯泰因就是这场盛宴的女主人。

　　然而，谁读过格特鲁德·斯泰因写的书呢？斯泰因本人声称，那本《艾丽丝·B.托克拉斯自传》写的是她的终身伴侣，而事实上写的是她们俩以及她们在巴黎的热闹生活。这本书算是她最广为人知的作品了。尽管作为传记而言它富于幻想——一桩桩事实被固执己见的作者欣然地大幅度过滤了，但这部作品还不是一部小说。斯泰因真正的小说写得如何呢？我还真没读过，就连书名都报不出一个。于是，我做了个决定。

我找来格特鲁德·斯泰因写的《三个女人》。这本书是三个长篇故事的汇集，初版于一九〇九年，最近又由"企鹅经典"再版。一位美国学者为新版写的引言引起了我的兴趣。我从中获知这本书里的三个故事有不同的风格，而每一种风格分别受到了三位现代艺术家极大的影响：开篇《好安娜》的风格取自保罗·塞尚，《梅兰克莎》的风格继承了毕加索的衣钵，而《温柔的莉娜》则是马蒂斯的风格。多么古怪又有趣啊，我心想。画笔的涂抹如何影响了文字的写作？平面绘画的创作怎么能影响一个故事在纸页上的布局呢？我于是准备好要让自己踏上一段令人兴奋的现代艺术之旅。我常常想，说到英语文字的反复推敲与大胆运用，应该没有谁比上个世纪两次世界大战之间出现的那些作家更极端的了吧。随便拣几位我眼下能想到的作家——海明威、威廉·福克纳、詹姆斯·乔伊斯、弗吉尼亚·伍尔夫、约翰·多斯·帕索斯、e.e.卡明斯[1]，他们都在用英语写作时展现了前所未有的写作风格。我原以为通过阅读《三个女人》，我将亲眼见证这种实验性小说的创作风貌。

很遗憾，它让我失望了。说实话，我都失望到生气了！当然，有创新的点子和理论固然是好事儿，而且不论是艺术还是科学的创新，都有做实验的必要，同时也必须做好冒险的准备——可是，我的天哪，这本书也太无聊了吧！尽管我很努力地耐着性子读完了《好安娜》以及《梅兰克莎》的开头部分，但我在第 40 页昏昏欲睡地停止了阅读，放弃了。就我读过的那部分来说，我的读后感如下：无论是小说背景或是人物心理，作者都没能赋予其现实主义色彩；小说的细节描绘不到位，对白部分也很薄弱；全书几乎都是讲出来而非展示出来的；人物塑造只能说是间或可信；小说的情节时而古怪

---

[1] e.e.卡明斯（1894—1962），美国诗人，原名 Edward Estin Cummings。他的诗作大都没有标点和大写字母。他也经常将自己的名字写作"e.e.cummings"。

时而正常；语言苍白而缺乏魅力；而重复手法——据称这是格特鲁德·斯泰因的杀手锏——十分无趣，感觉就像眼睁睁地看着油彩变干，而这是我能把《三个女人》和塞尚、毕加索和马蒂斯联系在一起的唯一桥梁。最出乎我意料的是，我本以为格特鲁德·斯泰因应该是一个笔下生花、文思泉涌的作者，谁知她的文笔竟然如此干瘪枯涩。哦，对了：格特鲁德·斯泰因的种族偏见也给我来了个措手不及。在读引言部分时，我就留意到引言的作者有好几次都在为格特鲁德·斯泰因的种族偏见辩解，但是这并不能让我买账。别忘了，海明威在他的《太阳照常升起》里描述罗伯特·科恩时有这样一句话，他有着"那种自私的犹太人的性格特征"。这里用到的第二个形容词"犹太人的"在当今绝不会被人轻易放过。但是在海明威这本受到高度评价的巨作里，只有这么一句话显示出了这种偏见。这样一句话出现在一个经得起历史考验的优秀文学艺术品当中，可以理解成是时代造成的，因为作者生活在那个有偏见的时代里，他会有时代性的局限也情有可原。更重要的一点，《太阳照常升起》可不是《锡安长老会纪要》。海明威对罗伯特·科恩的这一评论只是顺便提及而已，根本不是整部小说的中心所在。格特鲁德·斯泰因的《三个女人》就是另外一回事儿了。让我们来读一段，看看您会怎么想吧：

> 罗丝·约翰逊又懒又粗心，但她是白人带大的孩子，需要痛痛快快的安慰。白人对她的管教只能说帮助她养成了某种习惯，绝没有内化成天性。在本质上，她还是具有愚蠢、淫乱、不道德的黑人习性。

再来看看女主人公是什么样的吧：

梅兰克莎·赫伯特是个优雅、聪明、招人喜欢的黑人女孩，皮肤偏淡黄。她不像罗丝那样由白人带大，但她却是由真正的白人和黑人生下的混血儿。

罗丝·约翰逊是一个骄傲的女人：

"不，我可不是一般的黑人，"罗丝·约翰逊说道，"因为我是白人养大的，而梅兰克莎又聪明又有学识，她也不是普通的黑人。何况她还有一点不如我，我有老公萨姆·约翰逊，而她却没有。"

再看看萨姆和罗丝是多好的一对儿吧：

孩子虽然出生后一直很健康，但并没能活多久。罗丝·约翰逊不但粗心、懒散，还自私，就在梅兰克莎不得不离开的那几天里，婴儿死了。其实罗丝·约翰逊挺喜欢这个孩子，或许她只是疏忽了一会儿，但不管怎样，孩子就是在她没顾得上的那会儿死了。她和萨姆都很难过，但在布里奇波音特这个黑人世界里，小孩夭折的频率太高了，于是他们没过多久就把丧子这事儿给忘了。

我喜欢"或许她只是疏忽了一会儿"这句话，但紧接着就是那个令人讨厌、多管闲事的"不管怎样"。至于孩子死了以后父母没多久就不难过了这种现象，我认为并不真实，因为即使是非洲草原上的母角马在孩子被狮子叼走之后也不会如此，何况是两个人呢。作者在前两页就这样瞎写了一通。在两页之后，也没见好转，还是继续"胡思乱写"，因为就"梅兰克莎"那部分看来，其中的黑人依旧只是格特鲁德·斯泰因想象中的黑人。

看到这儿，您大概能明白我为什么没有继续把这本书读下去了吧。不论当时的格特鲁德·斯泰因想把怎样的文学理论运用到写作中以给人启示，她的"奇思妙想"都被她文中流露出来的种族偏见蒙蔽了。这种偏见好像带有毒素的泥浆，压得人喘不过气来。如果我能从作品中看到一个艺术家的崇高目的，那我愿意原谅她小小的失误。但是，当这个失误占满了读者的双眼而成了全书的中心，这一崇高目的也就随之迷失了。如果您同时想到格特鲁德·斯泰因的同性恋身份和犹太人身份，并因此觉得她会比其他人对偏见更加敏感，那么她的这本书就愈发令人恼怒。不，不该是格特鲁德·斯泰因啊！这个愚蠢的女人。现在，我终于明白，为什么格特鲁德·斯泰因在读者心中没能达到更高的地位，而只能是一个款待那些伟大的年轻艺术家的女主人了。

您该问了，为什么我这么不喜欢这本书还要把它推荐给您呢？原因就是，我担心自己没有领会这本书的要旨。每个读者都有自己的局限性。很明显，我没有"企鹅经典"那样的鉴赏力。对这样一本我不喜欢的书，您当然有可能和我持不同见解了。说不定您还真能从《三个女人》中看到它的价值。

然而，在我罗列的那一批尝试创新的作家中，您会读到许多比格特鲁德·斯泰因优秀得多的作品。就拿意大利作家伊塔洛·卡尔维诺为例吧，我从他的作品中挑选了《帕洛马尔》给您。您今天拿到的这本书毫无情节，但引人入胜；颇具实验性，却教益多多；别出心裁，但并不令人生厌；根深蒂固，却不固步自封；美轮美奂，但冲破了古典的束缚。《帕洛马尔》在施展魅力与激发读者思绪之间找到了平衡。它会让你以略微不同的方式来看待语言和世界。

要描述《帕洛马尔》这本书还真不容易。我推断有人会把它定义为一部短篇小说集，但我认为这样描述并不准确。和传统意义上的短篇小说集一样，《帕洛马尔》里面确实有许多独立的部分，读者想从哪一部分开始读都没问题，但是，它们都不能算是真正的故事，叫作"虚构的沉思篇章"会比故事来得贴切。在每个不同的篇章里，谨慎、周全而整天心事重重的帕洛马尔先生都会因为遭遇一个人或是一件事而陷入沉思。他的名字和位于加利福尼亚州的那座著名天文台相同。这个巧合应该可以帮助您理解他沉思的广度。其实，他沉思的范围也很小，因此，有时候他那望远镜般的视角会缩小成显微镜般的视角。一边是极小极小，小到呈分子态的，另一边是极端广阔，广阔到像宇宙那样的，两者还有一种令人欣慰的和谐性，那就是——对于帕洛马尔的大脑来说——它们的内部都无边辽阔，它们繁复的布局都让人晕眩。但我这样分析还是不够具体。在《袒露的乳房》里，帕洛马尔沿着沙滩散步，他看到前方有一个女人袒胸躺在沙滩上。他要怎么处理这件事，他该如何把持视线，他的眼睛往哪里搁好呢？就是针对这个情境，作者用了三页半的篇幅，罗列了当时在帕洛马尔先生脑海中涌现出的所有选择及其后果。在《从阳台上》里，帕洛马尔先生以一只鸟儿的视角俯瞰罗马，面对着形形色色的屋顶，陷入了对罗马的沉思。在《白化症猩猩》中，帕洛马尔先生对一只抓住一个旧轮胎不放的猩猩的行为展开了思索。在《有鳞目》里，帕洛马尔沉思的对象是各种各样的爬行动物，主要是它们的生活方式。在《蛇与人头骨》里，帕洛马尔对于在哥伦布发现美洲大陆以前的墨西哥建筑风格的意义，或说缺乏风格的现象进行了沉思与探讨。诸如此类，不一而足。每个篇章的背景各异（有罗马、巴黎、巴塞罗那、日本、墨西哥），有时候观察的是极大的空间（夜空、星球、海洋），有时候又是很小的对象（一只壁虎、一座日式沙盘），从头至尾言语恰如其分，唤起读者强烈的共鸣，而且还时刻表现出对事物意义的关注，以及对事物如何彼此联系的思考。伊塔洛·卡尔维诺就像一只蜘蛛，他用文字把最不和谐的元素联系在了一起，最终一切都被细细的蛛丝联系起来，宇宙间也就建立了秩序与和谐。《帕洛马尔》这本书是异想天开与丰富哲理的怪异组合。它让读者确信，每个人看待世界的角度不仅重要，而且不可或缺，因为只有在仔细观察之中，事物才得以被发现。

　　这一点在格特鲁德·斯泰因的作品中完全缺失，不过我们不再讨论她了。好好享受《帕洛马尔》吧。很久以前，我曾经向您提及阅读使人宁静。阅读这本书的时候，我便感觉自己好像沐浴在了禅宗的宁静中。

您诚挚的
扬·马特尔

　　伊塔洛·卡尔维诺（1923—1985），意大利记者、短篇小说家、编辑、讲师和长篇小说家。他的作品包括《看不见的城市》和《寒冬夜行人》。一九五六年苏联直接干预匈牙利后，他退出意大利共产党。

　　格特鲁德·斯泰因（1874—1946），美国作家、赞助人以及艺术收藏家。她最著名的作品为一九三二年出版的《艾丽丝·B.托克拉斯的自传》。斯泰因因创造了"迷惘的一代"这一术语而受人称道。她死后被葬在拉雪兹神父公墓。

第 90 本书

《诗选》

阿尔·珀迪 著

2010 年 9 月 13 日

谨向

加拿大总理斯蒂芬·哈珀

送来一团在掌中燃烧的火焰

并致以美好祝愿

加拿大作家 扬·马特尔

尊敬的哈珀先生：

我曾见过阿尔·珀迪。或者，确切地说，是在安大略省伊甸·米尔斯城文学节的一个小型派对上，有人把他指给我看过。当时珀迪坐着，而我站着；他上了年纪，德高望重，而我年纪轻轻，初生牛犊。在那个场合，我表现得满不在乎，因为此前我从未读过他的诗作；对我来说，他只不过是个响亮的名字而已。但现在我后悔了，后悔当时没有上前与他握握手，交谈几句。确实啊，在我们阅读一个作家的作品之前，他对于我们来说和其他任何一个人一样。只有读了这位作家的书，他才会给我们留下较深的印象。假如我在参加那个派对以前就读过珀迪的作品，那我一定会战战兢兢地走到他面前。其实据我了解，他对作家特别宽厚豪爽，尤其是对较为年轻的作家。我相信，如果当时我和他打了招呼，我们的交谈一定会很愉快。

现在我已读了阿尔·珀迪的作品，也就明白了他为什么如此受人推崇。他是一个典型的加拿大诗人。我这样说，并不是要给他的个性加一个标签。每位诗人必定来自某个地方，但有些诗人会比别人显得更加国际化，他们独具的文化渊源在他们的诗歌中只留下一道淡淡的印痕。阿尔·珀迪却不这样。他从头到脚都散发出加拿大的气息。您一看到那些给了他诗歌灵感的地方，立马便知此言不虚。我给您寄的这本诗选里的第一首诗叫《通往纽芬兰之路》。别的诗歌提到了温哥华和不列颠哥伦比亚省。还有一些诗中出现了加拿大北极。如果把这些如诗般美丽的城市看作一个个地理坐标，那在它们的中心，有一个叫罗布林湖的地方，坐落在安大略省爱德华王子县阿美利亚斯堡村庄的附近。它把上文提到的那些美丽的坐标都罗织在内，就像一把圆规上的针脚所固定的那个点（在此，我指的是一种数学绘图工具，它的轴上有两条尖脚，一条是针脚，起固定作用，而另一条装有铅笔或鸭嘴笔头儿，以针脚为中心旋转，可以画出圆或弧线；由于圆规和指南针在英文里是同一个词，所以需要明确这里指的不是用磁针来指示地理位置的指南针，虽然指南针作为比喻用在这里也很恰当）。好几首诗都描绘了罗布林湖，读者感觉珀迪在那儿造的 A 字型房屋就是他诗歌创作的首都（稍后将对 A 字型房屋有更多的论述）。诗中也涉及别的地方——譬如，古巴——然而，即使是在那些诗歌里，您感受到的也是十足的加拿大风貌。这一加拿大特性的意义就在于，当一位加拿大读者在读阿尔·珀迪的诗作时，他很可能会从诗中辨识出我们国家，而一位外国读者很可能会由此探知我们的国家。但我不妨用不同的措辞复述我刚才说过的话：阿尔·珀迪的作品没有丝毫的乡巴土气。他的诗歌旁征博引，从贯穿始终的历史、文学、政治典故中可见一斑。阿尔·珀迪显然是一位博览群书、思想飞扬的诗人啊！

阿尔·珀迪的语言很口语化，口吻亲切得像谈话，因而他的诗歌给人以十分简单的错觉。起初，仿佛只是某个人在书页上说着俏皮话，一行一行地停顿；然后，突然间，一幅画面闪现在您眼前，于是您（更精确地说，是我）"哇！"地惊呼一声。就拿我在此前提到的第一首诗来说吧。它是这样开的头：

> 我一脚油门踩下去
>
> 带我前进了一千英里
>
> 我的双臂向山石展开
>
> 划出与之平行的绿色弧线
>
> 在不为我知的国度里
>
> 碎石在挡泥板上发出的咔嗒声
>
> 被一架魔鬼控制的钢琴记录了下来
>
> 在我脑中形成一组粗粝的音乐
>
> 在现实中我迷失了方向
>
> 但是为了避免路当中的一只昆虫
>
> 我把方向盘转了四分之一……

"我一脚油门踩下去／带我前进了一千英里"——不知您可曾想象过这样的情景会发生在一辆车子身上？这句话我一定忘不了。接着，这幅一个男人驾驶着内燃引擎车的现代画面会让我想起早先时候的另一幅图景——那时，珍贵的燃料盛在铺满苔藓的篮子里面，从一个营地运往另一个营地。珀迪以诗歌特有的紧凑性何等轻松地跨越了历史和地理，在此可见一斑。珀迪有太多的诗作值得我们细致讨论，但如果您只想尝尝鲜，或不得不匆匆而为，我建议您不妨先读读这几首：《加里布马》《在罗布林湖边晚起》《一个乡村的冬季》《捣乱》《已婚男人之歌》《在革命广场上的菲德尔·卡斯特罗》《西班牙男人》《北极圈里的树》《多塞特挽歌》《在家过夜的客人》《在罗布林湖边》《诗歌》《荒野哥特传奇》和《罗布林湖边的磨坊II》。这些诗应该会帮助您对珀迪有个初步的认识。不过，您不应一口气把它们读完。诗可不是这么个读法的。阅读诗歌和阅读小说不一样，我们不提倡一首紧接着一首地读或是一页紧接着一页地往前赶。这样的读法就像是连续吃二十顿美味佳肴。如果每一次只读几首就打住，咀嚼消化以后才继续，就再好不过了。这就好比我们在秋日推开窗户，深深地呼吸了清新的空气，神清气爽之后再把窗子关了一样。另外，诗意会在反复玩味中醇厚，正所谓熟能生巧。一遍遍的诵读可使您在应付诗韵时更加得心应手，且有助于您解读诗中意象。考虑再三，我最后选择了这本一九七二年由麦克利兰和斯图尔特有限公司出版的《诗选》。乔治·伍德科克为此版撰写了精要而生动的绪论。

我在这里还想说说另一首珀迪的诗歌——《西班牙男人》。诗中提到珀迪曾经在古巴首都哈瓦那见过切·格瓦拉。他是真的见到他呵，并且与他握手——让人震惊吧?！那位神话般的传奇人物！从何时起诗人和政治家们见面又握手了？请问总理先生，您可曾会见过一位诗人并与之握手吗？嗐，我猜想，那是革命政治家们的特权吧，为了梦想他们乐于赴汤蹈火，奔赴玻利维亚的热带丛林。珀迪是一九六四年在古巴见到格瓦拉的，那时我们这位极富人格魅力的阿根廷医生已官至工业部部长了。我们的诗人珀迪惧怕这位革命家吗？当然不。珀迪无疑是人民公仆，但他同时也是民主人士。人们从《西班牙男人》以及他另外几首受古巴之行启发而作的诗歌中感觉到，他心中满腹狐疑，质疑卡斯特罗和格瓦拉在为人民制定的理想蓝图中是否有把人民真正的需求考虑进去。珀迪再次展现出典型的加拿大人的风范：他全神贯注的是公共规范中的小小细节，而非理想主义的宏大幻象。

这场诗人和政界领袖的会晤把我带回了罗布林湖边的那幢 A 字型房子，珀迪正是在这儿写出了一篇又一篇诗歌。这房子也吸引了众多文学爱好者前去参访。这座 A 字型房子既可以说是加拿大诗歌史上的奠基石，又可以被看作一个转折点。珀迪于二〇〇〇年去世，享年八十一岁，同年，人们发动了一场拍卖他生前财产的活动，拍卖所得作为基金，将 A 字型房子辟为"常驻作家"基地。这是多么好的一个想法！出版书籍、阅读书籍固然可以盘活文学事业，但是，给作家带来创作灵感的"产地"也是功不可没。毕竟，如果一个有灵性的地方能够带给某一位作家灵感，那这个地方大概也能带给其他作家一些启迪。还别说，我自己现在就想去拜访这块名叫阿美利亚斯堡的宝地。再说，文化记忆源远流长。生意总是来来去去，而一位伟大诗人的旧居——正像一块牌匾或一座博物馆，是不是应该另作别论呢？起码阿尔·珀迪 A 字型房屋作家基地项目力图避免这一命运。它想要让阿尔·珀迪的宽厚豪爽永葆活力。曾经，一位诗人在这 A 字型房子里生活和工作，从今以后，其他诗人也会前赴后继。这是他们的使命。哈勃出版社已推出《阿尔·珀迪的 A 型房子诗集》（作为珀迪遗产的监护人，他们出版了《怎么怀念都不够：阿尔·珀迪诗全集》，接着又出版了最新版本的《诗歌选集》，其中收录了珀迪从一九六二年至一九九六年间的作品），销售《A 型房子诗集》的所有收益都将归作家基地项目所有。我本想把自己的这本送给您，但它太漂亮了，舍不得送啊。这本集回忆录、诗歌和摄影为一体的书，能够给人带来意想不到的情感共鸣。我原本并不比现在的您更了解阿尔·珀迪，但是读了这本诗集以后，我能感觉到那一宝地散发出来的无尽创造力，也能感受到阿尔以及他的伙伴们曾有的种种乐趣。到目前为止，A 字型房屋作家基地项目所筹的款项还没能达到他们的预定目标。您要是有意助一臂之力，请访问这个网址：www.alpurdy.ca。您可以选择捐款或是购买一本诗集。

如果您足够幸运的话，说不定有那么一天，您会发现自己就在罗布林湖畔与一位诗人握手呢。

您诚挚的

扬·马特尔

阿尔·珀迪（1918—2000），作家、编辑和诗人。他一生中大部分时间都与妻子居住在他们一起建造的位于安大略省阿美利亚斯堡的 A 字型房子里。他是加拿大非正式的桂冠诗人，创作了三十多部诗集，包括《寻找欧文·罗布林》和《外星球上的出租房》，后者名列二○○六年加拿大好书奖决选名单。

第 91 本书

《尼伯龙根之歌》
西里尔·爱德华兹 译自中世纪德语
2010 年 9 月 27 日

谨向
加拿大总理斯蒂芬·哈珀
致以美好祝愿
加拿大作家 扬·马特尔

尊敬的哈珀先生：

上周我在德国推广新作的时候，打算在那儿给您找一本德国书。首先闯入我脑海的是托马斯·曼的《魂断威尼斯》，一部精湛的中短篇小说。但是当我在一家法兰克福的书店里浏览外文书专售栏时，我的目光落在了现在寄给您的这本《尼伯龙根之歌》上。第一眼看到它时，我只是被封面上的中世纪插图所吸引，但当我定睛看到书名正下方的"牛津世界经典丛书"标记时，我就更加动心了。这本"牛津世界经典"我可从未听说过——舍此，还有什么更好的阅读理由呢？虽说书名并不是很抢眼，但我敢向您保证：这是一本极好的书。

《尼伯龙根之歌》肇始于口头流传，最终在一二〇〇年左右才由一位无名诗人书写下来，到底是准确记载还是大肆演绎不得而知。此书由西里尔·爱德华兹翻译，他在译者前言中说，这是"中世纪最伟大的德国英雄史诗、叙事诗，一部史诗级的英雄复仇传奇，堪与《荷马史诗》媲美"。顺便一提，这篇前言很有用，但并不是非读不可。您可以一头扎进这部史诗之中。虽然时隔久远，且当下人们的思维和习俗已发生深刻变化，但此作极富感染力，使得它亘古永存。虽然我们的世界里不再满眼都是骑士与少女的浪漫故事，但爱情、忠诚、英雄主义、嫉妒、背叛、报复心——这些是我们至今依然怀有的七情六欲，它们仍旧在各类小说——文艺小说、言情小说、惊悚小说等——和电影中占一席之地。

该诗的语言，不论出自叙述者吟游诗人之口，还是各色人等之口，都亲切谦和，典雅有致，一派华美绚丽。每位骑士都是勇士，仪表堂堂，衣着华靡，力胜参孙和阿诺德·施瓦辛格，富敌科洛伊斯和比尔·盖茨。淑女们也莫不如此。然而，他们言行不一。甜言蜜语之后大行龌龊之事。女王们表面彬彬有礼，背地互骂"娼妇""妓女"；骑士人前互道忠诚，转身捅人一刀。这本书好看极了。

要说《尼伯龙根之歌》像人类学那样精准地描绘了一千年前中欧贵族阶级的真实生活方式，我深表怀疑。它是一部文学作品，而不是历史著作。尽管这样，现代读者还是可以从中获取某些教益。如果描绘的不是真实的生活方式，那定然是理想的生活方式。布伦希尔特、巩特尔，尤其是哈根的背信弃义——您可看到他们的背叛变节有多么深重——与被他们出卖的西格弗里特和克里姆希尔特的善良和崇高形成强烈的对比。西格弗里特和克里姆希尔特的善良和崇高行为则向我们生动地展示了当时的社会风尚。

譬如，这个故事显示出的世界主义说不定会让您瞠目结舌。《尼伯龙根之歌》中的人物来自五湖四海：勃艮第、尼德兰、冰岛、匈牙利、奥地利以及丹麦。（书中自始至终没有提到的一个地方是德国，因为当时还不存在以此为名的国家；巴伐利亚倒是顺带着被提到过，但只是作为一个很凶险的强盗窝。）然而，这些来自天南海北的人物友好相处，没有任何语言或文化冲突。他们之间的融洽跨越了语言障碍。由埃策尔国王带领的匈牙利人都是匈奴人，也就是异教徒。但是，他们和基督徒们相处十分融洽。甚至，匈牙利国王埃策尔（据历史记载，他被称为匈奴王）竟然娶了虔诚的基督教女子，也即被杀戮的西格弗里特的遗孀克里姆希尔特。

让我觉得更不可思议的是，这些来自不同国家的贵族竟对物质方面的交换慷慨无比。在我以前的印象里，这些帝王将相会牢牢掌控住他们的金银财宝。他们位居封建阶层的金字塔顶端，可收纳封臣们无数的进贡。难道富人不总是牢牢抓住财富不放吗？正如《圣经》中穷寡妇那则寓言所示，富人难道不是囤积财富、只在无伤于自己的富足之时才肯施舍穷人吗？可是，在《尼伯龙根之歌》里，完全不是这么回事。看看下面描述克里姆希尔特初到她的新丈夫——匈奴王埃策尔的朝廷时的这一小段吧：

> 随后，王后将黄金、衣饰、银器以及宝石分派给大家。她一路穿越莱茵河带到匈奴国的财物都得全部分完。

全部吗？是的，而且这只是慷慨"给予"的一个例子而已。在《尼伯龙根之歌》中，这样大规模的"给予"一次次上演。人们就这样不断地给啊给啊给，而且不仅仅是出于私利给其盟友。完全不是！他们对待陌生的客人也同样慷慨。这一无休无止的"给予"让我想起早些时候我寄给您的书《礼物》。就是路易斯·海德写的那本，您还记得吗？那本书里的社会风气也是不提倡囤积财富，而是主张让财富流动；也就是说，在那样的社会里，人们认为，钱财只有在流动中才能增值，如果停滞不用则只会贬值。我绝没有料想到，在十三世纪的中欧财富就已呈如此动态。当然，上文所说的"给予"风尚也未必是常态。我完全能够想象到这样一幅画面：许许多多勋爵端坐在一麻袋一麻袋的黄金上，怒视着每一位从他们面前走过的陌生人。不管怎样，这就是《尼伯龙根之歌》中描绘的理想，即，财富被一而再、再而三地与人分享，这是十分耐人寻味的。理想的贵族之所以高尚，是因为他们毫无节制地"给予"。

另一件我在读这本书以前没有想到的事情，书中的人物——国王、贵族、骑士、夫妻——频繁地协商和讨教。这种情景颠覆了我从前对远古时代王孙贵胄的权威印象。哦，对了，书中的女人也彪悍得很。布伦希尔特是个名副其实的悍妇：她的新丈夫闹过了头时，她便把他捆了起来，然后用钉子将他吊了一整个晚上。除此之外，还有道义上的强悍——比如克里姆希尔特。

最后要提的一点，是这部作品完完全全的世俗色彩。基督教时有提及，间或也会乞灵于上帝，但书中描绘的是一个彻头彻尾的世俗世界，欢乐与痛苦是实实在在的。总之，我原先以为中世纪的欧洲完全冰封在基督教中，这一观念已经改变。

这本书有一大奇特的叙述手法：作者会在某些段落的末尾加个括号，括号里写个评注。这些评注往往预告故事将要发生的事件，通常是悲惨事件。这一手法也许使故事少了些许悬念，但同时也催生了一种十分强烈的预感。既然这故事最初是口述流传而非拿来阅读的，我甚是纳闷这些括号当时是如何标志的。这些是《尼伯龙根之歌》额外给予读者的益智好处。基本上来说，这会是一次十分享受的阅读之旅。

末了，我得作一个让人伤感的说明。在十六世纪，《尼伯龙根之歌》一度淡出人们的视线。大约两百年以后，它被重新发现，一举成为十九世纪德意志民族主义的典范，瓦格纳将其用于系列歌剧《尼伯龙根的指环》之中。可惜啊，在这之后，纳粹分子利用这个文学故事中的西格弗里特，也就是后来为人熟知的齐格弗里德的命运，来警告雅利安人，如果他们不奋起抵抗"较小种族"的背叛，他们将会有怎样的遭遇。有时候，政客们就是会这样子曲解文学的。

您诚挚的

扬·马特尔

西里尔·爱德华兹（1947—2019），牛津大学退休讲师，专攻中世纪德国文学及哲学。他的作品包括：《德国文学初阶》，以及他翻译的德国诗人伍尔夫拉姆·封·艾森巴克的《帕西法尔和提图仁》、哈特曼·封·奥埃的《欧文，或骑士与狮子》以及《简说煮汤和炖菜》。

第 92 本书

《象棋的故事》

斯蒂芬·茨威格 著

安西娅·贝尔 译自德语

2010 年 10 月 11 日

谨向

加拿大总理斯蒂芬·哈珀

致以美好祝愿

到您的回合了

加拿大作家 扬·马特尔

尊敬的哈珀先生：

您下象棋吗？我相信您一定玩儿过。象棋有着不同于其他游戏的魅力。斯蒂芬·茨威格对这款游戏有过很妙的评价：

这种游戏既是古老的，又是永远新颖的；其基础是机械的，但是只有靠想象力才能使之发挥作用；它被呆板的几何空间所限制，而组合方式却是无限的；它是不断发展的，可又是完全没有实际成果的；它是没有结果的思想，没有答案的数学，没有作品的艺术，没有物质的建筑。尽管如此，历史早已证明，这种游戏比人们的一切书本和作品更好地接受了时间的考验，它是唯一属于一切民族和一切时代的游戏，而且谁也不知道是哪一位神明把它带到世上来消愁解闷、砥砺心智、活跃思维的。它从哪儿开始？又到哪儿结束？

（我突然觉得，茨威格这番对象棋的深邃思考也适用于两性关系，除了前者完全不期待什么成果这点，不过这和我今天要说的事完全不相干。）象棋是一种每走一步都要再三思量的复杂游戏。除了围棋，我想不出另外有哪一种游戏可以玩出这么多的花样。此外，象棋还有一项吸引力：它与运气全然无关。下象棋完全依靠周密的逻辑思维，全无"天命"可言，即输赢完全取决于下棋者如何把智慧巧妙地运用到棋盘上。因此，历史上那些伟大的棋手都笼罩在天才的光环中。可是，如果说这样的棋手是一个天才，那他也只是个怪才，他的功力可以说深厚，但也非常狭窄，那才华极具局限性，仅限于在棋盘上叱咤风云。鲍比·费舍尔曾经说过："象棋如人生。"怎么说呢，其实不然。人生免不了掺杂着运气的成分，而运气多少来自机遇，比如出生在谁家、出生在哪里、所获遗传基因的好坏、境遇如何，等等。此外，人生是毫无逻辑性的。事实上，不少思想家和作家都说过，人生甚至没什么道理可言。但象棋却不一样，它有着简单的规则可循，在规则中衍生出繁复的游戏形态。或许有人说，这不正和人生一样吗？人生也有简单的准则，这些准则催生出无比错综复杂的经历。在人生中我们会遇到对手，正如下棋时黑子对白子一样。这个比喻是粗糙了点，但还算合宜。生活其实很简单，说到底，影响着我们生活的只有我们的个性，因此命运完全掌握在我们自己手中。当我们看着棋盘的时候，脑子里想到的可能是战争场景——抑或是政客要经历的"质询时段"吧。

斯蒂芬·茨威格生前为了躲避纳粹的迫害,和妻子流亡至巴西。一九四二年,他在巴西自杀后,《象棋的故事》一书(又称《皇家游戏》或《象棋》)才得以发表。茨威格是二战时期欧洲大陆最有代表性的作家,在枪林弹雨中幸存的他一直想弄明白这个世界为什么会变得这么疯狂。为了能够想明白,他一方面投身到各种传记的写作中,试图与"真实的"社会亲密接触;另一面又致力于与《象棋的故事》类似的创作,试图逃避"真实"世界。然而,逃避永远是行不通的,茨威格的真实生活渗入了他的小说。您可以在《象棋的故事》中窥其一斑。这个故事发生在一艘从纽约开往布宜诺斯艾利斯的远洋客轮上,写的是一位游客在几天中亲身经历的故事。游轮上有一位世界象棋冠军米尔柯·琴多维奇。一些业余象棋手诱惑了他与他们对弈,第一个回合,琴多维奇轻松地将他们击败。他们开始了第二个回合。正当那些业余棋手眼看又要败下阵来时,人群中飘来一个陌生的声音,给他们的下一步棋提了一个让大家都没想到的建议。在神秘人的频繁催促下,众人听从了他一个又一个意见。第二回合以和局结束,众人哗然。第二天,那位神秘人士在半推半就中答应与世界冠军进行一场一对一的对弈。可是,这位陌生人是何许人也?他是从哪里——是怎样——获得了如此深厚的造诣?亚里士多德曾说,一个好的故事必须做到时间、空间和情节的统一,《象棋的故事》就具备这一关键特质,所以着实是个好故事。它有足够的魅力吸引您。翻开小说,您就好像亲自登上了那艘游轮,您会和那些象棋手一样,急于来到那个玩游戏的吸烟室。虽然小说的背景非常吸引人,好像远离当时历史舞台上的刀光剑影,但这世界及其危难是无法轻易忘怀的。斯蒂芬·茨威格的亲身经历与纳粹的暴行贯穿这部中篇小说的中间部分。在作者笔下,象棋是逃避现实的必要手段,他让小说中的人物沉溺于此，以保持心智的正常。

因为这正是象棋的另一大魅力：它是一个完全讲究逻辑的游戏，不羁的情感毫无用武之地，健全的心智将旗开得胜，而内在的理性稍有闪失就会一败涂地——在一个近乎疯狂的世界里，此等游戏不啻一大宽慰和解脱。

哈珀先生，当您终年在国会山庄忙碌时，或许有过那么几天，想要躲进您的办公室下一盘象棋。毕竟，您还得领导少数党政府，此外，嚷嚷着要议会休会的骚动、就阿富汗拘留人员文件的争来吵去、上亿加元的首脑峰会、要求取消强制性人口普查的纷纷议论、终止枪支登记的徒劳无功、老兵巡视员的满腔怒火，以及其他种种争议——这一切想必把您累得够呛吧。您喜欢掌控一切。您知道该如何处理事务，但往往不能如愿以偿。无法预料的事态屡屡上演。假如政治是一场象棋比赛，而您只需盘腿而坐，以您的棋艺威逼对手，直至把他将死，这岂非妙哉妙哉？

唉，幸好加拿大的政治体制还不是那么死板不灵。不过，您毕竟是在拿生命玩一盘象棋，而您已经失去了为数不少的小兵小卒。这盘棋将如何结束呢？我拭目以待。

您诚挚的

扬·马特尔

斯蒂芬·茨威格（1881—1942），小说家、剧作家、记者和传记作家。他在二十世纪三十年代离开奥地利，逃离纳粹魔爪，先后流亡至英国和美国，最后在巴西过世。除了《象棋的故事》，他还著有《马来狂人》和《一个陌生女人的来信》，后者已被搬上舞台和银幕。

第 93 本书

《诗选》

叶夫盖尼·叶甫图申科 著

罗宾·米尔纳－古兰德和彼得·利瓦伊 译自俄语

2010 年 10 月 25 日

谨向

加拿大总理斯蒂芬·哈珀

提问：您是不是犯了个错误？

并致以美好祝愿

加拿大作家 扬·马特尔

尊敬的哈珀先生：

俗话说，政治是一门妥协的艺术。当报纸上刊印一帧两位政要笑容可掬的握手照时，无论是在华盛顿、在中东还是在别处，这样的方式一般都是为了庆祝双方的妥协，说明有分歧的双方在互相让步中终于达成了共识，握手庆祝所取得的突破。团体间的竞争也好，个体间的关系也罢，富有成果的妥协是社会和平的巨大推手。那些固守立场、绝不愿与他人谈判的人，往往会期望落空、丧失和平，即刻卷入无休止的社会摩擦与冲突的中心。妥协不仅有助于创建社会和谐，而且有利于建立人与人之间的关系，因为一般而言，妥协是与对手开诚布公的对话和互相增进了解的结果。这样的良性沟通，不仅能够促成双方的妥协，还有可能化解最初引发敌意的分歧。在政治中，富有成果的妥协往往让重重困难风吹云散。就拿北爱尔兰为例吧。所谓的纷争起始于二十世纪六十年代末期，在其后的三十年中，新教统一党党员和天主教民族主义者你争我吵、大开杀戒，无数男人、女人和小孩魂归西天，有的人积极投身于战事，而有的人只是冷眼旁观。双方的仇恨一度达到白热化程度。然而，通过长期不懈的努力，交战双方终于签订了休战协议，即《一九九八年耶稣受难日协议》（又称：《北爱和平协议》）。现在的北爱尔兰终于迎来了和平盛世。妥协终止了纷争，随着和平与祥和日益成为社会肌理的一部分，人们希冀纷争的根源会冰消瓦解。《一九九八年耶稣受难日协议》中达成的妥协，已经开始并且会继续让重重困难风吹云散。这才是贤明政治。

好，来谈谈您吧。妥协并不是您的风格。您在很年轻时就步入了政界，完全没有任何企业或其他重要工作经验来教导您让步的价值。您曾担任全国公民联盟主席数年，但那是一个群议式团体，称不上是个学习"我们谈谈吧"这一箴言的理想之地。您坚守自己的原则和思想观念，您等待——期待——全国上下都理解并支持您的观点。说句老实话，我对您的期待甚为担忧。您上任至今已经四年多了，每一次，反对派都被您分化了，自由派也搞得声名狼藉，但您仅维持了两届少数派政府，而且民意测试也显示您的运气不会有显著改善。

那我就把叶夫盖尼·叶甫图申科介绍给您认识。叶甫图申科是一位俄罗斯诗人，一九三三年出生。一九五三年斯大林去世时，二十岁的他已崭露头角。赫鲁晓夫当政以后，苏联的政治体制较从前已有所改变。叶夫盖尼·叶甫图申科深获其利，遂用诗歌发声，迅速成为后斯大林时期渴望更大自由的一代人的代言人（您还记得我前段时间寄给您了一本亚历山大·索尔仁尼琴的小说《伊凡·杰尼索维奇的一天》吗？这本书也是在同期出版的）。就以《娘子谷》为例吧。这首诗收录在我本周寄给您的诗选中。娘子谷是乌克兰首府基辅北郊的一座峡谷。在那儿，大约有十万年龄不等的无辜民众惨遭纳粹杀害。受害者是罗姆人[1]和战俘，但绝大部分是犹太人。苏联当局曾提议在这一大屠杀原址上建一座体育场，虽然叶甫图申科不是犹太人，但他写下此诗以示抗议。诗中，他不仅哀悼犹太死者，也痛斥苏联人民对犹太人的仇恨。这是一首感人至深的诗，也是一首勇敢的诗。诗中明确把犹太人的受难当作诗人自己的苦难，是他人道主义情怀的确证。

不论在东方还是西方，叶夫盖尼·叶甫图申科在二十世纪五六十年代都赢得了极高的荣誉和声望。他广游西方。如果您去维基百科搜索他，您可看到他在一九七二年与理查德·尼克松总统聊天的一张图片（这让我联想到奥巴马总统给我写信那件事儿——他知道美国总统有格外关心作家这一历史传统？）。

该怎样衡量他的诗歌呢？就拿这本薄薄的小册子来看，是写得相当不错的。除了《娘子谷》以外，政治极少介入其间。或者说，相对于美国诗歌和加拿大诗歌的政治性来说，叶夫盖尼·叶甫图申科的至多旗鼓相当。大部分诗作充满田园气息，提醒我俄罗斯这个国土面积排名世界第一的国家，即使不算原苏联的那些卫星国，也真真切切是一派田园风光啊。诗选中的大多数诗歌常识迭见，散发出一股可亲可近的人情味，让人联想起罗伯特·弗罗斯特。

那么，叶夫盖尼·叶甫图申科与自己妥协了吗？在那时候的苏

---

[1] 罗姆人是一个有着迁徙、流浪传统的民族，主要居住于欧洲与美洲。

联，每一项自由，即使不被彻底剥夺，也受到不断的监视。敢问，在这样一个国家里，有可能做一名自由诗人吗？事实上，叶夫盖尼·叶甫图申科遭到了许多人的批判，包括著名的俄裔美国诗人兼批评家约瑟夫·布罗茨基(您听说过他吗？)的咒骂：两面派！骗子！一个当初脖子上紧系链条、被克里姆林宫牵着鼻子、只有当政府需要时才会狂叫或咆哮的诗人！

和叶夫盖尼·叶甫图申科相比，有些作家显然为自己的创作付出了更大的代价，比如被驱逐出境的索尔仁尼琴和布罗茨基。那些比他们还不如的，那就进了苏联的监狱。叶夫盖尼·叶甫图申科是否曾经寄希望于自己的国家能够变得更加开放，人民有更多的自由呢？或许，他只是深爱着自己的国家，包括它的共产主义理想？又或许，每当他想到自己有可能被永久流放，永远生活在一个衣食住行和语言都全然陌生的国度，他就吓得胆颤心惊？换言之，叶夫盖尼·叶甫图申科是否真的与索尔仁尼琴和布罗茨基不同？是否真的对祖国坚信不疑呢？

关于这个问题，我不抱任何立场。不论是对叶夫盖尼·叶甫图申科还是对苏联历史，我都不够了解，因此不便下结论。读他的诗歌是种享受，但诗歌背后的这位政治人物仍然让人捉摸不透。可以确定的是，人们指控叶夫盖尼·叶甫图申科在与苏联政府的交涉中作了妥协与让步。他能有今天的地位，一定也是付出了代价。您瞧，在艺术中谈妥协可就不及在政治中那样了。艺术家要是妥协了，很容易会被贴上"失败"的标签，但搞妥协的政客却可以被拱上成功的宝座。假如政治是一门妥协的艺术，那么艺术则是不可妥协的政治。艺术家需要自由，还得强烈地捍卫自由。艺术从何而来？准确地说，就从自由与个性中来。一旦妥协了、顺从了，或是屈服了，那就等于在扼杀创作冲动。真正的艺术是绝不妥协的。就让伟大的艺术家豪迈放言吧:"这就是我的立场,这就是我的憧憬——或取或舍,悉听尊便!"在艺术领域,艺术家无须向议会负责,他或她也不必接受议员的质询。艺术乃是永不接受妥协者的殿堂。

故而,我想向您提个问题,哈珀先生。您是不是选错了职业?难不成您是个失意的艺术家?

您诚挚的

扬·马特尔

叶夫盖尼·叶甫图申科(1933—2017)多才多艺,集诗人、散文家、小说家、电影导演、编剧、演员于一身。他是后斯大林时代最著名的诗人,一九六二年荣登《时代》周刊封面。他曾在塔尔萨大学和纽约城市大学教授俄罗斯与欧洲诗歌和电影。

第 94 本书

《印第安"白人"男孩绝对真实的日记》
谢尔曼·亚历克西 著
2010 年 11 月 8 日

谨向

加拿大总理斯蒂芬·哈珀

致以美好祝愿

加拿大作家 扬·马特尔

尊敬的哈珀先生：

三年前（是的，转眼真的过去了这么久），我给您寄过一本英国作家珍妮特·温特森的小说《橘子不是唯一的水果》。如果您还记得的话——希望您当时喜欢——这本小说讲的是一个叫珍妮特的女孩的故事。慢慢长大的她深陷两个世界之间，一个是福音派新教的世界，另一个为随青春萌发的同性爱恋的世界。她必须从中做出选择，选择一边作为自己的归宿。两者必居其一，不可兼得。在那个年代，在她生活的那个小镇，她不可能既是基督徒又是女同性恋者。

这周我寄给您的《印第安"白人"男孩绝对真实的日记》是美国作家谢尔曼·亚力克西的作品，其中的冲突与《橘子不是唯一的水果》类似。男主角朱尼尔是生活在华盛顿州斯波坎市居留地的印第安少年。他的生活环境十分恶劣，大多数生活在那儿的成年人都是嗜酒如命的穷光蛋，大多数孩子也都穷得可怜，似乎都逃脱不了最终成为酒鬼的厄运。有一天，朱尼尔想给自己换个学校，他想离开居留地的环境，转学到路尽头那个小小的农民社区里尔丹读高中。没想到的是，朱尼尔面临着新的挑战，因为这所里尔丹的新学校是一所全白人学校。那儿唯一能看到的来自印第安的东西就是学校的吉祥物。而且，在许多居留地人的眼中，朱尼尔转学简直就是背叛乡亲。然而，朱尼尔觉得，自己要是还待在居留地，那就无异于行尸走肉。于是，他勇敢地迈开步子，来到了里尔丹高中。

《印第安"白人"男孩绝对真实的日记》是一部悲喜交加的书，文字简洁明快，特别适合青少年阅读。但讲述的故事面向任何人，老少皆宜。它提出了一系列难题。当生活辜负了你，你该如何自处？当前行的路越走越窄，越走越艰难时，是什么让你坚韧不拔？亚历克西的答案是：世俗的拯救必须依靠自己的精神，必须凭借内在的力量忍耐并克服艰难困苦。然而，与逆境作战是需要付出代价的，即便是打了胜仗亦然。虽然朱尼尔在里尔丹高中的表现非常优秀，但他现在是生活在白人的世界中，将他曾熟知的那个印第安人的自我抛在了身后。与《橘子》中的珍妮特在面临两难困境时必须二选一不同的是，朱尼尔虽然也是进退两难，但他的选择不如珍妮特的那么激进。他的问题不是要在两种身份中做出非此即彼的选择，而在于白人和印第安人这两种文化难以相融。于是就有了书的题目：印第安"白人"。为了避免身体的一部分死在居留地，朱尼尔去了白人世界，他的另一部分会在那儿死去吗？

想象一下，假如有一天，朱尼尔不再被意识与存在这两极所折磨，假如他那印第安人的自我通过变得有点白人化而得以充实（不管这"充实"到底是什么意思），而他的白人世界通过变得有点印第安化而受益（也不管这意味着什么），直到这两个世界之间不再有任何摩擦——这样该有多好啊。其实，在很多情况下，一半儿对一半儿的状态还是不错的。朱尼尔一半儿时间是印第安人，一半儿时间是白人，一半儿时间是作家，一半儿时间是父亲，一半儿是这个，一半儿是那个——朱尼尔已演进为一个正常的二十一世纪人类混血儿，他本身即是一个丰富、多彩、复杂却依然完整的世界，不是吗？

您诚挚的

扬·马特尔

谢尔曼·亚历克西（1966— ），小说家、电影制作人、诗人和喜剧演员。获奖电影《烟火讯号》就是根据他的首部短篇小说集《孤独的护林员和印第安人在天堂的第一仗》中的一则小说改编。亚历克西还以撰写篮球题材作品而闻名。他和妻子及两个儿子现居西雅图。

第 95 本书

《寻欢作乐》

威廉·萨默赛特·毛姆 著

2010 年 11 月 22 日

谨致

加拿大总理斯蒂芬·哈珀

像是曾与哈代畅聊，活得像罗西一样

并致以美好祝愿

加拿大作家 扬·马特尔

尊敬的哈珀先生：

　　这周给您寄去的这本书封面很吓人，但也确实是本好书。《寻欢作乐》是我寄给您的第一本萨默赛特·毛姆的书。毛姆是一位英国作家，生于一八七四年，卒于一九六五年，他创作甚丰，著有多部长篇小说、戏剧、短篇小说和游记。代表作当推《人性的枷锁》。唉，瞧瞧这苦恋中的灵魂都对什么唯命是从！但是，那个被米尔德里德玩弄于股掌中的菲利普·凯里的故事等您下次有更多时间时再读吧：鉴于《人性的枷锁》篇幅太长，差不多有七百页，我就挑了这本只有一百九十页的《寻欢作乐》。

一般而言，我觉得毛姆不会被排在英国文学的最前沿。他的写作手法太老套，缺乏新颖性和实验精神。当与他同期的海明威、福克纳、乔伊斯和伍尔夫这些现代主义作家们正在寻找新方式写小说的时候，他还在吭哧吭哧写他的传统小说。话说回来，这又何妨呢？各写各的呗，又不是一场比赛。只要他的作品读起来是种享受，为何不继续读他的书呢？毛姆十分倚重那些成就优秀小说的支柱——即人物、情节和情感——在这些方面，他确实游刃有余。

我这行的各色人等，在小说《寻欢作乐》中都有展现。我猜想，您看到这些蹩脚文人舞文弄墨的样子也许会忍俊不禁。故事的主角们——爱德华·德里菲尔德、阿尔罗伊·基尔、威廉·阿什登——全都是作家。其中第一位被描画成维多利亚晚期文学的一位干将，第二位虽雄心勃勃但才疏学浅，最后一位是谦逊但脾气欠佳的叙述者。据说，毛姆笔下的爱德华·德里菲尔德是以哈代为原型的。毛姆在自序中提到，他曾经在一场晚宴上偶遇晚年的哈代，并与他单独聊了四十五分钟（请您想象一下：这可是同哈代聊天啊！），但他明确否认哈代与德里菲尔德存在任何关联。他对哈代有这样的惊人之评："在我十八岁读《苔丝》的时候，我是多么激情澎湃啊，我铁了心要娶一个挤奶女工。但对于哈代的其他作品，我并没有像同时期的人那样热衷。甚至他的英语也让我不敢恭维。"毛姆原话就是这么说的，而他小说中的人物威廉·阿什登也对虚构的大作家爱德华·德里菲尔德作了同样不冷不热的评价。给人物抹上一层威名赫赫的光环殊非易事，而毛姆成功地塑造了爱德华·德里菲尔德的形象，着实让人钦佩。当然，如果您认为将德里菲尔德视为哈代有助于理解，那您就尽管这样吧。您完全可以虚虚相加，没问题。这只会让阅读变得更加有滋有味。

把这三个人物交织在一起的——显然第一和第三个人物直接相

连——是性感、逍遥又美丽的罗西·德里菲尔德。她既是爱德华·德里菲尔德的第一任妻子，是威廉·阿什登的旧情人，同时也是阿尔罗伊·基尔的烫手山芋。您看，基尔被德里菲尔德的第二任太太请来为她的丈夫撰写传记，在给爱德华·德里菲尔德这位伟人作传时，那位"不知羞耻""淫乱"的罗西小姐既难写但又不能不写。

小说的触目惊心之处在于，阶级观念是何等严厉地管控着一个个人物的生活。对其中人物而言，有些人可以去认识、拜访和轻松相处，而对于其他各阶层的人们，就应该持慎之又慎的态度，严格依据职业行规行事。而罗西却鹤立鸡群，只有她才能随心所欲地生活，完全不受这些社交礼仪观的束缚。换句话说，她是跟着感觉走，活出真性情，不管这感觉把她引向何方。

不知道您会不会喜欢我给您推荐的第一本毛姆的作品。他的短篇小说也非常精彩。

您诚挚的

扬·马特尔

威廉·萨默赛特·毛姆（1874—1965），英国小说家、游记作家和戏剧家。他一直立志做一名作家。《兰贝斯的丽萨》一炮而红后，他毅然弃医从文。他的小说《人性的枷锁》《面纱》《刀锋》都被搬上了银幕。

第 96 本书

《六个寻找剧作家的角色》
路伊吉·皮兰德娄 著
约翰·林斯特拉姆 译自意大利语
2010 年 12 月 6 日

谨向
加拿大总理斯蒂芬·哈珀
致以美好祝愿
加拿大作家 扬·马特尔

尊敬的哈珀先生：

　　路伊吉·皮兰德娄的《六个寻找剧作家的角色》是二十世纪欧洲戏剧的一座丰碑。不妨快速浏览一下作者的生平细况：意大利人；生于一八六七年，卒于一九三六年；著有短篇小说、长篇小说、戏剧；一九三四年获诺贝尔文学奖。

　　《六个角色》于一九二一年首演。和许多大胆创新的作品一样，它在征服世人之前饱受争议。这是一部让皮兰德娄享誉世界的佳作。这是一出前所未有的戏剧。帷幕一拉开，整个舞台空空如也，这样一个空间，没有刻意装饰成客厅，或是花园，或是任何场所，只是一个空荡荡的舞台而已。终于，几个演员悠悠上台，紧接着，导演、提示员、道具员和戏剧公司形形色色的人员都相继登台亮相。他们准备彩排一出戏。这么说吧，戏中戏的手法已没有什么革命性可言。譬如，莎士比亚在《哈姆莱特》中就曾用过了。不过，那是完整的一出戏里嵌套着另一出完整的戏。而在《六个角色》的开场，"剧院"的种种内部机制以全裸的姿态呈现在观众眼前。台上的演员们本真地出现在舞台上，随意地站着，随意地聊天、抽烟、看报，一般情况下躲在后台的导演和工作人员竟也喇喇地闯进观众的视线。整个场面就是普通生活的全真模拟。再接下去，皮兰娄式的独门创新便开始了：门卫满怀歉意地打断导演，告诉他外面有人想见他。导演大怒。彩排是绝对不可打断的！但门卫传话说，外面的人非常坚持。正说着，那些人竟然已经走上了舞台：一行六人，一位男士、一位女士、一名年轻女子、一名年轻男子，还有两个小孩。导演极不耐烦地问道："你们是谁？你们想干吗？"

父亲答道："我们是来找一位剧作家的。"看得出来，这六个人分别是父亲、母亲、继女、儿子、一个小伙儿和一个孩子。可他们究竟是谁呢？原来他们都是被一位剧作家抛弃了的角色，之所以闯进这个舞台，是希望导演能够化身剧作家，还原他们的角色，给他们登台演出、实现自己存在意义的机会。那位导演和舞台上的演员们都觉得这件事情太不可思议，惊愕不已。可是，看看这六个大活人，完全不像是鬼魂啊。他们口口声声地说他们原本就是剧本中的角色；他们为自己奇怪的言行道歉了吗？完全没有，他们还对导演说："您知道，生活本身就充斥着数也数不清的荒谬事情。这些事虽然看似很荒诞，但其实根本不需要解释，因为它们就是真的嘛。"

"现实"和"真实"这两个词经常出现在《六个角色》这部戏里。它们就是整出戏的核心。在此剧中，"角色出现在现实生活中"

这一离奇的前提并未被摒弃，恰恰相反，它贯穿该剧的始终。皮兰德娄旨在模糊现实与真实、具象与想象之间的界限。因为，除了基本的物质实在性之外，现实并不一定包含任何真实，而真实或许也不需要现实的印记以更加真实。对这两个概念如此较真，并不是故作矫情的文学幻想。生活中的幻觉还嫌少吗？请问，哈珀先生，昨天的您是什么样的呢？昨天的您是改革党的激进少壮派，但那个您如今已经消失了。那是实实在在的，但随后就消失了。谁又能保证，当您走进明天时今天的您不会再次消失，遁入一片朦胧之中呢？这个地球上数以亿计的人们都像这样消失了，他们的现实消散得荡然无存——起初，他们以种种微妙的方式从一个阶段转变至另一阶段，他们长大，再接着就是变老，直到整个人实实在在地被死亡吞噬。不妨把这种现象与文学角色作一比较。我们发现，文学角色打从被创造出来以后，就一直是他或她自己，从不改变，持久永恒，流芳百世。看过《哈姆莱特》的观众最终都一一死了，但哈姆莱特却依旧鲜活，永远活在戏剧中。正如《六个角色》中的父亲所言，戏中的一个角色"永远是个'不凡的人'。而现实中的某个人……极有可能是个'无名小卒'"。

又是故作矫情的幻想，您或许怒忖道。那么，您不妨这样想一想：艺术乃生活的精髓。艺术是剔除了平凡、普通与庸常后的生活。小说中，某个人物绝不会以一趟趟地去超市或刷牙剔牙之类的日常琐事浪费读者的时间；同理，在一部戏中，观众也听不到点缀日常对话的"你好啊！""你好吗？"以及其他索然无味的用语。这些索然无味的用语统统被删去了，因为小说与戏剧需要的只是精华部分。故而，它们的确具有比枯燥空洞的现实更广阔的真实。假如您依然坚持认为小说和戏剧缺乏现实感，那么这种观点是否应该出于遗憾而不是傲慢呢？难道我们不希望生活更像艺术吗？我猜想，很多，很多人都希望那样，甚至有人已确确实实这样做了。在日常生活中，我们不是会说那些给我们留下生动印象的人"真是个角色"吗？这句话的典故就是来自皮兰德娄啊！

在我来看，皮兰德娄的目的在于质疑现实的内容与表象。现实不如它表现出来的那么真，而真实可能很难被窥见，更不必说被接受了。换句话说，生活或许要比我们意识到的更不真实，更像是某种想象的产物。因此，有的时候，我们也在充当"寻找剧作家"的角色，也在寻觅方向、寻求生命的意义，而另外一些时候呢，我们在有意或无意中充当演员，扮演着命定的角色。

我希望有一天您能够在剧院里欣赏《六个寻找剧作家的角色》。一两年前，我在伦敦看过一场现代版的，绝对让人如痴如醉。

很抱歉这次寄给您的这个译本并不是很好。这差不多是六十年前的译作了，使用的英式英语已有些过时。剧中的一个人物甚至大喊了一声"By Jove!"①。我看得浑身难受，但这是我在短时间内能找到的唯一一本了。再则，整本书都快散架了。然而，它不过是一件名副其实的艺术作品瞬间的现实罢了。

您诚挚的

扬·马特尔

路伊吉·皮兰德娄（1867—1936），意大利小说家、诗人和戏剧家。一九三四年被授予诺贝尔文学奖。

---

① 老式英语，意思是："啊！"

第 97 本书

《蠢巨人》

安德烈·弗朗甘 著

《蓝莲花》

埃尔热 著

《当尘埃落尽》

米歇尔·拉巴利亚蒂 著

2010 年 12 月 20 日

谨向

加拿大总理斯蒂芬·哈珀

送上三堂法语课、三份圣诞礼物

并致以美好祝愿

加拿大作家 扬·马特尔

尊敬的哈珀先生：

　　法国和比利时的漫画书在历史上有着久负盛名的艺术传统。我的童年生活有四年是在法国度过的，在那四年中，漫画书陪伴了我的成长。当时，我十分热衷于《阿斯特里克斯和奥贝里克斯》《丁丁历险记》《幸运星卢克》《斯皮鲁历险记》《魔童菲利蒙》以及许多别的作品。当我十二岁返回加拿大时，我发现我们国家最畅销的漫画书要属漫威漫画了——它们十分引人入胜，但在我看来显得沉重又缺乏幽默感，还带有异域风情，也难怪，漫威漫画是从美国来的。

我在早先的一封信里提到过，您努力学习法语这件事值得称道，因此我这次想寄给您三本法语书，分别是：比利时作家安德烈·弗朗甘的《蠢巨人》和埃尔热的《蓝莲花》，以及魁北克作家米歇尔·拉巴利亚蒂的《当尘埃落尽》。

《蠢巨人》写的是一个在《斯皮鲁》杂志社负责处理读者信件的勤杂工盖斯顿·拉加法的故事。虽然他应该按照名分做好这份工作，但事实上，他从没履行过职责，只会做一些关乎他个人兴趣的事情；从艺术到科技他都关心，但就是不做和读者信件相关的工作。他总让自己失态出丑，"失态出丑（gaffe）"这个词儿的拼写，在法语和英语里是一样的；但是，盖斯顿出的丑只限于他的那个阶层。他成了整个办公室的同事乃至所有街坊邻里最讨厌的人。让人不解的是，虽然遭遇了这么多不幸和灾难，他倒一直没有被老板炒鱿鱼。

漫画册里的每一页都独立存在，各自讲述一些插科打诨的故事，因此整册书并没有一个连贯的剧情，但同几个人物贯穿始终。盖斯顿·拉加法系列的不凡之处主要体现在视觉效果上。比如在第8页，盖斯顿主动让他的上司帕内尔搭自己的老式轿车。他刚刚为自己的车添了一个新奇的装置——安全带（我们可是回到了一九七七年哦）。帕内尔表现出一丝焦虑，但盖斯顿对他再三保证：他是自己装的，绝对安全！唉，我们的盖斯顿怎么就粗心地把帕内尔的安全带系进汽车的驱动轴里了呢？车子一启动，安全带就随轴转动绕了起来，把帕内尔整个人往下拽，结果他连同座椅被拽进了车架里。您看看，这页中间的插画，从上往下数第三排，帕内尔完完全全地陷在他的位子里，两脚朝天，双拳紧握，耳边还响着烦人的鸭叫似的嘎嘎声。这幅画面真是滑稽得不得了。还有更好笑的看点呢：请看第29页，这里的盖斯顿非要自己的同事利伯拉克吃他的辣胡椒酱，尝尝够不够辣。注意看利伯拉克的表情，这画儿真是传神极了。

比较而言，《丁丁历险记》会显得笨拙一些。当它想要讲笑话的时候，也并不特别好笑。绘画格调更像是出自工匠之手。但是，"丁丁"自有其优势，它以叙事宽广而见长。"丁丁"系列很长——第一本《丁丁在刚果》于一九三〇年问世，最后一本，也就是第二十二本《丁丁与流浪汉》于一九七六年出版——有意凸显戏剧性，并因其中的冒险故事深受全世界千百万读者的喜爱。这周我给您挑的这本《蓝莲花》是比较早的系列丛书之一，刊印于一九三四年（是黑白首版），但即使在这一版本中，冒险奇遇也惊心动魄。书中的一些插图令人惊奇。您可以看看第6页和第26页的那几张大图感受一下。

我们还应该将埃尔热置于历史语境中加以考察。实际上是他首创了在连环漫画插图旁写说明性文字的做法。整个故事以逐帧动画的形式连贯地讲述清晰又流畅的故事，既有特写镜头，又有广角镜头；还有表达情感的细节，比如当头顶上有一圈星星时就表示头疼，当头上冒出一连串水珠就表示焦虑和惊叹；更有勃勃的雄心，去讲述既打动人又能给人留下深刻印象的故事——所有这一切都始于乔治斯·雷米（后来，他倒置了其中的首字母，作为笔名）。我并不是研究这段历史的专家，不想冒昧地作过多的说明，但我确信，《丁丁历险记》就是法国和比利时漫画故事书的始祖。埃尔热是一位巨人，不论是弗朗甘还是大西洋这边的《当尘埃落尽》的作者米歇尔·拉巴利亚蒂这样的后世艺术家，都曾踩在他的肩膀上。

《当尘埃落尽》是"保罗"系列中的第六本。这是一个悲伤的故事，讲述了保罗的岳父从生病到去世的过程。故事十分感人，要想读完它后眼眶还是干的几乎不可能。《当尘埃落尽》的叙述透着一股自信，这自信表明漫画书这种形式已然走向成熟，它完全可以像文字一样讲出很严肃的故事，其图像细节能传递的力量也足以与成熟小说家精选的比喻相媲美。"保罗"系列完完全全扎根于魁北克的语言与文化。我读这本书的时候，怀旧之情油然而生，许多熟悉的场景一一可辨（比如，在故事的开篇，那个矗立在蒙特利尔和魁北克交界处的奇怪饭店）。我觉得这就是我的故乡。书中出现的就是我的同族，他们的故事都好像是我的故事。

祝您和您的家人圣诞快乐。

您诚挚的
扬·马特尔

安德烈·弗朗甘（1924—1997），比利时漫画家。他曾参与《斯皮鲁历险记》和《丁丁历险记》的编写，之后创作了自己的连环漫画《盖斯顿和伊莎贝尔》。

埃尔热（1907—1983），比利时漫画家、艺术家乔治斯·雷米的笔名。他以漫画作品《丁丁历险记》闻名。第二次世界大战期间，他继续创作"丁丁"系列。他被授予皇冠勋章。

米歇尔·拉巴利亚蒂（1961— ），加拿大漫画家，是"保罗"系列（《保罗在国内》《保罗出国了》，等等）的作者。虽然他从小就开始看漫画、创作漫画，但是他在真正成为漫画家之前做了多年的平面设计师。

第 98 本书

《高文爵士和绿衣骑士》
詹姆士·维尼 编辑、翻译
2011 年 1 月 3 日

谨向

加拿大总理斯蒂芬·哈珀

致以对二〇一一年的美好祝愿

加拿大作家 扬·马特尔

尊敬的哈珀先生：

　　新的一年——希望一切顺利——我们何不从读一点古老但绝好的东西开始呢？几周前，我巧遇萨斯喀彻温大学的英语系主任道格·索普，索普先生为人和善，是研究瓦尔特·司各特的专家，于是我便问他可否推荐符合我们这个读书会目的的司各特的短篇作品？他摇头道："瓦尔特·司各特没有写过短篇作品。他是个十足的话痨，写的每本大部头都有六百页以上。"关于瓦尔特·司各特和我们因超级忙碌而只能读短篇的读书俱乐部之间的纠葛看来只能这样结束了。然而我还是不假思索地继续问他是否还有别的可以推荐。他想了想，问道："您有没有给他寄过《高文爵士和绿衣骑士》？"我没有寄过这本书。于是道格邀请我到他的办公室去，他在自己的书架前搜寻了一会儿，然后递给我这本我们刚刚谈论的书，说道："看你的了。"

确实，接下来就看我的了。当我看到本书封面上的名字——由詹姆士·维尼编辑并翻译——时，我加倍感动了。詹姆士·维尼曾执教于安大略省彼得伯勒的特伦特大学，而我在那里攻读过哲学学士学位。大学一年级我们进修英语入门课，他是这门课的导师。我确信课程一结束，维尼教授就完全把我给忘了，但我至今仍清楚地记得他。那时每个星期，我们有八个左右的学生会结伴涌入他的办公室，他会在那里带着我们共同探讨某部文学作品。当时维尼教授六十多岁，有一种贵族的气度，声音洪亮，操一口优雅的英式英语，气定神闲却又友好和善。然而时代变了，如今加拿大的大学体制更适合产出创利丰厚的工人，而不是具有批判思想的公民。现在已难以想象还会有一个全职教授每周花一个小时辅导八个一年级学生，但是在二十世纪八十年代初期的特伦特大学里确实如此。这些辅导课锻造了我。一次，维尼教授大声朗读了艾略特的《四个四重奏》。如往常一样，他的英式英语抑扬顿挫，给这一首首诗注入了生命。还有一次，我们讨论了约瑟夫·康拉德的《秘密特工》，他认为这是一部完美的小说——他的评价颇具权威，但感觉像是一个建议。每一次见面，他都会让我们在一部作品里看到我们这些幼稚脑瓜起初不曾看到的东西。能踏上这样一段激荡的智力旅程真让人激动不已。

詹姆士·维尼的样子还历历在目，但是我已经有好多年没有想起过他了。而现在，二十五年以后，他的名字和他的作品竟突然出现在我的面前。能够再次依循他的思维来思考，是一件让我无比高兴的事。我真希望能听他上一堂关于《高文爵士和绿衣骑士》的课啊。

正如维尼的引言所示，《高文爵士和绿衣骑士》由十四世纪末期一位无名诗人"以带有英格兰西北部特点的方言"创作而成。我寄给您的这个广景出版社版本有一个特色，即它是双语的，原文印在左边的奇数页上，而译文印在右边的偶数页上。对于我来说，中世纪英语方言晦涩难懂，我也缺乏把玩这种语言游戏的耐心。对于每一种我不会说的语言，我总是乐于赋予其一切人类头脑所能想到的美丽与精妙，以及比任何博物馆里的展品更丰富的文化内涵。但是，让我首先注意到的还是理解的障碍。我宁愿向一支单簧管倾诉——不过单簧管原本是为了吹奏美丽的音乐而生，而语言是为了用来交流，美感只是一笔红利而已。我发现，当我的视线落在左页的中世纪英文字母上时，就会不住地上下移动，找寻我能理解的词汇和短语，然而，我的双眼很快就会因为这样的操练而疲惫不堪。而右页上的现代英语却清晰晓畅，能紧紧地抓住我的注意力。通常我在阅读文字时并没有太多的画面感。但还是请您自己来感受一下吧。您或许在解译中世纪英语时发现这别有一番乐趣呢。

令我诧异的是，在读维尼所译的现代英语时，我发现这个故事竟与我如此贴近。读了一遍又一遍之后，一个词清晰地浮现在我脑中：个性。不管是高文爵士、绿衣骑士，还是波狄拉克公爵及其夫人都很有个性。将他们与我最近寄给您的另一本古欧洲文学作品——德语的《尼伯龙根之歌》——做比较，我永远无法将西格弗里特、克里姆希尔特、布伦希尔特和哈根这些人物想象成真实存在的人。他们更像是真实故事中的文学象征。高文爵士当然也是这样一个文学象征——象征骑士精神与典雅爱情的准则，这些准则可视为旨在调和基督的仁慈之道与当时野蛮的社会现实的一种中世纪理想——但作为象征的高文爵士具有似乎真实可感的人类形体。我们不妨看看以下诗句：

当骑士看见自己血溅雪地，

他立刻双脚离地向前跳出比一把矛还长的距离，

夺过他的头盔，迅速地戴到头上，

拉下肩上华丽的盾牌，

拔出闪闪发亮的长剑，怒气冲冲地说——

自从他出生落地以来，

从来没有像今天这么放轻松过——

"住手吧，先生，别再逞勇了！"

在这里，我们看到高文向前跳跃，迅速将装备布置停当，以及他的如释重负与骇人的警告——我无法想象在《尼伯龙根之歌》中的西格弗里特会展现如此富有人情味的行动与情感。

我们还可以来读读第三部分的诗节，其中，高文爵士正在卧床休息，却不断受到波狄拉克夫人的引诱。那几页中情色的着笔节节攀升，甚至连我也受到了蛊惑。我不知道高文爵士是如何抵御这汹涌的人类情欲的。

这本书的引人入胜之处在于高文爵士受内心律令的驱使不断地奋斗。我们看到一位勇士坚守自己的理想，为每一次失败而懊悔悲恸。这样的故事读来不仅趣味盎然，而且感人至深。我们每一个人，包括您和我，都必须为达成自己的理想而努力奋斗。

《高文爵士和绿衣骑士》是一部与我们息息相通的作品。这不仅是因为其中人物寥寥，还在于故事本身的内在性。尽管地域宏阔，几乎覆盖了大不列颠岛全境——就当时而言，这样的地域应算相当辽阔，但情节基本上围绕高文爵士展开。读者面对高文爵士，就像桑丘·潘沙之于堂吉诃德。

书中对于四季的描写，尤其是对冬天的描写，非常优美。描绘的狩猎场景激动人心。而所有这一切都以一种清晰、有力、真实的诗意语言呈现在读者面前，借此真实性，语言便能归纳和解释现实。只有伟大的作家才能写出这样的语言，而我们这位来自英格兰西北部的无名诗人就是这样一位了不起的作家。

到目前为止，我还未向您透露任何故事情节呢。圣诞之夜，高文爵士与亚瑟王和其他圆桌骑士同聚在卡米洛王宫。宴会上，众人纵情欢乐，沉浸于各种游戏（在这个故事中，有诸多快乐的时光）。突然，大厅里闯进来了一位众人都未曾见过的骑士。此人身形高大，而最让人惊异的是他和他的马都是绿色的，闪亮的祖母绿。只见他骑着绿马闯将进来，下了马，对着喝得酩酊大醉的众人说，他想玩一个圣诞游戏：由哪位骑士当场砍下他的头，并让他在一年后回敬一斧。他嘲笑众人的怯懦，此时高文爵士站了出来。高文举起斧头，而绿衣骑士却是毫不畏惧地站立着。高文飞起斧头将绿衣骑士的头颅砍下，没想到绿衣骑士没有轰然倒地，而是俯身拾起自己的头颅，将它举至高空。然后，脑袋开口道：明年的明天见，高文爵士！说罢他跨身上马，一只手仍举着自己的头颅，绝尘而去。

一年很快过去了，迎接高文的是一个恐怖的年末。那年秋天，高文爵士出发了，踏上了寻找绿衣骑士之路，去完成那次可怕的约定……

《高文爵士和绿衣骑士》可以被当作一则基督教寓言来读——虽然它洞悉肉体的脆弱，显得谨小慎微——或者也可以仅仅作为一本好书来读。无论怎样，我希望它能帮助您应对二〇一一年的各种挑战、诱惑以及酬赏。

祝您新年快乐！

您诚挚的

扬·马特尔

詹姆士·维尼，曾在加拿大特伦特大学、英国剑桥和莱斯特大学教授英语。他翻译并编辑了杰弗里·乔叟的作品以及《高文爵士和绿衣骑士》，此外，他还为约翰·多恩和莎士比亚的著作撰写过导读。

第 99 本书

《一部阅读史》
阿尔贝托·曼谷埃尔 著
2011 年 1 月 17 日

谨向
加拿大总理斯蒂芬·哈珀
赠送一部阅读的历史，为人的历史
并致以美好祝愿
加拿大作家 扬·马特尔

尊敬的哈珀先生：

迄今为止，我只是间或给您寄过几本非虚构作品，不过我发现阿尔贝托·曼谷埃尔的《一部阅读史》颇合我们这个读书会的对话形式，因此这周选定了这本书。此书精深广博，引人入胜，涉猎世界各国，悠悠遨游于历史，逍遥驰骋于疆界，仿佛整个地球就是一本书，而曼谷埃尔细细通读了全书，将所有与阅读相关的历史、文学、宗教、哲学、生理、考古、社会学、传记、商业、地理、技术、个人以及逸事的文献一一记载下来。由此可见：阅读即一切。这么说倒并不是因为人人都读书。这不是事实。而恰恰是因为这世界及其间万物正是一本包罗万象的书。曼谷埃尔援引了沃尔特·惠特曼《草叶集》里的几行诗：

在每一物体、山岳、树木和星辰中——在每一诞生
和生命中，

作为各自的一部分——从各自演变而来的——征兆背后的
意义，

一个神秘的暗号等待着被破解。

（惠特曼写得很棒吧。他是一位作品扣人心弦的诗人，其诗作总能激发读者对生活的理解与认知。）世界，就像一本书，需要加以阐释。因而，古生物学家观看化石，就像读者阅读侦探小说，会发出疑问："到底怎么回事？"因而，情侣观察他/她的心上人的表情，就像读者阅读言情小说，从中寻找慰藉与安全感。因而，政客读民意调查，就像信徒诵读经文，喃喃自问："我的命运如何？"同样，当读者读了一本又一本的书，却发现收获不大，不值得自己浪费这么多时间时，他就会据此成为一个不阅读的人，这是一件憾事。因而，当男女老少都远离世界，心中觉得不值得解读这个世界，这无疑也是一大遗憾。无论在书中，还是在大千世界中，都隐藏着种种神秘，"暗号……等待破解"。能够让自己沐浴在那神秘氛围中，在其中畅游，甚至溺死其中，那是莫大的乐趣。曼谷埃尔的这本书有众多优点，其中之一便是，透过大量奇特有趣的事实，它津津有味地阐明，我们人类就是奇特有趣的物种。

小说宛似一根长长的线，如果是一本好小说，那这根线必须一

直保持紧绷，这就要求读者时时予以关注，即使不是一刻不离的关注。而与小说不同的是，《一部阅读史》是由许多根五颜六色的短线构成，只需每次阅读一部分便受益匪浅。曼谷埃尔文风优雅、从容不迫，他并没怎么使劲儿就把许多不同的元素勾连在了一起。虽然《一部阅读史》涉猎甚广，但它却是一部个人之作，这不仅是因为曼谷埃尔不时用令人陶醉、温文尔雅的第一人称之口，不动声色地与我们分享他那漫长而快意的阅读生涯中的亲身经历或趣闻逸事，还因为它确确实实是一部个性化之作。请看书名中的冠词：他用的是不定冠词"A"，意即"一部阅读史"，而不是定冠词"The"，意即"唯一的"或"正统的"阅读史。曼谷埃尔做了这一选择，不过是反映了一位读者令人欣喜的力量和本领而已：按自己的意愿选择书、阐释书。也许，曼谷埃尔的阅读史与您或我的都迥然不同。他的阅读史是如此丰富、多彩、愉快。您的阅读史会是怎样的呢？

我确信，我下次寄给您的包裹——书和信——将是最后一次了。

您诚挚的

扬·马特尔

阿尔贝托·曼谷埃尔（1948— ），国际著名的选集编纂家、翻译家、散文家、小说家和编辑。他著有多部获奖的畅销作品，其中包括《幻境辞典》和《一部阅读史》。他出生于布宜诺斯艾利斯（他曾给著名作家兼图书管理员豪尔赫斯·路易斯·博尔赫斯朗读书籍），曾移居加拿大、法国，随后又返回阿根廷，二〇〇四年被授予文学与艺术荣誉勋章。

第 100 本书

《焦土之城》
瓦迪基·穆阿瓦德 著
琳达·加博里奥 译自法语
2011 年 1 月 31 日

谨向
加拿大总理斯蒂芬·哈珀
送来一个为反对"橡皮擦化"而疾呼的声音
并致以美好祝愿
加拿大作家 扬·马特尔

尊敬的哈珀先生：

　　我基本可以确定，这封信将是我给您寄的最后一封。我曾反复说过，只要您还在任，我就会坚持把我们这个独一无二的读书俱乐部搞下去。然而，从为您挑选一本书开始，到我自己先阅读它或者重读它，再到对每一本书的思考，接着围绕这本书开始给您写信，然后还要请我的父母翻译我的信，当然在翻译后还少不了与他们讨论一番，我还得在将英法两个版本的信都上传到各自的网站之前扫描书的封面，只有做完这些准备工作以后，我才会寄出给您的书和信，以确保您能在每隔一周的周一准时收到它们——这一切都需要时间和精力。虽然做这些一直是我的乐趣所在（不知道您是否也从中获得了乐趣），但我毕竟已经这样持续了近四年，因此我想是时候该做点别的了。我想，现在的我十分幸运，因为我将迎接两个宝贝儿的诞生：首先是我的太太艾丽丝正怀着我们的第二个孩子，在即将到来的五月底，我们就会迎来一个女儿；另一个宝贝儿其实是我脑海中正在孕育的一部新小说。我正在我的后花园搭一个小型写作工作室，这样，当孩子出生以后，我就可以在离家人不远的地方写作，便于和妻子一起照顾孩子。我给这本新小说取了个名字，叫《葡萄牙的高山》。它在我的脑海中频频闪烁，就好像阳光洒落在白雪覆盖的高山。我已经做了不少笔记，也一直在搜集阅读素材，现在脑海中的这个故事已初具雏形，正欲绽开迸发。可以说，我迫不及待地想要开始动笔。当然，对于我们家即将新添一丁，我也同样激动期盼。两个宝贝儿的成长都需要我付出许多快乐的劳作。

看，这封信恰巧是我给您寄的第 100 封信啊！100 啊。一个 1，再加两个 0。相当于是 1 + 1 + 1 + 1 + 1 + 1 + 1 + 1 + 1 + 1 + 1 + 1 + 1 + 1 + 1 + 1 + 1 + 1 + 1 + 1 + 1 + 1 + 1 + 1 + 1 + 1 + 1 + 1 + 1 + 1 + 1 + 1 + 1 + 1 + 1 + 1 + 1 + 1 + 1 + 1 + 1 + 1 + 1 + 1 + 1 + 1 + 1 + 1 + 1 + 1 + 1 + 1 + 1 + 1 + 1 + 1 + 1 + 1 + 1 + 1 + 1 + 1 + 1 + 1 + 1 + 1 + 1 + 1 + 1 + 1 + 1 + 1 + 1 + 1 + 1 + 1 + 1 + 1 + 1 + 1 + 1 + 1 + 1 + 1 + 1 + 1 + 1 + 1 + 1 + 1 + 1 + 1 + 1 + 1 + 1 + 1 + 1 + 1 + 1 + 1。这么多的信和书啊。我想了想，这刚好和我的小说《少年 Pi 的奇幻漂流》里的章节数是一样的呢。一百是个不错的整数，用它作为结尾数也是很不错的选择。（顺便说一句，真巧，您亲笔回复我的信的数目也刚好是一个很好的整数：0。零啊！不论用哪国语

言来写，它都是一个零啊！）

再则，我已经厌倦了将书籍用作一颗颗政治子弹和手榴弹。书籍精彩纷呈，宝贵无比，绝不能被这样长期滥用。

这些天，我一直在纠结，到底该选本什么样的书与您道别呢？我们是高调开场的——如果您还记得，第一本书是列夫·托尔斯泰的《伊凡·伊里奇之死》，我是在二〇〇七年四月十六日寄给您的——因此我也想高调收场。这本收山之作到底花落谁家呢？当我收到一封来自渥太华国家艺术中心法国戏剧艺术总监的邀请信时，答案自然明了了。从这个艺术中心走到您的上班地点只要一分钟吧。我受邀参加一个名为"斯蒂芬·哈珀在读什么？"的晚会，其间会搞一些推广书籍和阅读的活动。我欣然接受了邀请，希望您也会大驾光临。要不您就当我发出了一个私人邀请吧。活动将于二月二十五日（周五）举行，具体时间是晚上七点三十分，地点是加拿大国家艺术中心的九百人剧场大厅。据说活动的票已经售完，但我相信如果您想去，他们一定能为您和哈珀太太弄到两张票。

我收到的邀请信是瓦迪基·穆阿瓦德发来的。就在那一刻，我便知道了该给您寄什么书作为我们的第100本书了。瓦迪基·穆阿瓦德不仅是国家艺术中心法国戏剧艺术总监，还是一位才华横溢的剧作家。我选择推荐他的戏剧作为我们读书会的收山之作，出于以下几个方面的考量。第一，因为我给您推荐的戏剧（或诗歌）数量不多。第二，我想向您指明，艺术是片面的，是未完待续的，因为艺术的意义永远在变化和演进；艺术需要读者、听众和观众不断地重新参与其中；同时，对于创造者和接受者来说，艺术是一辈子的辛劳和乐趣所在。因此，我就想，还有什么比寄给您一个还未被搬上舞台，因此也就是片面的、未完成的、依旧停留在书页上的戏剧更能阐释我的用意呢？如果选用了这个剧本，那么我们读书会的收尾就不是一个句号，而是一串省略号。第三，我想用一位加拿大作家收场，而瓦迪基·穆阿瓦德的剧作作为我们最后一本共读的书乃是极佳选择，因为他是有着黎巴嫩血统并会使用多国语言的典型加拿大混血。第四，我寄给您的是经过琳达·加博里奥生动翻译后的英文版本——《焦土之城》。我相信您已经获知，由魁北克导演丹尼斯·维伦纽瓦改编的同名电影刚刚获得了奥斯卡最佳外语片提名。又一件加拿大艺术作品得到国际称誉。第五，也是最后一点，正如我刚才所说，我之所以给您寄一部穆阿瓦德的戏剧，是因为他才华横溢。他是那种天生胸怀激情之火，在愤愤不平时就口喷怒火的汉子。他是一个"愤青"（您知道英国战后有过这样一个文学运动吗？这帮愤怒的年轻人纷纷抒发对社会现状的不满——我曾观看过他们的标志性剧作，约翰·奥斯本的《愤怒的回顾》；几年前，当我还住在墨西哥城的时候，有幸见到了"愤青"中的另一位勇将阿诺德·韦斯克，并听了他的朗诵）。

《焦土之城》这个剧名取得非常恰当。剧本的部分情节发生在一个战火纷飞的国家，虽然没有点明是哪个国家，但从那一不小心就会被太阳烤焦的火热氛围中显然可看出是在黎巴嫩。然而，更多的灼烧来自灵魂。故事从一对双胞胎姐弟，西蒙和珍妮，以及他们的母亲娜瓦尔说起。娜瓦尔后来完全缄默无语，而这两个孩子直到母亲死后才探明原因。剧情扑朔迷离，结局惊心动魄。我读得头昏目眩。且不说我是捧着书读的，要是这是从舞台上听到的故事，看到演员表演出的"现实场景"，那我想我一定会得炮弹休克症。读完全剧，不禁心潮澎湃。窃以为，本人从未读过一个比这更淋漓尽致地标示战争恐惧与疯狂的故事。寥寥数页中，艺术魅力展露无遗：舞台上零零星星的几个人在说话，假装自己身为他人，置身于别处，一看就知那是在耍花招——然而，演出完毕，在你离场之际，你却觉得自己仿佛亲身经历了一场撕裂人生的战争。

有机会我一定要到剧场里看这出戏。我对那部同名电影也无比期待。

想到我们即将结束这曲文学二重奏，我却还有许多想寄给您的书没能送出，不免有些遗憾。拉尔夫·沃尔多·爱默生的大作、劳伦斯·斯特恩的《项狄传》、马丁·布贝尔的《我和你》、但丁的《神曲》、克努特·汉姆生的《饥饿》，还有更多库切的书……这个想要与您分享的书单还长着呢。当然，我想它们会在书店和图书馆的某个书架上等着您。书是很有耐心的。它们有的是时间。即使我们俩早已不在了，它们还会在那儿默默等候。

说一道万，我在这封长长的书信末尾除了戏谑一番之外，还想阐明下述观点：在全加拿大各大书店和图书馆里的书籍，在我国画廊和博物馆里可见的展览，由这个国家出品的电影，搬上舞台的戏剧和舞蹈，在酒吧或交响乐大厅演奏的音乐，出自我们自己设计师之手的服装，我们豪华饭店奉上的美味佳肴，我们加拿大人的每一项创造性之举：这一切文化表现形式绝非只是为了娱乐而已，绝非只是在结束了一天"严肃"的工作（挣钱）后消磨时光、放松心情而已——不，不，不是这样的。其实，这些文化表现形式是构成整个加拿大文明的各种元素。如果除去了这种种元素，加拿大文明的价值将荡然无存。大公司、大企业起起落落，而艺术却持久恒存。

然而，正是这些大公司及其贪得无厌的索取主宰了我们当今的生活，远远超过剧院、书店和博物馆。这是为什么？为什么现在的人不惜牺牲自己的家庭、健康和快乐而疯狂地劳作？难道我们都已经忘了工作只是手段吗？忘了我们是为了生活去工作，而不是相反吗？显然，我们已经沦为工作的奴隶，我们已经忘记只有在闲暇自若时、只有当放下锄头或是抛开键盘时，我们才能思考生命的意义，才能成全完整的自我。我们工作、工作、工作，可到头来我们留下了什么印记？立下了什么标杆？那些工作狂已然成了橡皮擦：他们前行的同时，身后却没有留下任何自身的踪迹。故而，我一次次徒劳地给您赠书的用意在于：大声疾呼，绝不让加拿大沦为一个橡皮擦国家。

您诚挚的

扬·马特尔

瓦迪基·穆阿瓦德（1968—　），黎巴嫩－加拿大籍演员、剧作家和导演。他的戏剧《心岸》获加拿大总督文学戏剧奖，《焦土之城》被改编成电影并获得奥斯卡金像奖提名。他曾获得文学与艺术骑士勋章和加拿大荣誉勋章。

附：第 101 本书

《追忆似水年华》

马塞尔·普鲁斯特 著

C.K.司各特·孟克利夫和特伦斯·基尔马丁 译自法语

D.J.恩莱特 修订

六册装

2011 年 2 月 28 日

谨向

加拿大总理斯蒂芬·哈珀

送上我们必须挤出时间来读一读的书

并致以美好祝愿

加拿大作家 扬·马特尔

尊敬的哈珀先生：

  考虑再三，我想给您寄最后一本书。我以前寄给您的所有书籍都相对较短，通常不到二百页。但这本书可要长得多得多了。通过筛选，我这次寄给您的是马塞尔·普鲁斯特写的《追忆似水年华》全集，一共六册。我之所以这样做，并不是想抢起长达四千三百四十七页的讽刺大棒锤击您，而是因为这是我多年来一直想要读的一部作品。我从来都没读过《追忆似水年华》，这真是匪夷所思。毕竟法语是我的母语，而且我又在法国生活了十年，其中的前四年恰巧就住在普鲁斯特出生的第十六区。况且我读过别的长篇小说，如陀思妥耶夫斯基的《卡拉马佐夫兄弟》和列夫·托尔斯泰的《战争与和平》。那么，我从未读过普鲁斯特这部杰作的原因何在呢？我想，这和我们由于恐惧与惰性纠结在一起而把许多书都搁着不读的缘故相同。我们害怕自己读不懂，也不愿把自己这么多的脑力和时间花在翻阅这厚厚的书页上。但是，您和我都知道，恐惧和惰性将使我们一事无成。要想获得巨大成就，我们必须鼓起勇气、付出艰辛。我寄给您普鲁斯特这部里程碑式的巨作，其实也是想提醒我自己必须开始阅读这本书了。我立下宏愿，必须在我有生之年把它从头到尾看一遍。在这里，我诚邀您与我一同践行这一承诺。

普鲁斯特用长达十页的篇幅描写了吃玛德琳蛋糕的情形，这一描写非常有名。显然，这一段的文笔精妙绝伦，感人至极，意义深邃，可改变人生。据说，总体而言，阅读《追忆似水年华》也可改变人生。我想，我并不需要我的人生有什么改变，但我确实想弄明白为什么当人们谈起普鲁斯特这部追忆过去的杰作时会给出这样高的评价。我不仅想知道他如何能用十页纸去写吃一块小小蛋糕的情形，我也想搞清楚我的人生怎么可能因阅读而迥然不同。我诚邀您利用私人时间与我一道阅读这部庞然巨作。我深信，这本书会给我们的心灵带来宁静与安详。

好了，我们的小型读书会真的要在这里画下句号了。从许多方面来说，这一工程于您于我都是一份馈赠。因了这工程，我阅读或重新阅读了一百多本书。从今往后，我就不必每两周给您找一本又新又短的书了，那曾经是一大挑战哪。现在，既然放弃了这项活动，我希望自己能够找回遗失的时间读读普鲁斯特的大作。我希望您也可以找到时间。

您诚挚的

扬·马特尔

马塞尔·普鲁斯特（1871—1922），法国小说家、批评家和散文家。他安葬在巴黎拉雪兹神父公墓。

图书在版编目（CIP）数据

像树懒挂在书上 / （加）扬·马特尔（Yann Martel）
著；郭国良，殷牧云译 . ―― 上海：文汇出版社，
2023.6
ISBN 978-7-5496-3953-3

Ⅰ.①像… Ⅱ.①扬… ②郭… ③殷… Ⅲ.①推荐书
目－世界 Ⅳ.① Z835

中国国家版本馆 CIP 数据核字 (2023) 第 020731 号

版权登记图字 09-2023-0261

像树懒挂在书上

作　　者 / 〔加〕扬·马特尔
译　　者 / 郭国良　殷牧云
责任编辑 / 何　璟
特邀编辑 / 冯文欣　殷秋娟子
装帧设计 / 李照祥
内文制作 / 贾一帆
出　　版 / 文匯出版社
　　　　　 上海市威海路 755 号
　　　　　 （邮政编码 200041）
发　　行 / 新经典发行有限公司
电　　话 / 010-68423599　邮　　箱 / editor@readinglife.com
印刷装订 / 河北鹏润印刷有限公司
版　　次 / 2023 年 6 月第 1 版
印　　次 / 2023 年 6 月第 1 次印刷
开　　本 / 850×1168　1/32
字　　数 / 339 千
印　　张 / 14

ISBN　978-7-5496-3953-3
定　　价 / 59.00 元